Scharfschützen

Meister der Geduld

Ein Scharfschütze der D-Kompanie, 4th Marines nimmt während der Operation «Nanking» am 14.10.1968 in Vietnam ein Ziel auf. (NA)

Scharfschützen

Meister der Geduld

VERLAG STOCKER SCHMID
Motor buch Verlag

Autoren

Pat Farey ist ein bekannter Waffenfachmann. Er ist seit 1997 Redakteur der bekannten grossen britischen Waffenfachzeitschrift «Gun Mart» und schreibt ausserdem regelmässig Beiträge für die Fachzeitschrift «Shooting Sports». Er verfasst jeden Monat Artikel über den Verkauf von Sammlerwaffen.

Mark Spicer hat über 20 Jahre aktiven Militärdienst bei der britischen Armee geleistet, davon mehr als 15 Jahre als Scharfschütze und Scharfschützenausbilder. Im Verlauf seiner Dienstzeit wurde er an vielen Brennpunkten militärischer Konflikte eingesetzt. Seine Tätigkeit als Ausbilder war aber nicht auf die britische Armee beschränkt (u.a. beim SAS, dem berühmten britischen «Special Air Service»), sondern er hat auch die Angehörigen der Streitkräfte vieler anderer Länder ausgebildet.

Impressum

Verlag Stocker-Schmid AG
CH-8953 Dietikon-Zürich
www.verlag-stocker-schmid.com

1. Auflage 2010
ISBN 978-3-7276-7174-6
Die englische Original-Ausgabe erschien 2009 bei Compendium Publishing, London unter dem Titel:
Sniping – An Illustrated History

Deutsche Übersetzung und fachliche Bearbeitung:
Oberstleutnant d. R. Bernd Rolff

Lizenzausgabe für Deutschland:
Motorbuch Verlag
Postfach 10 37 43
D-70032 Stuttgart
Ein Unternehmen der Paul Pietsch Verlage GmbH & Co.

Inhaltsverzeichnis

Scharfschützen der amerikanischen Armee im Irak. (Mark Spicer)

Einleitung

Ungefähr zur Mitte der Regierungszeit von Königin Victoria hatte die britische Armee alle ihre Soldaten mit Hinterlader-Gewehren mit gezogenen Läufen ausgerüstet. Ausserdem war die Schützenausbildung deutlich verbessert worden. Das alles reichte aber noch lange nicht, um wirkliche Scharfschützen auszubilden. (Richard Clark)

Soweit bekannt ist, verschossen die alliierten Truppen während des Zweiten Weltkriegs ungefähr 25'000 Patronen, um einen einzigen Gegner zu töten. Während des Vietnamkrieges war diese Zahl dann schon auf 200'000 Schuss gestiegen, so viele Patronen benötigten die amerikanischen Truppen, um einen einzigen nordvietnamesischen Kämpfer zu töten. Ein moderner Scharfschütze hingegen kommt für einen entscheidenden Treffer mit einem durchschnittlichen Munitionsverbrauch von 1,3 Patronen aus. Der Scharfschütze war immer schon eines der wirksamsten und wirtschaftlichsten militärischen Kampfmittel, und das wird wahrscheinlich auch immer so bleiben.

Über die genaue Definitionen des Begriffes «Scharfschütze» gibt es eine Reihe von verschiedenen Auslegungen. Jeder Schütze, der über eine grössere Entfernung gegen ein Ziel treffen kann, ist womöglich ein potentieller Scharfschütze. Allerdings ist eine gute Trefferwahrscheinlichkeit, obwohl sie natürlich ein entscheidender Faktor ist, nur eines von vielen Talenten, über das ein guter Scharfschütze verfügen muss. Grundsätzlich kann derjenige, auf den geschossen wird, ziemlich gut und grundsätzlich definieren, was ein Scharfschütze ist. Wenn jemand auf Sie schiesst und Sie ihn dabei nicht sehen können, dann kann man mit Fug und Recht behaupten, dass es sich bei diesem Schützen um einen Scharfschützen handelt. Dabei kann es sich durchaus um einen gut ausgebildeten Schützen handeln, der ein Gewehr mit Zielfernrohr verwendet und der absichtlich auf sie schiesst. Es könnte sich aber auch um einen einfachen Infanteristen handeln, der mit seinem normalen Dienstgewehr bei der Schussabgabe aus einer Deckung heraus einfach etwas Glück hatte. Selbst in offiziellen Berichten und in den Berichten von Kriegsberichterstattern findet sich oftmals diese Ansicht. Wenn wir uns mit der Zeit des amerikanischen Bürgerkrieges beschäftigen, dann sehen wir, dass viele Fotos von gefallenen konföderierten Soldaten von der Presse in den Nordstaaten als Fotos von «Scharfschützen» bezeichnet wurden. Auch seit dem Zweiten Weltkrieg neigen viele Zeitungen dazu, gegnerisches Feuer als «Scharfschützenfeuer» zu bezeichnen, ganz einfach deswegen, weil der Kriegsberichterstatter den Feind nicht sehen konnte.

Die Tatsache, dass gefallene gegnerische Schützen von der Presse meist zu «Scharfschützen» befördert

werden, ist ein sicherer Hinweis darauf, welche Stellung der Scharfschütze in der öffentlichen Meinung hat. Der Scharfschütze bzw. die Scharfschützin kann töten, ohne dabei gesehen zu werden – und er/sie kann Sie als sein oder ihr nächstes Opfer auswählen. Die Möglichkeit, dass man zum Ziel wird, ohne es vorher zu bemerken, ist für Soldaten und für Zivilisten ein äusserst besorgniserregender Umstand.
Das hat dazu geführt, dass man den Scharfschützen aus verschiedenen Blickwinkeln betrachtet. Das eine Extrem liegt darin, dass er als Held gefeiert wird (falls der Scharfschütze auf der eigenen Seite ist und seine Heldentaten veröffentlicht wurden), das andere Extrem liegt darin, dass man ihn verachtet (falls er der gegnerischen Seite angehört). Es gibt sogar Streitkräfte, die überhaupt nichts von Scharfschützen halten, selbst wenn sie zur eigenen Seite gehören.
Tatsache ist aber, dass der moderne militärische Scharfschütze ein Spezialist mit überaus vielen Fähigkeiten ist. Er ist ein hervorragender Schütze, er kann sich im Feld wie ein Fernspäher bewegen, und er hat das geübte Auge und das Einschätzungsvermögen eines ausgebildeten Beobachters. Er muss in der Lage sein, sich ungesehen in eine für seinen Einsatz geeignete Stellung hineinzubewegen, und er muss diese Stellung halten können. Diese Stellung kann durchaus in der Nähe oder hinter den feindlichen Linien liegen, aber natürlich darf der Feind ihn nicht sehen. Deswegen muss er sich gut im Tarnungswesen auskennen und muss auch andere Mittel beherrschen, mit denen er sich verbergen kann. Er muss den Feind richtig beobachten können, und er muss genau mitteilen können, was er beobachtet hat. Das ist eine der wichtigsten Aufgaben des Scharfschützen, und das war schon im 18. Jahrhundert so, als die «Roger's Rangers» an der Seite der Franzosen gegen die Indianer kämpften. Im Irak und in Afghanistan ist es heute auch nicht anders. Der Scharfschütze muss in der Lage sein, ein Ziel zuverlässig zu erkennen und anzusprechen, und er muss schnell entscheiden können, ob es Sinn macht, dieses Ziel zu bekämpfen oder nicht. Dann muss er die Geduld und das Stehvermögen haben, um auf die beste Gelegenheit für die Schussabgabe zu warten, und dabei sollte jeder Schuss ein Treffer sein. Danach, und das ist nicht weniger wichtig, muss er in der Lage sein, sich selbst und seine Mannschaft aus der Gefahrenzone herauszubringen, wenn sein Auftrag ausgeführt worden ist.
In den ersten Kapiteln dieses Buches wird die Zeit vor dem amerikanischen Unabhängigkeitskrieg bis zu den ersten Phasen des Ersten Weltkrieges beschrieben. Hier werden Sie sehen, dass in Kriegszeiten immer wieder erfahrene Jäger zu den verschiedenen Armeen eingezogen wurden, die dort ihre beruflichen Fähigkeiten dazu einsetzen konnten, den Feind auf grosse

Obwohl während des amerikanischen Bürgerkriegs beide Seiten mit Büchsen ausgerüstet waren, die eine erheblich grössere Reichweite und Präzision besassen als die glattläufigen Musketen, wurden die meisten Schlachten immer noch mit Taktiken geschlagen, die aus der napoleonischen Zeit stammten. Die Soldaten waren in Linien aufgestellt und schossen Salven auf den Feind, dann folgten Angriffe mit gesenktem Bajonett, bis eine der beiden Linien aufgebrochen war.
(Roy Daines)

Die heutigen Scharfschützen verfügen in Bezug auf Bewaffnung und Ausrüstung über unglaubliche Vorteile im Vergleich zu ihren Vorgängern. Hier sehen wir einen Scharfschützenausbilder mit einem Leica-Entfernungsmesser der Firma Leitz, mit dem sich die Entfernung zum Ziel mit einer Genauigkeit von weniger als einem Meter messen lässt. Neben dem Ausbilder sehen wir ein Spektiv mit 40-facher Vergrösserung der Firma Leupold, das auf einem Stativ montiert ist. (Mark Spicer)

Entfernung hin zu bekämpfen. Auf diese Weise hatte die eigene Seite jeweils einen taktischen und vor allen Dingen psychologischen Vorteil. Seit der Zeit nach dem Ersten Weltkrieg wurden Scharfschützen aber kaum noch aus der Jägerschaft rekrutiert, und auch zivile Sportschützen spielten dabei keine grosse Rolle mehr, ganz einfach deswegen weil es zu wenige von ihnen gab. Die Gesellschaft vieler Länder hat sich nämlich radikal geändert, die Bevölkerung ist zum grossen Teil aus der ländlichen Gegend in die Städte gezogen, das gilt ganz besonders für Europa, und ausserdem wurden die Waffengesetze in den meisten Ländern verschärft. Üblicherweise hatten die europäischen Soldaten in der Zeit nach dem Ersten Weltkrieg vor Beginn ihres Militärdienstes keinen Kontakt mehr mit Schusswaffen. Das bedeutete aber, dass der grösste Teil der Scharfschützen, die aus der Masse der eingezogenen Soldaten rekrutiert wurden, eine gründliche Ausbildung erhalten mussten, die bei «Null» begann.

Natürlich sind aber die Fähigkeiten der Jäger immer noch wichtig, und sie müssen von den Scharfschützen erlernt werden. Selbst wenn sich heute Soldaten freiwillig zu einem Scharfschützenkurs melden, dann erwartet man von ihnen, dass sie vorher auf einem Fernspäherkurs gewesen sind, oder dass sie zumindest ein grundlegendes Wissen in Bezug auf Feindaufklärung besitzen. Und damit sind sie nicht mehr weit von den Fähigkeiten eines Jägers entfernt. Natürlich basiert das Scharfschützenwesen nicht nur auf dem präzisen Schiessen. Und was die anderen Fähigkeiten betrifft, die ein moderner Scharfschütze besitzen muss: die kann man lernen. Letztendlich muss der Scharfschütze töten oder zumindestens beim Feind erhebliche Schäden verursachen, und das muss er tun, während er das Ziel genau beobachtet. Das unterscheidet ihn von seinen Kameraden bei der Infanterie oder bei der Artillerie. Hauptmann Jim Land, der bei der amerikanischen Marineinfanterie die Scharfschützenschule einrichtete und der die besten amerikanischen Scharfschützen für den Vietnam-Krieg ausbildete, bemerkte zu diesem letztgenannten Faktor: «Wenn Du durch Dein Zielfernrohr schaust, dann siehst Du von deinem Gegner zuerst einmal die Augen. Es macht einen grossen Unterschied, ob Du auf einen Schatten, einen Umriss oder auf ein Paar Augen schiesst. Es ist immer wieder erstaunlich, dass man zuerst in die Augen des Gegners sieht, wenn man durch ein Zielfernrohr schaut. Viele Männer können zu diesem Zeitpunkt nicht mehr den Abzug durchziehen.» Genau dasselbe Phänomen kann man auch bei Jungjägern beobachten. Man kann ihnen beibringen, wie sie eine Wildspur ansprechen müssen, wie sie die Wildart bestimmen können, wie sie sich anpirschen müssen, und wie sie die Waffe anlegen und zielen

müssen. Wenn sie dann aber schiessen müssen, hängt es von ihrer Gemütslage ab, ob sie ruhig und gefasst bleiben und den Abzug durchziehen, denn damit löschen sie ein Leben aus. Das ist eine durchaus menschliche Eigenschaft, viele haben eine Abneigung gegen das Töten. Das ist eine ziemlich grosse Hürde, die überwunden werden muss, und es ist wahrscheinlich die grösste Herausforderung sowohl für den Scharfschützen als auch für den Jäger.

In diesem Buch konzentrieren wir uns auf die Geschichte des militärischen Scharfschützenwesens von der Mitte des 18. Jahrhunderts bis zum heutigen Tag. Dabei beobachten wir die enge Verbindung zwischen der Entwicklung des Scharfschützenwesens und der ständigen Weiterentwicklung der Gewehre. Dazu gehört auch die Weiterentwicklung der optischen Geräte, des Tarnungswesens und der militärischen Taktiken. Der Hinterwäldler aus dem 18. Jahrhundert nutzte ganz einfach seine jagdlichen Fähigkeiten und sein normales Jagdgewehr für den Kriegseinsatz. Der hervorragend ausgebildete moderne Scharfschütze mit seiner modernen Ausrüstung und seinen Spezialwaffen steht auf der anderen Seite des Spektrums. Wir beschäftigen uns in diesem Buch ausserdem mit der Entwicklung der Rolle des Scharfschützens vom Jäger über den Pfadfinder und Plänkler bis zum verdeckt kämpfenden Scharfschützen, der die Schützengräben des Ersten Weltkrieges beherrschte. Ebenfalls angesprochen wird die taktische und von der Propaganda ausgeschlachtete Rolle des Scharfschützen und des zu seiner Bekämpfung eingesetzten Scharfschützen im Zweiten Weltkrieg. Die Beschreibung endet mit dem Einsatz der heutigen Scharfschützen, die zum Teil über sehr grosse Entfernungen hin kämpfen.

Wir werden sehen, wie sich im Verlauf der Zeit die Taktiken geändert haben. Zuerst wurden Scharfschützen allein eingesetzt, dann operierten sie zu zweit, wobei einer als Scharfschütze und der andere als Beobachter fungierte. Heutzutage setzt man in bestimmten Situationen grössere Scharfschützenteams ein, die aus vier bis sechs Mann bestehen können. Obwohl es sich bei ihnen eigentlich nicht um Scharfschützen im engeren Sinne des Begriffes handelt, werden wir uns auch mit Terroristen, Aufständischen und Kriminellen beschäftigen, vor allen Dingen werden wir uns aber die Methoden ansehen, mit denen sie bekämpft werden.

Eines der merkwürdigerweise immer wiederkehrenden Themen dieses Buches ist die Tatsache, dass im Verlauf der Geschichte das Scharfschützenwesen bei den verschiedenen Armeen immer wieder «eingeschlafen» ist, nachdem ein Krieg vorüber war. Zu Beginn des nächsten Krieges musste dann alles wieder neu eingerichtet werden. Das gilt auch für die Entwicklung und die Versorgung mit wirksamer Scharfschützenausrüstung. Zu

In den beiden Weltkriegen wurden erstmals Gewehre mit Zielfernrohr und besonders guter Schussleistung von Spezialtruppen eingesetzt, die zu Scharfschützen ausgebildet worden waren. (NA)

Ein Scharfschütze in seinem speziellen Tarnanzug «Ghillie suit» ist fast unsichtbar. Tarnung und verdeckter Einsatz gehören zu den vielen Fähigkeiten, über die ein Scharfschütze verfügen muss, damit er unerkannt dicht genug an den Feind herankommen kann, um sein Ziel zu erkennen. Auch dann muss der Scharfschütze verborgen in seiner Deckung bleiben, und das kann oftmals viele Stunden dauern. Hier wartet er dann geduldig, bis sich die Gelegenheit zum Präzisionsschuss ergibt.
(Mark Spicer)

Anfang von vielen Konflikten hatte sich nämlich gezeigt, dass hier dringender Bedarf bestand. Diese Einstellung der militärischen Behörden hat sich erst vor relativ kurzer Zeit geändert. Auslöser dafür waren die internationalen Polizeieinsätze und Terrorbekämpfungs-Operationen, die seit ungefähr 10 Jahren eine immer grösser werdende Rolle spielen.

Ein weiteres bemerkenswertes Thema ist die Art und Weise wie die Scharfschützen ihre Ziele auswählen. Früher bekämpften sie nämlich zuerst Ziele, von denen eine unmittelbare taktische Bedrohung ausging, und dann wandten sie sich Zielen von hoher strategischer Bedeutung zu. Wenn sich die Gelegenheit ergab, dann bekämpften sie Offiziere, Unteroffiziere, Artilleristen, Fernmelder, Transportpersonal und so weiter. Damit sollten die Befehls- und Kommunikationswege unterbrochen werden, die Gefahr durch Artilleriebeschuss sollte gemindert werden, der Feind sollte verwirrt und demoralisiert werden, und er sollte von seinem Nachschub abgeschnitten werden.

Die modernen Scharfschützen machen im Prinzip genau dasselbe, aber sie haben zusätzlich die Fähigkeit, wichtige feindliche Ausrüstungsteile zu zerstören, unter anderem Fernmeldemittel und Radargeräte. Dazu werden grosskalibrige Weitschussgewehre verwendet. Sie werden auch zunehmend zur Unterstützung von Infanterieeinsätzen eingesetzt. Dazu leisten sie der jeweiligen Einheit Feuerschutz über grosse Entfernungen hinweg, indem sie aus einer festen Stellung heraus schiessen. Gleichzeitig beobachten sie feindliche Bewegungen, sammeln Aufklärungsergebnisse und fordern bei Bedarf Unterstützung durch Mörser, Artillerie oder Jagdbomber an. Heutzutage helfen die Scharfschützen aber auch dabei, die Bevölkerung des Einsatzlandes davon zu überzeugen, dass für eine gerechte Sache gekämpft wird und dass sie somit «auf ihre Seite» gehören. Bei einem britischen Scharfschützeneinsatz im Nahen Osten war es zum Beispiel wichtig, dass man gegen streunende Hunde anging, die für die Dorfbewohner ein ernstes Problem darstellten. Einzelheiten dieses Einsatzes wurden in der westlichen Presse veröffentlicht, ausserdem gab es immer öfter andere positive Berichte über den Scharfschützeneinsatz in den Medien. Das hatte es in dieser Form – abgesehen von den Propagandaberichten über die sowjetischen «Supersoldaten» im Zweiten Weltkrieg – bisher noch nicht gegeben.

Mittlerweile werden für die Scharfschützen immer modernere Waffen und Ausrüstungsteile entwickelt. Beispiele dafür sind diverse Weitschussgewehre im Kaliber .50, Laser-Entfernungsmesser und Nachtsichtgeräte. Auch auf dem Gebiet der Abwehrmassnahmen gegen feindliche Scharfschützen hat sich sehr viel getan. Mittlerweile kann man Scharfschützen aus der Luft orten, und es werden noch andere Geräte für diesen Einsatz entwickelt. Allerdings zeigt sich auch hier wieder das bei allen militärischen Entwicklungen vorkommende Phänomen, dass nämlich für jede Waffe und jede Taktik schon sehr bald von anderen Waffenherstellern, Taktikern und den Scharfschützen selbst ein Gegenmittel gefunden wird.

Man kann über diese sehr spezialisierte Gruppe von Kämpfern denken was man will, sicher ist aber, dass der gut ausgebildete Scharfschütze, der allein oder in einer kleinen Gruppe operiert, immer noch eine äusserst wirksame Waffe und eines der kampfkräftigsten Elemente der modernen Kriegführung ist. Nach Lage der Dinge wird er das auch noch für sehr lange Zeit bleiben.

Pat Farey

Danksagungen

Die Autoren und die Verleger danken den nachfolgend aufgeführten Personen und Organisationen für ihre Unterstützung bei der Erstellung dieses Buches. Besonderer Dank gilt:

Steve Broadbent
Michael Butterfield (Queens Rangers)
Bob Chalk
Richard Clark
Andy Colborn/Graham Mitchell (second Battle Group)
Roy Daines (SoSkan)
Carsten Edler
Neil Hoddle (Berdan Sharpshooters UK)
Graham Lay
John Norris
John C.Pearce (Infantry Regt. von Goeben, No. 28)
Gareth Sprack/Steve Neville (Great War Society)
Michael Yardley

Von der Muskete zur Büchse, vom Schützen zum Scharfschützen

In diesem Buch werden wir an späterer Stelle erfahren, dass der moderne Scharfschütze eine ganze Reihe von Aufgaben zu erfüllen hat und dass er dafür viele Spezialkenntnisse benötigt. In der Frühzeit der Kriegführung mit Feuerwaffen hingegen war der Scharfschütze ganz einfach jemand, der gut schiessen konnte. Er konnte ein erkanntes Ziel eben besser treffen als der normale Soldat. Um diese Aufgabe gut erfüllen zu können, brauchte er dafür natürlich die richtigen Werkzeuge, und das blieb schwierig, bis es Büchsen mit gezogenen Läufen gab. Deswegen ist die Geschichte der Scharfschützen untrennbar mit der Entwicklung der Büchse verbunden, wobei allerdings die Vorläuferin in Form der glattläufigen Muskete auch eine gewisse Rolle spielte.

Salvenfeuer, Musketen und die Linien der Infanterie

Seit der Erfindung der mit Schiesspulver geladenen Feuerwaffen hatte man sich bemüht, die Leistungsfähigkeit dieser Waffen zu verbessern, ausserdem sollten die damit kämpfenden Soldaten besser ausgebildet werden. Die Suche nach der bestmöglichen Präzision und grössten Reichweite lief parallel mit der Entwicklung des Scharfschützen als Spezialisten.
Ab der Mitte des 17. Jahrhunderts bis zum frühen 19. Jahrhundert basierten die Einsatztaktiken der Infanterie in Europa hauptsächlich auf der Verwendung von glattläufigen Musketen. Viele Waffen hatten nur eine begrenzte Reichweite, und die Präzision war noch schlechter. Sie wurden deswegen in grossem Umfang

Ein Schütze der britischen Einheit «95th Rifles». Es war die erste Einheit der britischen Armee, die vollständig mit Baker-Büchsen anstelle der glattläufigen Musketen ausgerüstet wurde. Die Soldaten trugen grüne Uniformjacken und nicht die Rotröcke der Lin ieninfanterie. Besonders wichtig war aber, dass diese Soldaten mit ihren Büchsen präzise schiessen konnten und im Kampf Eigeninitiative zeigen durften.
(Richard Clark)

Der Vorläufer des Scharfschützen war ganz einfach ein guter Schütze – jemand, der das traf, auf das er gezielt hatte.

verwendet, weil sie durchaus wirksam waren, wenn sie in der korrekten Linientaktik angewendet wurden. Damit die Schützen dem Gegner den grösstmöglichen Schaden zufügen konnten, mussten sie innerhalb der wirksamen Reichweite ihrer Waffen kämpfen, und ausserdem mussten die Schützen ziemlich dicht zusammenstehen, nämlich buchstäblich Schulter an Schulter, um sicherzustellen, dass eine grösstmögliche Feuerdichte erreicht wurde. Leider gaben die Schützen damit aber auch selbst ein gutes Ziel ab.

Die Infanteristen auf der gegnerischen Seite standen derweil in einer Linie und warteten. Meist wurden sie auch noch von der gegnerischen Artillerie unter Beschuss genommen und «aufgeweicht». Dann konnten sie auf den Feind zumarschieren, bis man ungefähr 100 m von ihm entfernt war. Erst dann durften sie ihre Musketen in Salven abfeuern, um beim Gegner so viel Schaden wie möglich anzurichten. Salven wurden in der Linie in drei Gliedern abgefeuert. Das erste Glied schoss, das zweite Glied lud nach, und das dritte Glied machte sich zum Abfeuern fertig. Auf diese Weise konnten sechs bis sieben Salven pro Minute auf den Feind abgefeuert werden.

In vielen Fällen folgte dann noch ein Bajonettangriff der einen oder anderen Seite. Dabei versuchten die mit gesenktem Bajonett angreifenden Soldaten, den Feuerbereich des Feindes so schnell wie möglich zu durchlaufen, um so wenig Verluste wie möglich zu erleiden. Erst dann konnten sie zum Nahkampf übergehen und versuchen, die gegnerischen Linien aufzubrechen und den Feind zur Flucht zu bringen. Es konnte aber auch passieren, dass dieser Angriff im gegnerischen Feuer stecken blieb, dann mussten sich die Angreifer zurückziehen. Bei dieser Art des Kampfes kam es zu entsetzlich hohen Verlusten. Gewinnen tat in aller Regel diejenige Seite, bei der die hohe Disziplin die Angst der Soldaten ausschaltete.

Wie konnte es aber geschehen, dass gesunde und vernünftige Männer angesichts des gegnerischen Feuers stehenblieben und sich entweder verwunden oder verstümmeln liessen oder sogar in ihren eigenen Tod liefen? Die Antwort ist einfach. Man hatte sie dermassen gedrillt und ihnen so viel Disziplin eingebläut, dass sie dazu bereit waren. Die Konsequenzen für Ungehorsam oder Feigheit vor dem Feind waren nämlich noch viel schlimmer als die eventuellen Folgen des Kampfeinsatzes. Ohne Zweifel glaubten viele von ihnen auch an die gerechte Sache oder ihr Vaterland oder ihre Karriere. In einigen Fällen gab es sicherlich auch Männer, die gerne Helden geworden wären. Die grosse Mehrheit von ihnen stand dem Feind aber mit einer gehörigen Portion Angst gegenüber. Dass die Linien der Infanteristen in aller Regel trotzdem hielten, war ihrer Ausbildung und der strikten Durchsetzung von Befehl und Gehorsam zu verdanken.

Während diese Kampfesweise mit dem massierten Einsatz von glattläufigen Musketen in Europa der Normalfall war, gab es doch einige Armeen, bei denen man sich Gedanken über die Vorteile von anderen Waffen und Taktiken machte.

Kundschafter und Plänkler

Im Nordosten Amerikas fanden im 18. Jahrhundert zwei grössere Konflikte statt. Es waren der französisch-indianische Krieg (1754 bis 1763) und der amerikanische Unabhängigkeitskrieg (1775 bis 1783). Im Verlauf dieser Konflikte kam es zu ersten kleinen Änderungen bei der Einsatztaktik für die Infanterie. Hier wurden nämlich Kundschafter und Plänkler eingesetzt, allerdings wurde der grösste Teil der Kämpfe immer noch auf die traditionelle Weise ausgetragen, die auch noch weitere 100 Jahre dauern sollte. Während des französisch-indianischen Krieges wurden die Einsatztaktiken zum Teil von dem riesigen Umfang des Territoriums bestimmt, in dem die Kämpfe stattfanden, ausserdem waren die Siedlungen der im Grenzbereich lebenden Siedler sehr weit verstreut. Dadurch kam es zu einer ganzen Reihe von kleineren Kampfhandlungen, die zwischen örtlich aufgestellten Milizeinheiten stattfanden. Allerdings gab es auch grössere Schlachten zwischen den Armeen der beiden Hauptgegner – Frankreich und Grossbritannien. Beide Seiten setzten damals auch Indianer ein, um die eigenen Reihen zu verstärken. Die Irokesen kämpften auf der Seite der Briten, während die Franzosen von den Algonquin, Ottawa, Ojibwa Shawnee und anderen Stämmen unterstützt wurden.

Sowohl die Briten als auch die Franzosen führten eine neue Einsatztaktik ein, dabei handelte es sich um Überfälle, die sie von ihren indianischen Verbündeten gelernt hatten. Auch europäische Jäger und Trapper, die schon länger im Land gelebt hatten, wandten dieselben Taktiken an. Die Franzosen ermutigten die Indi-

Muskete «Brown Bess»

Die im britischen Teil der Welt im 18. und frühen 19. Jahrhundert am häufigsten verwendete Infanteriewaffe war eine glattläufige Muskete mit Steinschloss. Ein gutes Beispiel für diesen Waffentyp ist die Muskete «British Land Pattern», die allgemein als die «Brown Bess» bezeichnet wird.

Die Waffe war in verschiedenen Ausführungen von 1722 bis 1838 bei der britischen Armee im Einsatz. Die (langen) Infanteriegewehre hatten das Kaliber .75 (19,05 mm), während die Karabinerversionen das Kaliber .65 (16,5 mm) hatten. Die Muskete hatte eine Gesamtlänge von 1'575 mm mit einer Lauflänge von 1'168 mm, während der Lauf des Karabiners 1'066 mm lang war. Das war zwar für einen Karabiner auch noch ziemlich lang, aber trotzdem war es eine durchaus führige Waffe.

1797 wurde das indische Muster dieser Waffe eingeführt, denn das war einfacher und billiger herzustellen, und diese Waffe wurde dann wiederum von dem Modell «New Land Pattern» abgelöst. Wie die meisten Militärmusketen in dieser Zeit hatte auch die Brown Bess einen glatten Lauf, dessen Durchmesser etwas grösser als die Kugeln waren. Deswegen liess sich die Waffe leicht laden, besonders wenn nach einigen Schüssen der Lauf mit Pulverrückständen verschmutzt war. Da die Kugel aber einen kleineren Durchmesser als der Lauf hatte, «eierte» sie regelrecht durch den Lauf, ehe sie in einem vorher nicht bestimmbaren Winkel die Mündung verliess. Das war der Schusspräzision abträglich. Nach heutigen Gesichtspunkten handelte es sich bei einer solchen Muskete nur um eine Waffe für sehr kurze Kampfentfernungen. Tests im 19. Jahrhundert zeigten, dass selbst die späteren Ausführungen der etwas durchgängiger genormten Modelle eine brauchbare Kampfentfernung von höchstens 90 m hatten. Danach wurden Präzision und Geschossgeschwindigkeit rapide schlechter. Bei einer Schlacht im 18. Jahrhundert mit dem damit verbundenen Pulverqualm, dem Lärm, den Bewegungen auf dem Schlachtfeld, der Adrenalinausschüttung bei den Schützen (und einer allgemein mangelhaften Ausbildung) musste ein einfacher Soldat schon ein überaus guter Schütze sein, um einen feindlichen Soldaten zu treffen, auf den er gezielt hatte.

Trotzdem kann man sagen, dass die Muskete Brown Bess für eine glattläufige Waffe durchaus noch präzise war, sofern sie sich in gutem Zustand befand. Unter günstigen Umständen (wenn man genau abgemessene Prüferladungen und eng im Laufe sitzende Kugeln mit Schusspflaster verwendet) kann man mit einem Nachbau der Brown Bess erstaunliche Ergebnisse erzielen, es lassen sich damit manngrosse Ziele in Entfernungen bis 150 m treffen. Die Stärken dieser Waffe lagen in ihrer einfachen und robusten Konstruktion, den relativ niedrigen Herstellungskosten und der einfachen Verwendung auf dem Schlachtfeld. Disziplinierte Truppen konnten damit zwei bis drei Schuss pro Minute abgeben. Obwohl sie als einzelne Waffe ziemlich unpräzise war, erwies sie sich beim Schiessen von Salven als hochgradig wirksam. Deswegen blieb sie über 100 Jahre bei der britischen Armee im Einsatz.

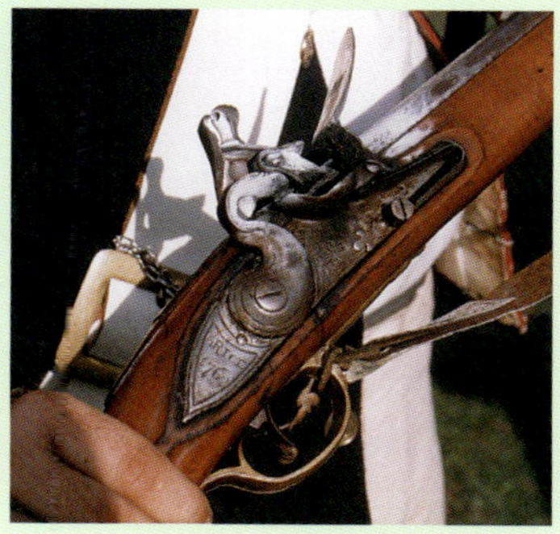

Nahaufnahme des Schlosses einer gerade abgefeuerten Muskete Brown Bess – beachten Sie die Verschmutzungen am Hahn, an der Pfanne und am Lauf durch den Abbrand des Schwarzpulvers bei der Zündung.

aner zu Überfällen und führten sie manchmal auch selber an. Dabei griffen sie abseits gelegene britische Siedlungen und Aussenposten an, um die Siedler aus dem Landesinneren zu vertreiben.

Die Briten zahlten es ihnen heim, indem sie die Dörfer der indianischen Verbündeten der Franzosen verwüsteten, sie zerstörten die Häuser und vernichteten die Lebensmittelvorräte. An diesen Überfällen waren oft nur relativ kleine Einheiten beteiligt, die höchstens aus einigen 100 Soldaten bestanden. Manchmal waren es auch nur Ranger-Kompanien mit einer Stärke von bis zu 60 Mann. Diese Spezialeinheiten wurden aus Hinterwäldlern rekrutiert, die in der Wildnis überleben und gut schiessen konnten.

Die wahrscheinlich berühmtesten davon waren die «Rogers' Rangers», die im Jahre 1756 von Major Robert Rogers aufgestellt wurden. Sie trugen charakteristische grüne Uniformen, und ihre damals sehr unkonventionellen, aber hochwirksamen Kampftaktiken basierten auf den von Rogers aufgestellten Regeln «Rogers' Rules of Ranging». Rogers rekrutierte seine Männer ausschliesslich aufgrund ihres Könnens, er schockierte die Befehlshaber von regulären Einheiten damit, dass er auch Indianer und befreite Sklaven verwendete. Seine Männer waren mit Musketen, Tomahawks und Messern bewaffnet, besonders berühmt waren sie aber für ihre Treffsicherheit. Allerdings empfahl Rogers in seinen Regeln, dass man möglichst auf kurze Entfernung schiessen sollte, wenn man angegriffen wurde. Dabei sollte man sich aber möglichst hinlegen oder hinknien und aus der Deckung heraus schiessen.

Die damals von beiden Seiten angewendeten Methoden würde man heute wahrscheinlich als «Guerillataktiken» bezeichnen. Bei einem Stellungswechsel legte man grosse Entfernungen zurück, man hielt sich vor einem zahlenmässig überlegenen Feind verdeckt, dann wandte man eine Taktik des Zuschlagens und Weglaufens an, wenn man Siedlungen zerstörte, Siedler von ihren Heimstätten vertrieb oder sie tötete und ganz allgemein Terror und Chaos unter der Zivilbevölkerung verbreitete.

An dieser Stelle treten zwei wichtige Bestandteile der modernen Taktiken für Plänkler und Kundschafter auf den Plan. Es sind die Vorläufer für die Spezialistenrolle, aus welcher der moderne Scharfschütze hervorgehen sollte. Für diese an den Überfällen beteiligten kleinen Gruppen von Kämpfern waren Tarnung und ausgezeichnete Kenntnisse der unkonventionellen Kriegführung überaus wichtig. Sie mussten es bei ihren Einsätzen nämlich vermeiden, auf gegnerische Einheiten zu treffen. Diese Methoden wurden von den nordamerikanischen Indianern aber immer schon angewendet, denn sie waren bei der Jagd und beim Fallenstellen überlebenswichtig. Deswegen trugen die Milizsoldaten der Kolonisten und ihre indianischen Verbündeten einfache Tarnkleidung anstelle der auffälligen und oftmals überaus bunten Uniformen der regulären britischen und französischen Soldaten. Diese Tarnkleidung bestand meist aus grünen und braunen Stoffen, es handelte sich um gefärbte Wolle oder Baumwolle oder um Tierfelle. Die Ärmel und Ränder der Jacken waren oft mit Fransen versehen, was die Tarnung verbesserte, denn dadurch verschwammen die Umrisse. Zu ihren soldatischen Fertigkeiten gehörte auch die Fähigkeit, sich genau mit der Umgebung vertraut zu machen, jede mögliche Deckung zu nutzen, jede Bewegung vor den feindlichen Augen zu verbergen und die Vorhersage, wo sich der Feind demnächst befinden könnte, um Überfälle zu vermeiden. Gleichzeitig musste man aber in der Lage sein, dieselben Gegebenheiten zum eigenen Vorteil zu nutzen. Eine weitere wichtige Eigenschaft in diesen Kriegen war die Fähigkeit, sich selbst aus dem Land zu versorgen. Obwohl es in Nordamerika zu dieser Zeit überreichlich Fische, Wild und essbare Pflanzen gab, musste man doch einigermassen geschickt sein, um sie nutzen zu können. Die Ureinwohner besassen natürlich diese Fähigkeiten, und die Kolonisten, die schon länger im Land lebten, konnten das auch. Die gerade angekommenen Europäer dagegen hatten diese Fähigkeiten noch nicht erlernt, und hier bestand die Gefahr, dass sie verhunger-

ten, während sie sich inmitten eines reichlichen Angebots an essbaren Dingen befanden, mit denen sie hätten überleben können.

Obwohl die meisten irregulären Kämpfer mit Musketen in verschiedenen Ausführungen bewaffnet waren, hatten einige von ihnen auch Büchsen. Der Unterschied zwischen Musketen und Büchsen ist recht einfach: Die Büchse hat einen gezogenen Lauf, und damals wurden eng eingepasste Kugeln verschossen, die mit einem Schusspflaster versehen waren. Das war eine Kugel, die auf ein gefettetes Stoffstück gelegt wurde; da sie fast denselben Durchmesser wie die Laufbohrung hatte, musste sie den ganzen Lauf hinabgetrieben werden. Das erforderte Kraftanstrengung und Geschicklichkeit, und es dauerte länger als bei einer normalen Muskete. Ausserdem setzten sich die Züge des Laufes ziemlich schnell mit Schwarzpulverrückständen zu, und deswegen musste man den Lauf öfter reinigen. Trotzdem waren es die Anstrengungen wert, denn die eng sitzende Kugel schnitt in die spiralförmigen Züge ein, während sie durch den Lauf getrieben wurde. Dadurch bekam sie einen Drall und verliess die Mündung bei jedem Schuss im selben Winkel. Das verbesserte die Präzision und die Reichweite in erheblichem Masse. Allerdings entschied auch hier letztendlich die Fähigkeiten des Schützen, wie erfolgreich der Schuss war.

Die Milizsoldaten in den Dörfern und Städten hatten im Allgemeinen keine eigenen Waffen. Man gab glattläufige Musketen an sie aus, und oftmals waren diese Waffen aufgrund ihres Alters oder des Verschleisses schlechter als diejenigen, die von den regulären Soldaten geführt wurden. Grenzlandbewohner und andere Freiwillige, die ihre eigenen Büchsen mitbrachten, waren natürlich denjenigen weitaus überlegen, die nur mit Musketen bewaffnet waren. Natürlich war eine

Bis zum frühen 19. Jahrhundert bestanden die europäischen Infanterie-Einsatztaktiken darin, mit glattläufigen Musketen ausgerüstete Linieninfanterie in grossen Verbänden einzusetzen. (Richard Clark)

Die britischen Ranger-Gruppen bekamen den Befehl, sich genau so zu kleiden und genau so zu kämpfen wie ihre Gegner, nämlich die Indianerstämme und die zu den Franzosen haltenden Trapper. Die beiden hier gezeigten Männer stellen typische Ranger aus der Zeit des französisch-indianischen Kriegs nach.

Büchse weitaus teurer als eine glattläufige Muskete, und deswegen konnte man davon ausgehen, dass alle diejenigen, die eine Büchse führten, diese Waffe auch besassen. Dann wussten sie aber auch, wie man damit umgehen musste.

Es gab aber auch Männer, die mit ihren glattläufigen Gewehren durchaus gute Schiessergebnisse zustande brachten, sofern man die natürlichen Begrenzungen dieses Waffentyps berücksichtigte. Selbst einfache Musketen schlossen weitaus präziser, wenn man eng im Laufe sitzende Kugeln mit einem Schusspflaster lud, obwohl der Lauf eigentlich nicht gezogen war. Viele Kolonisten in dieser Zeit verwendeten Kugeln mit Schusspflastern in ihren Musketen bei der Jagd, weil die Waffe dann einfach genauer schoss. Hier war die geringe Ladegeschwindigkeit überhaupt nicht massgebend. Beim Militär hingegen, und das galt besonders für das Schiessen von Salven, war das schnelle Laden ein überaus wichtiger Faktor.

Bei ihrem Einsatz bei den Armeen von Grossbritannien und Frankreich während der grossen Feldzüge wurden die verschiedenen Ranger-Kompanien und ähnliche Spezialeinheiten als Pfadfinder, Kundschafter und Beobachter eingesetzt, die melden mussten, wo sich der Feind befand. Ausserdem dienten sie als wirkungsvolle Plänkler, die immer wieder kleine Hinterhalte legten und den Feind durch Überraschungsangriffe belästigten. Dabei setzten sie ihre präzisen Waffen ein, um mit gut gezielten Schüssen beim Feind einen erheblichen Blutzoll zu erheben, während sie selbst gut versteckt in ihrer Deckung lagen oder sich ausserhalb der Reichweite der glattläufigen Musketen befanden. Diese Männer besassen genau denselben Kampfgeist wie ihre Kameraden in den scharlachroten Uniformen, aber sie zogen es vor, unauffällige Kleidung in gedeckten Farben zu tragen. Ausserdem wandten sie Taktiken an, die ihnen die bestmöglichen Überlebenschancen boten.

Das ausgewählte Ziel und der gutgezielte Schuss

Wahrscheinlich war das Scharfschützenwesen in unserem heutigen Sinn während des amerikanischen Unabhängigkeitskrieges entstanden. Hier suchte sich ein guter Schütze ein wichtiges Ziel aus und bekämpfte es dann mit einem gut gezielten Schuss. Dabei blieb er in seiner Deckung, oder er schoss über eine Entfernung

hinweg, bei der ihm der Gegner mit seinen Waffen nichts anhaben konnte. Wahrscheinlich hatte es damals den Begriff «Scharfschützenwesen» noch nicht gegeben. In der englischen Sprache entstand der dem deutschen Wort «Scharfschützenwesen» entsprechende Begriff des «sniping» um das Jahr 1770 in Indien. Dort gingen britische Soldaten auf die Jagd nach Schnepfen (engl.: snipe), und diese Vögel sind äusserst schwierig zu schiessen. Es gibt aber auch eine andere Theorie, die aus der britischen Landschaft East Anglia stammt und die besagt, dass der Begriff «sniping» von den britischen Inseln stammt. Er würde einfach «Schiessen aus der Deckung heraus» bedeuten, und dieser Begriff sei genau so alt wie die Jagd auf Federwild mit Feuerwaffen.

Es spielt keine Rolle, ob die Milizsoldaten während des Französisch-indianischen Krieges den Begriff «sniping» verwendeten oder nicht. Auf jeden Fall wandten sie schon Einsatztaktiken an, die auch dem modernen Scharfschützen geläufig sind. Während des amerikanischen Unabhängigkeitskrieges waren diese Fähigkeiten der militärischen Führung dann schon gut bekannt, und man war durchaus gewillt, sie auch bei den regulären Einheiten des Heeres einzusetzen.

In den ersten Tagen des Unabhängigkeitskrieges genehmigte der zweite amerikanische Kongress die Aufstellung von mehreren Schützenkompanien als Teil der Kontinentalarmee. Es handelte sich insgesamt um fast 1'000 Mann. Ihre Hauptaufgabe war der Kampf mit präzisen Weitschussgewehren, mit denen sie die feindliche Infanterie belästigen und hoffentlich auch demoralisieren sollten. Abgesehen von den eigentlichen körperlichen Schäden, welche diese Schützen dem Feind zufügen konnten, erkannten die Amerikaner auch genau, welche verheerende moralische Wirkungen ein Schuss aus weiter Entfernung auf den normalen britischen Soldaten haben konnte. Die britische Militärführung wusste trotz ihres starrsinnigen Festhaltens an der Muskete ganz genau, welch verheerende Wirkung Schüsse aus einer Büchse haben konnten.

Das Schützenbataillon unter dem Befehl von Oberst William Thompson bestand aus 12 Kompanien. Diese Männer waren bei ihrem Einrücken zum Militär bereits Jäger und Scharfschützen, sie waren erfahrene Grenzer, die man in den ländlichen Gebieten von Pennsylvania, Maryland und Virginia rekrutiert hatte. Das Sah-

Die meisten Kämpfer im französisch-indianischen Krieg waren mit Musketen bewaffnet, aber einige von ihnen führten auch die weitaus präziser schliessenden Büchsen. (Culpepper Minutemen UK)

Links: Der Tod von General Montgomery in Quebec (Stich von W. Ketterlinus, 1808, Ausschnitt aus dem Gemälde von John Trumbull). Interessant an diesem Bild ist, dass hier Kundschafter und Plänkler (unten links) gezeigt werden, die Lederkleidung mit Fransen tragen. Trotzdem sind sie nicht mit Büchsen, sondern mit Musketen mit aufgepflanzten Bajonetten bewaffnet. (NA)

Die von Major Rogers aufgestellten «Regeln für Ranger».

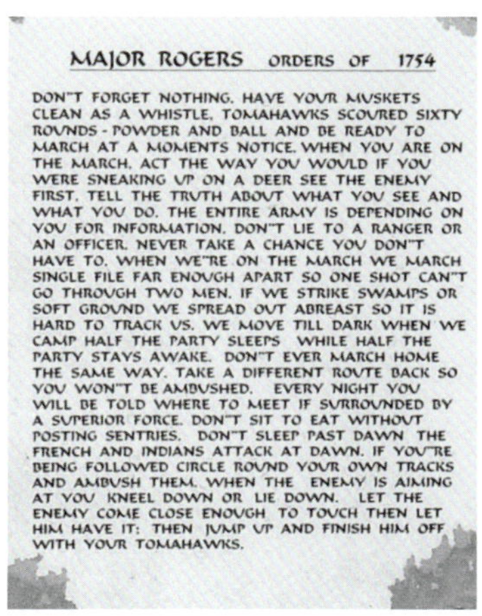

MAJOR ROGERS ORDERS OF 1754

DON'T FORGET NOTHING. HAVE YOUR MUSKETS CLEAN AS A WHISTLE. TOMAHAWKS SCOURED SIXTY ROUNDS - POWDER AND BALL AND BE READY TO MARCH AT A MOMENTS NOTICE. WHEN YOU ARE ON THE MARCH. ACT THE WAY YOU WOULD IF YOU WERE SNEAKING UP ON A DEER SEE THE ENEMY FIRST. TELL THE TRUTH ABOUT WHAT YOU SEE AND WHAT YOU DO. THE ENTIRE ARMY IS DEPENDING ON YOU FOR INFORMATION. DON'T LIE TO A RANGER OR AN OFFICER. NEVER TAKE A CHANCE YOU DON'T HAVE TO. WHEN WE'RE ON THE MARCH WE MARCH SINGLE FILE FAR ENOUGH APART SO ONE SHOT CAN'T GO THROUGH TWO MEN. IF WE STRIKE SWAMPS OR SOFT GROUND WE SPREAD OUT ABREAST SO IT IS HARD TO TRACK US. WE MOVE TILL DARK WHEN WE CAMP HALF THE PARTY SLEEPS WHILE HALF THE PARTY STAYS AWAKE. DON'T EVER MARCH HOME THE SAME WAY. TAKE A DIFFERENT ROUTE BACK SO YOU WON'T BE AMBUSHED. EVERY NIGHT YOU WILL BE TOLD WHERE TO MEET IF SURROUNDED BY A SUPERIOR FORCE. DON'T SIT TO EAT WITHOUT POSTING SENTRIES. DON'T SLEEP PAST DAWN THE FRENCH AND INDIANS ATTACK AT DAWN. IF YOU'RE BEING FOLLOWED CIRCLE ROUND YOUR OWN TRACKS AND AMBUSH THEM. WHEN THE ENEMY IS AIMING AT YOU KNEEL DOWN OR LIE DOWN. LET THE ENEMY COME CLOSE ENOUGH TO TOUCH THEN LET HIM HAVE IT: THEN JUMP UP AND FINISH HIM OFF WITH YOUR TOMAHAWKS.

Nachbau einer amerikanischen «Kentucky»-Büchse, die von den amerikanischen Scharfschützen während des Unabhängigkeitskrieges verwendet wurde. (Davide Pedersoli)

nehäubchen auf der ganzen Sache war die Tatsache, dass sie alle mit Büchsen vom Typ «Pennsylvania» (die heute auch oft als die «Kentucky-Büchse» bezeichnet wird) bewaffnet waren. Dieses Gewehr war damals ohne Zweifel eine der besten Waffen ihrer Zeit.

Das Geheimnis für die Abgabe eines präzisen Schusses mit einer damaligen Büchse lag im richtigen Ladeverfahren. Man musste herausfinden, mit welcher Pulverladung die Waffe am besten schoss. Das gilt auch heute noch für die nostalgischen Schwarzpulverschützen, die mit der Pennsylvania-Büchse schiessen. Die besten Scharfschützen wussten sehr genau, mit welcher Ladung ihr Gewehr die besten Leistungen vollbrachte, und sie bauten sich ein Lademass, um sicherzustellen, dass sie immer genau dieselbe Menge Pulver luden. Dann siebten sie aus dem vorhandenen Pulver die feinen Bestandteile aus und verwendeten sie als Zündkraut für die Pfanne. Dieses feine Pulver zündete besser und verschmutzte das Zündloch nicht so stark. Das Gewehr wurde üblicherweise mit einer Kugelzange geliefert, und damit war sichergestellt, dass man immer Kugeln im selben Durchmesser und Gewicht für die Waffe giessen konnte.

Nachdem sich der Scharfschütze entschieden hatte, auf welche Entfernung hin er seine Waffe einschiessen wollte, stellte er das Visier der Waffe entsprechend ein und schoss das Gewehr an einem windstillen Tag ein. Dabei konnte es nötig sein, dass die in einer Schwalbenschwanzführung eingesetzte Visierung durch Klopfen verstellt werden musste. Danach wurde eine Höhenkorrektur durchgeführt, dazu konnte es nötig sein, das Korn etwas abzufeilen. Durch eine Reihe von Probeschüssen auf verschiedene Entfernungen konnte der Schütze dann ermitteln, wie weit höher oder tiefer er bei der entsprechenden Entfernung halten musste.

Jetzt sollte die britische Armee erstmals einem ganzen Regiment gegenüberstehen, das mit diesen weitaus überlegenen Weitschussgewehren ausgerüstet war, und sie mussten feststellen, dass sie deutlich unterlegen waren. In der Hand eines ordentlichen Schützen konnte man mit einer Pennsylvania-Büchse ohne weiteres ein manngrosses Ziel auf 180 m Entfernung treffen, und geübte Schützen konnten damit sogar noch weiter schiessen. Sofern der Schütze das Visier richtig eingestellt hatte und die richtigen Höhen- und Seitenkorrekturen vornahm, konnte er ein grösseres Ziel sogar noch auf weitaus grössere Entfernungen (bis circa 270 m) treffen – das galt zum Beispiel für eine Gruppe von Offizieren oder eine Linie Infanterie.

Mit Gewehrfeuer auf grosse Entfernungen konnte man sogar die gegnerische Artillerie ausschalten, die ansonsten ein Feuer mit verheerender Wirkung eröffnen konnte. Der Scharfschütze beschoss dabei die gegnerischen Artilleristen. Damit konnte er entweder die Batterie ausschalten oder sie zumindest dazu zwingen, sich weiter zurückzuziehen, womit dann ihre Reichweite eingeschränkt wurde. Bei einem einzigen Kampfeinsatz konnten amerikanische Schützen 36 von 48 britischen Artilleristen einer einzigen Batterie töten oder verwunden. Zwischen Scharfschützen und der Artillerie kam es in den nächsten anderthalb Jahrhunderten vom amerikanischen Unabhängigkeitskrieg bis in den Zweiten Weltkrieg hinein immer wieder zu Duellen, es war ein immer wiederkehrendes Thema.

Dass absichtlich auf gegnerische Offiziere geschossen wurde, war bei den amerikanischen Scharfschützen während des Unabhängigkeitskrieges vollkommen normal. Von britischen Offizieren hingegen wurde diese Einsatztaktik abgelehnt, nach deren Verständnis schoss man einfach nicht auf einen Offizier. Nachdem also eine ganze Reihe von britischen Offizieren den amerikanischen Scharfschützen zum Opfer gefallen waren, gab es bei den Briten keine Zweifel mehr, dass sie bevorzugte Ziele waren. Das war eine vollkommen neue und äusserst unerfreuliche Erkenntnis für jeden Soldaten, der einen höheren Dienstgrad bekleidete. Im Jahre 1781, während der Schlacht von Cowpens befahl

Das englische Wort «sniping» für das Scharfschützenwesen kommt wahrscheinlich von der Jagd auf die Schnepfe, die im Englischen «snipe» heisst. Das Schiessen dieser kleinen und schnellen Vögel ist nämlich recht schwierig.(LoC)

Das Laden eines Vorderladers mit Steinschloss und das wichtige Nachhalten der Waffe nach dem Schuss

Abgesehen von einigen seltenen Ausnahmen wie der Ferguson-Büchse waren die meisten militärischen Schusswaffen im 18. Jahrhundert Vorderlader. Das galt sowohl für glattläufige Musketen als auch für Büchsen. Diese Waffen mussten von der Mündung her geladen werden. Normale Infanteriekompanien führten fast immer glattläufige Musketen.

Normalerweise wurden diese Waffen mit sogenannten Papierpatronen geladen. Dabei waren die Bleikugel und das Schwarzpulver in einer Papierhülse eingewickelt. Um einen glattläufigen Vorderlader zu laden, wurde der Hahn des Steinschlosses auf die halb gespannte Stellung zurückgezogen. Dadurch war sichergestellt, dass sich selbst bei einem versehentlichen Berühren des Abzuges der Schuss nicht lösen konnte. Der Soldat musste dann das Ende der Papierhülse abbeissen, etwas Pulver auf die Pfanne des Steinschlosses geben und den Deckel der Pfanne schliessen, damit das Zündpulver an Ort und Stelle blieb. Dann wurde das restliche Pulver in die Mündung geschüttet und die Kugel ebenfalls in die Mündung gesteckt. Da die Kugel ein etwas geringeres Kaliber als der Laufdurchmesser hatte, fiel sie den Lauf hinunter auf die Pulverladung. Dann wurde die leere Papierhülse in den Lauf gesteckt und mit dem Ladestock auf die Kugel und das Pulver am Ende des Laufes gestossen. Das Papier wirkte als Stopfen, es hielt die Kugel und die Pulverladung an ihrem Platz. Danach steckte der Schütze den Ladestock wieder an seinen Platz unter dem Lauf zurück. Wenn der Schütze jetzt schiessen wollte, zog er den Hahn in die voll gespannte Stellung zurück und zog dann den Abzug durch.

Bei einem Steinschloss laufen nach dem Durchziehen des Abzuges bis zum Austritt der Kugel aus der Mündung eine Reihe von Einzelphasen ab. Durch das Durchziehen des Abzuges wurde der unter Federspannung stehende Hahn freigegeben. In den Hahn war ein kleines Stück Feuerstein eingespannt. Der Hahn schlug dann auf die geriffelte Fläche der sogenannten Batterie und löste damit einen Funkenregen aus. Gleichzeitig wurde der Pfannendeckel nach oben gedrückt. Dadurch wurde die Pfanne freigegeben, und die Funken konnten die kleine Pulvermenge auf der Pfanne entzünden. Der so entstandene Zündstrahl ging durch das Zündloch im Lauf und zündete die Hauptladung. Dadurch wurde die Kugel aus dem Lauf getrieben. Das alles klingt wie ein langsam ablaufender Prozess, und tatsächlich hatte es Auswirkungen auf die Schussabgabe. Im Vergleich zu modernen Schusswaffen war die Zeit zwischen dem Durchziehen des Abzugs und dem Austritt der Kugel aus der Mündung ziemlich lang. Aus diesem Grund war es wichtig, dass die Waffe auch noch ungefähr 1 Sekunde nach dem Durchziehen des Abzugs im Ziel gehalten wurde, um sicherzustellen, dass die Kugel den Lauf tatsächlich verlassen hatte, ehe man die Waffe wieder bewegte. Wenn eine Infanterieeinheit Salven aus glattläufigen Musketen verfeuerte, war dieses Nachhalten nicht so wichtig, wenn aber mit einer Büchse auf ein bestimmtes Ziel geschossen wurde, dann war das Nachhalten für die Präzision des Schusses überaus wichtig. Dieses Nachhalten wird auch heute noch auf den Scharfschützenlehrgängen gelehrt, und das gilt selbst für die heutigen Waffen mit sehr kurzen Zündzeiten.

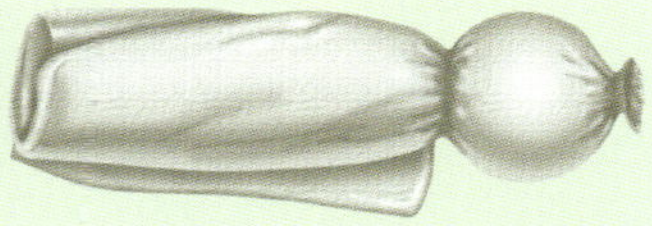

Typische Papierpatrone für eine glattläufige Muskete.

Britische Grenadiere schütten Zündpulver bzw. Zündkraut auf die Pfannen ihrer Musketen vom Typ Brown Bess.

Um eine Militärmuskete zu laden, musste das Oberteil der Papierpatrone abgebissen werden, dann wurde das Pulver in den Lauf der Waffe geschüttet, danach die Kugel mit dem Ladestock aufgesetzt und die Papierhülse vor die Kugel gestopft.

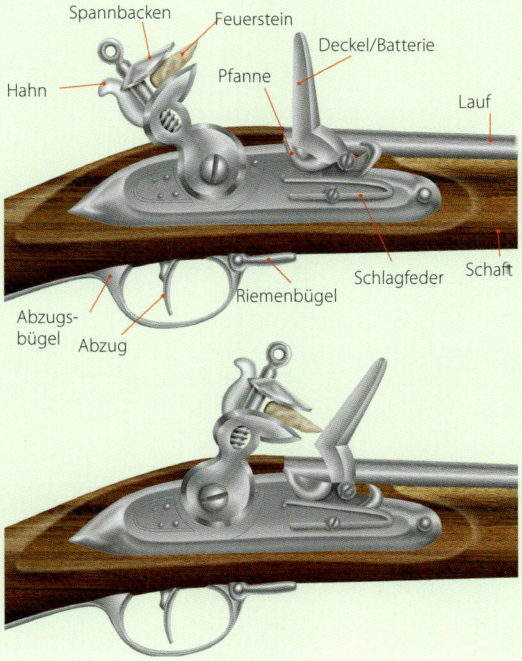

Ein Steinschloss in geladener und gespannter Stellung (oben) und bei der Auslösung des Schusses. Dabei schlug der Feuerstein auf die geriffelte Oberfläche der Batterie, die dadurch entstandenen Funken zündeten das Pulver auf der Pfanne. Der Zündstrahl ging dann durch das Zündloch und zündete die Treibladung im Lauf.

Britischer Infanterist aus der Zeit des späten 18. Jahrhunderts. Er ist mit einer glattläufigen Muskete (Brown Bess) bewaffnet, die weder besonders präzise schoss noch über eine ausreichende Reichweite verfügte. Allerdings hatte er zusätzlich ein Bajonett, und oft trug er auch noch einen kurzen Säbel. Beide Waffen waren im Nahkampf sehr wirksam.

der General Morgan angesichts der vorrückenden britischen Truppen seinen die Stellung verteidigenden Soldaten: «Zielt auf die Epauletten!». Das war ein ganz eindeutiger Befehl, zuerst auf die Offiziere zu schiessen. Diese Taktik gilt für Scharfschützen bis heute. Am Ende der Schlacht zählten die Briten ungefähr 100 Gefallene, davon waren 39 Offiziere, und das war eine unverhältnismässig hohe Zahl. Bei einer Armee, deren Einsatz hauptsächlich auf Drill, harscher Disziplin und präzisen Bewegungsmanövern basierte, war ein solch hoher Verlust an Offizieren und Unteroffizieren äusserst fatal.
Der damals bekannte britische Offizier und Waffen- sowie Ballistikexperte war schwer geschockt, als er zusammen mit einem Kameraden von einem amerikanischen Scharfschützen unter Feuer genommen wurde, der seiner Meinung nach über 400 m weit weg war. Eine Kugel fuhr zwischen den beiden Offizieren hindurch und tötete das Pferd des Trompeters, der direkt hinter ihnen stand. Die beiden Offiziere zogen es dann klugerweise vor, sich zurückzuziehen, ehe der Scharfschütze sein Ziel erneut aufnehmen konnte.
Zum Pech für General Simon Fraser handelte er nicht genau so wie seine beiden Offizierskameraden, und dafür musste er den höchsten Preis bezahlen. Fraser war der Befehlshaber der britischen Truppen während der zweiten Schlacht von Saratoga im Jahre 1777. Damals wurde er vom amerikanischen Oberkommando als besonders lohnendes Ziel ausgesucht. Fraser war auf beiden Seiten des Konfliktes gut bekannt, und am Tag der Schlacht (7. Oktober) ritt er auf einem wunderschönen grauen Pferd in den Kampf, und ausserdem wurde er von seinen Männern mit Hochrufen begrüsst. Sein Erscheinen gab den britischen Truppen zusätzlichen Mut, und deswegen erhielt die Kompanie von Daniel Morgan den Befehl, den General nach Möglichkeit auszuschalten. Der Auftrag wurde einem jungen Mann aus Pennsylvania namens Timothy Murphy erteilt, bei dem es sich um einen der besten Schützen der Kompanie handelte. Obwohl Scharfschützen im Verlauf der Kämpfe schon immer vorzugsweise auf Offiziere und nicht auf einfache Soldaten geschossen hatten, das galt besonders für den französisch-indianischen Krieg, war es hier das erste Mal, dass ein Oberkommandierender ausdrücklich befahl, einen

Die lange Pennsylvania-Büchse

Diese leichte, lange, schlanke und sehr elegant aussehende Büchse mit Steinschloss stammt aus dem frühen 18. Jahrhundert. Sie wurde in Lancaster County im amerikanischen Bundesstaat Pennsylvania gefertigt. Entwickelt wurde sie wahrscheinlich von dem Schweizer Büchsenmacher Martin Meylin, später wurde sie in vielen kleinen Büchsenmacherwerkstätten gefertigt.
Obwohl jeder Büchsenmacher einige leichte Änderungen an der Grundkonstruktion und den charakteristischen Merkmalen der Waffe vornahm, wog eine typische Pennsylvania-Büchse zwischen 3,2 kg und 4,1 kg, die Gesamtlänge betrug zwischen 1'475 mm und 1'575 mm. Daher stammte der Begriff der «langen Büchse». Der gezogene Lauf war ungefähr 1'170 mm lang, er hatte einen Drall von einer Umdrehung auf die gesamte Lauflänge. Aufgrund der grossen Lauflänge, standen Visier und Korn weiter auseinander als bei anderen Waffen, und das verbesserte die Präzision.
Sowohl im zivilen als auch im militärischen Einsatz wurde diese Waffe den ganzen Tag über getragen, und so war es von Vorteil, dass sie nicht allzuviel wog. Normalerweise hatte die Waffe ein Kaliber von .45 Zoll (11,6 mm), aber es gab auch andere Varianten mit Kalibern zwischen .40 und .50 Zoll. Beim Schiessen wurden immer Schusspflaster für die Kugeln verwendet, um die grösstmögliche Präzision zu erreichen. Am Kolben befand sich ein kleines Fach mit einer Klappe, in dem sich die gefetteten Pflaster befanden.
Manchmal wird die Pennsylvania-Büchse auch als Kentucky-Büchse bezeichnet. Das hat aber nichts mit dem Ursprung der Waffe zu tun, sondern es hängt damit zusammen, dass dieser Waffentyp während der Schlacht von New Orleans im Krieg von 1812 gegen die Briten von einem Regiment aus Kentucky mit grossem Erfolg eingesetzt wurde. Frühe Exemplare dieser Waffe aus dem amerikanischen Unabhängigkeitskrieg waren vollkommen von Hand gefertigt, das galt für ihre Schäftung bis hin zu den Schrauben für das Schloss, deswegen unterschied sich jede Büchse ein wenig von der anderen. Zu seiner Zeit war dieser Waffentyp auf dem Höhepunkt der Technik, und deswegen war die Büchse für die meisten damaligen Siedler sehr teuer. Andererseits gab es keine bessere Waffe zum Schutz des Siedlers und seiner Familie, und ausserdem diente sie der Versorgung der Familie mit Lebensmitteln. Deswegen war es kein Wunder, dass ihre Besitzer diese Waffe mit grossem Respekt behandelten.

Die Pennsylvania-Büchse war zu ihrer Zeit die präziseste und weitreichendste Feuerwaffe. (Davide Pedersoli)

hochrangigen Offizier der Gegenseite zu erschiessen. Murphy kletterte dann auf einen Baum, um sein Ziel besser sehen zu können und um seine Waffe in einem höheren Winkel für einen Weitschuss halten zu können. Sein erster Schuss auf den General traf dessen Sattel, der zweite Schuss schlug vor Fraser durch den Hals seines Pferdes. Nun war den Briten ganz offensichtlich klar, das absichtlich auf Fraser geschossen wurde. Trotzdem weigerte er sich starrköpfig, sich zurückzuziehen, denn er wollte seine Pflicht erfüllen. Diesmal konnte Murphy sein Ziel besser treffen, denn sein dritter Schuss verwundete Fraser tödlich. Mit einem vierten Schluss streckte er den Adjutanten des Generals namens Sir Frances Clerke nieder.

Murphy war mit einer Bockdoppelbüchse vom Typ «Pennsylviana Rifle» bewaffnet. Das dürfte die Erklärung dafür sein, warum er seinen zweiten und seinen vierten Schuss so präzise anbringen konnte. Immerhin war sein Ziel geritten und bewegte sich. Das Laden einer Büchse dauerte damals ziemlich lange, deswegen war eine doppelläufige Waffe für einen Scharfschützen durchaus von Vorteil. Falls der erste Schuss daneben ging, konnte er sofort danach einen zweiten Schuss abfeuern. Auf jeden Fall waren die Schüsse von Murphy damals eine hervorragende Leistung, denn die Entfernung zum Ziel betrug über 300 m.

Es waren aber nicht nur die Offiziere, die von den amerikanischen Schützen in Mitleidenschaft gezogen wurden. Bei der Belagerung von Boston wurden viele einfache britische Soldaten und Seeleute von Schüssen aus den umgebenden Bergen verwundet. In einem Brief an König Georg schrieb der britische General Lord Howe über die Pennsylvania-Büchse als «das schreckliche Gewehr der Rebellen».

Bald darauf stellten aber auch die Briten ihre ersten Schützeneinheiten auf. Von jeweils zehn Infanteriekompanien aus einem Regiment wurde eine Kompanie ausgewählt, die als sogenannte «Leichte Kompanie» zu Plänklern ausgerüstet und ausgebildet wurde. Dazu kamen dann noch spezielle Ranger-Einheiten wie zum Beispiel die «Queen's Rangers», die hauptsächlich königstreue Amerikaner rekrutierten. Ausserdem gab es noch die «Fraser's Company», in der ausgesuchte Schützen von regulären britischen Einheiten dienten.

Normale amerikanische Infanteristen waren üblicherweise genau so bewaffnet wie ihre britischen Gegner – mit Musketen und Bajonetten.

Die Schlacht von Lexington am 19.4.1775. Auf dieser zeitgenössischen Abbildung lassen sich die amerikanischen Scharfschützen in den Bäumen gut erkennen, die bei den britischen Grenadieren erhebliche Verluste verursachten. Allerdings schiessen sie hier auf relativ geringe Entfernung. Beachten Sie den verwundeten britischen Offizier im Vordergrund. (LoC)

Daniel Morgan, Auszug aus einem Gemälde von Alonzo Chappel. Beachten Sie die helle Farbe seiner mit Fransen versehenen Kleidung. (NA)

Daniel Morgan und seine Scharfschützen

Als der amerikanische Kongress im Jahre 1775 die Kontinentalarmee aufstellte, wurden dafür so viele Freiwillige rekrutiert, dass man zehn Kompanien zu je 100 Schützen aus den verschiedenen Kolonien einsetzen konnte. Eine der zwei Scharfschützen-Kompanien aus Virginia wurde von Daniel Morgan geführt, die meisten Männer dieser Einheit waren mit der präzisen Pennsylvania-Büchse bewaffnet. Bei ihrem ersten Einsatz während der Belagerung von Boston fügten sie den Briten und den Loyalisten durch gezieltes Gewehrfeuer so viel Schaden zu, dass sie zukünftig als «Morgans Scharfschützen» bezeichnet wurden.

Angeblich bestand die Prüfung zur Aufnahme in diese Einheit darin, dass man eine lebensgrosse Silhouette des Kopfes des britischen Königs Georg auf 100 Schritt Entfernung mit dem ersten Schuss treffen musste. Natürlich lässt sich heute nicht mehr feststellen, ob das wirklich stimmte. Auf jeden Fall sollten aber die Männer dieser Einheit nach Möglichkeit auf feindliche Offiziere, Unteroffiziere und andere wichtige strategische Ziele wie Artilleristen schiessen, ehe sie gegen die einfachen Soldaten weiterkämpften. «Morgans Scharfschützen» kämpften auch während der später abgebrochenen Invasion in Kanada. In der Schlacht von Quebec kesselten die Briten nach dem Tod von General Montgomery, dem Befehlshaber der amerikanischen Truppen, die verbliebenen Teile der amerikanischen Armee ein. Dabei wurde Morgan mit einigen seiner Männer gefangen genommen. Das wäre eigentlich das Ende der ursprünglichen Scharfschützen gewesen, aber ihr Führer konnte schon bald wieder den Kampf aufnehmen, nachdem es mit den Briten einen Gefangenenaustausch gegeben hatte. Anfang 1777 stiess er wieder zur Kontinentalarmee und wurde Kommandeur einer Einheit von 500 Schützen, die hauptsächlich aus seiner Heimat Virginia kamen. Diese Männer wurden als leichte Infanterie und Plänkler eingesetzt, sie nahmen an vielen Einsätzen im Verlauf des ganzen Krieges teil, ganz besonders an der Schlacht von Freeman's Farm, dort erschossen Morgans Männer alle Offiziere der vorrückenden britischen leichten Infanterie und zwangen sie so zum Rückzug. Bei der zweiten Schlacht von Saratoga wurde die Einheit deswegen berühmt, weil Morgan dem Scharfschützen Timothy Murphy befahl, den britischen General Fraser zu erschiessen. Dieser Vorfall führte zum Rückzug der Briten und schliesslich zur Kapitulation von General Burgoyne und seinen Streitkräften. Das war für die Briten ein herber Verlust, während es die Moral der Amerikaner gewaltig anhob. 1779 gab Morgan sein Offizierspatent zurück, nachdem man ihn bei den anstehenden Beförderungen übergangen hatte. Ein Jahr später konnte man ihn aber dazu überreden, wieder in die Armee einzutreten, diesmal mit dem Dienstgrad eines Brigadegenerals, und er kommandierte wieder eine Einheit der leichten Infanterie. In Cowpens in South Carolina im Jahre 1781 errang er einen bedeutenden Sieg gegen die Briten, obwohl er hier seine ihm erteilten Befehle ignoriert hatte. Er ging dort direkt gegen die britische Armee unter der Führung von Oberst Banastre Tarleton vor. Dieser britische Kommandeur war dafür berüchtigt, dass er die aufständischen Amerikaner sehr schlecht behandeln liess, wenn sie gefangen genommen wurden. Allerdings gibt es für diese Vorwürfe keinerlei Beweise. Morgan wandte in diesem Kampf eine einfache, aber sehr wirkungsvolle Taktik an. Er liess seine Soldaten schiessen, danach mussten sie sich schnellstens zurückziehen. Die sie verfolgenden Briten liefen dann in eine Falle, die ihnen eine viel grössere Milizeinheit gelegt hatte. In diesem Moment griff er die Briten dann an ihrer Flanke wieder an. Fast die gesamte Truppe von Tarleton mit einer Stärke von über 1'000 Mann wurde entweder getötet oder gefangen genommen.

Oberst Banastre Tarleton, Gemälde von Sir Joshua Reynolds, circa 1782. Die Einheit der britischen Armee unter der Führung von Tarleton wurde in Cowpens in South Carolina im Jahre 1781 von Daniel Morgan und seiner aus Regulären und Milizen bestehenden Truppe vernichtend geschlagen.

Kapitulation von General Burgoyne in Saratoga. Gemälde von John Trumbull. Daniel Morgan trägt eine helle Trapperkleidung.

Diese Ranger-Einheiten sollten ebenfalls als Plänkler und Scharfschützen kämpfen, trotzdem waren nur wenige von ihnen mit Büchsen ausgerüstet. Eine weitere Gruppe von Schützen, die für die britische Sache kämpfte, waren die von ihrem Landesherrn verkauften hessischen Soldaten. Einige davon waren als Jäger ausgesprochene Spezialisten. Sie führten relativ kurze Büchsen, die aus den Jagdwaffen entwickelt worden waren, die sie in den dicht bewaldeten Gebieten ihres Heimatlandes in Mitteleuropa geführt hatten. Zwar galten diese Waffen allgemein als sehr präzise, aber im Vergleich zu den Pennsylvania-Büchsen hatten sie eine begrenzte Reichweite, weil ihr Kaliber grösser, der Lauf kürzer und deswegen auch die Visierlinie kürzer war. Ganz offensichtlich waren die hessischen Jäger im Nachteil, wenn sie gegen amerikanische Scharfschützen kämpfen mussten, die mit Pennsylvania-Büchsen bewaffnet waren.

Trotz dieser bekannten Nachteile der Jägerbüchsen wurden 1'000 dieser Waffen von den Briten zur Bewaffnung ihrer neu aufgestellten Schützeneinheiten bestellt. Bei den Briten wurde dieses Gewehr das «Pattern 1776 rifle» genannt, es hatte einen 780 mm langen Lauf im Kaliber .62 und war von dem Büchsenmacher William Grice entwickelt worden. 800 Stück davon wurden von Grice und drei anderen Büchsenmachern in Birmingham (Mathias Barker, Galton & Sons und Benjamin Willets) hergestellt. Weitere 200 Jägerbüchsen wurden aus Hannover in Deutschland beschafft.

Der wahrscheinlich beste britische Schütze des Unabhängigkeitskrieges war Hauptmann Patrick Ferguson.

Frasers Kompanie aus ausgesuchten Schützen

Die Briten unternahmen eine Reihe von Versuchen, um die amerikanischen Überraschungsangriffe abzuwehren. Das galt besonders für die Anfangszeit des amerikanischen Unabhängigkeitskrieges. Hauptmann Alexander Fraser (ein Neffe des Generals Simon Fraser, der von Timothy Murphy in der Schlacht von Saratoga erschossen wurde) war selbst ein Spezialist für den Einsatz von Schützen als leichte Infanterie. Er hatte im Jahre 1776 aus den besten Schützen seines damals in Kanada stationierten Regiments eine Spezialkompanie aufgestellt. Diese als «Fraser's Company of Select Marksmen» (Frasers Kompanie aus ausgesuchten Schützen) bekannte Einheit, die auch als die britischen Ranger bezeichnet wurde, bestand aus ausgesuchten Soldaten, die entweder mit Muskete oder Büchse bewaffnet waren. Die Büchsen hatte man wahrscheinlich aus dem Arsenal in Quebec erbeutet. Vielleicht waren es aber auch die ersten Büchsen, die aus Grossbritannien in Amerika angekommen waren.

Die Einsätze von Frasers Kompanie fanden zusammen mit den einheimischen Indianern vom Stamm der Irokesen statt. Dabei übernahmen die Briten die Naturkenntnisse und die Fähigkeit zum Legen von Hinterhalten von den Indianern, während sie dazu die grosse Reichweite ihrer Waffen und die kontrollierte Disziplin bei der Abgabe von Salvenfeuer gegen regulären Feind nutzten. Die Einheit diente während des gesamten Krieges mit Auszeichnung und mit grossem Erfolg, allerdings erlitt sie während des verheerend ausgegangenen Feldzugs von General Burgoyne in Saratoga heftige Verluste. 1778 oder etwas später wurden die Überreste von Frasers Kompanie in andere Einheiten der leichten Infanterie übernommen.

Unten links: Dieser Schütze war um 1775 herum ein Angehöriger des «Morgan Rifle Corps». Beachten Sie die damals in Pennsylvania übliche Kleidung und die Kriegsbemalung im Gesicht. (Military & Historical Image Bank, Don Troiani)

Unten rechts: Ein deutscher Jäger aus Hessen-Kassel um 1776. Diese besonders gut ausgebildeten Schützen wurden damals vom unter ständigem Geldmangel leidenden Kurfürsten von Hessen-Kassel an die Briten verkauft und mussten im amerikanischen Unabhängigkeitskrieg für die britische Sache kämpfen. (Military & Historical Image Bank, Don Troiani)

Angeblich wurde General George Washington von einem französischen Husaren begleitet, als er von Hauptmann Ferguson beobachtet wurde. Sehr wahrscheinlich handelte es sich dabei aber um seinen Adjutanten, den polnischen Grafen Casimir Pulaski, der auf diesem Stich von H.B. Hall gezeigt wird. (NA)

Er konnte überaus gut schiessen und entwickelte einen vollkommen neuen Hinterlader, der nach ihm als «Ferguson rifle» benannt wurde. Der Verschluss der Waffe basierte auf dem französischen Schraubverschluss System Chaumette. Mit diesem Gewehr konnte man vier bis sechs gut gezielte Schüsse pro Minute abgeben.
Nachdem man dem britischen König Georg III. dieses schnell schiessende Gewehr vorgeführt hatte, wurde Hauptmann Ferguson damit beauftragt, eine Schützeneinheit mit einer Stärke von 100 Mann aufzustellen, die alle mit dem revolutionär neuen Hinterlader bewaffnet werden sollten. Wahrscheinlich musste Ferguson die neuen Gewehre aber aus eigener Tasche bezahlen. Die Männer für seine Einheiten wählte er sorg-

Die Einheit «Queen's Rangers»

Während des amerikanischen Unabhängigkeitskrieges stellte die britische Armee eine Reihe von Regimentern auf, die aus der Bevölkerung der damals noch britischen Kolonie rekrutiert wurden und die als sogenannte «Loyalisten» weiterhin treu zur britischen Krone standen. Zu Ehren der damaligen Königin Charlotte, der Ehefrau von Königin Georg III. wurde diese Einheit die «Queen's Rangers» genannt. Es war das erste Regiment der britischen Armee, in dem die Soldaten grüne Uniformen trugen, und ein Teil der Einheit war mit Büchsen bewaffnet. Die grüne Uniform wurde ursprünglich ausgewählt, damit sich diese Soldaten von den regulären britischen Soldaten in ihren scharlachroten Uniformen unterschieden. Im späteren Verlauf des Krieges bekamen ein Teil der leichten Infanterie und andere Kolonialtruppen aber auch rote Uniformen.
Die Einheit «Queen's Rangers» wurde ursprünglich in New York im August 1766 unter dem Kommando von Oberst Robert Rogers aufgestellt. Rogers war aufgrund seines Einsatzes während des französisch-indianischen Krieges als Kommandeur der «Roger's Rangers» gut bekannt. Die Soldaten der «Queen's Rangers» trugen grüne Jacken, eine Ledermütze mit Federbusch und schwarzes Koppelzeug. Die leichte Kompanie (Angehörige sind abgebildet) war mit der Muskete «Short Land Pattern» ausgerüstet. Eine halbe Kompanie (deren Soldaten einen andersfarbigen Federbusch an der Mütze trugen) war mit Büchsen bewaffnet, wahrscheinlich waren es Büchsen vom Typ «Pattern 1776». Oberst Rogers hatte als Kommandeur eine Reihe von Nachfolgern, bis 1777 der Major John Graves Simcoe die Einheit übernahm. Die Männer dieser Einheiten kämpften in vielen einzelnen Operationen und in verschiedenen Kolonien, dazu gehörten New York, South Carolina und Virginia. Bei Kriegsende im Jahre 1781 wurde die Einheit in Kanada aufgelöst. Major Simcoe schrieb später: «Grün ist ohne Zweifel die beste Farbe für die leichten Truppen, dazu kommt dunkles Koppelzeug. Wenn die grünen Jacken im Frühjahr ausgegeben werden, bleichen sie aus, und bis im Herbst sind sie dann fast genau so bleich wie die Blätter an den Bäumen. Deswegen kann man die damit bekleideten Soldaten in einiger Entfernung nicht mehr erkennen. (M.G. Butterfield, Group Historian for SKG3)

Unten links: Die meisten Angehörigen der «Queen's Rangers» waren mit Musketen «Brown Bess» bewaffnet, aber die halbe Kompanie führte Büchsen, und das war in der damaligen britischen Armee eine Seltenheit. (Culpepper Minutemen UK)

Unten rechts: Die Angehörigen der «Queen's Rangers» trugen grüne Jacken, Ledermützen und schwarzes Koppelzeug. (Culpepper Minutemen UK)

Die Jägerbüchse war deutlich kürzer als das lange Pennsylvania-Gewehr, ausserdem hatte sie ein grösseres Kaliber. Beide Waffen hatten allerdings ihren Ursprung in Deutschland und der Schweiz. (Davide Pedersoli)

fältig unter den besten Schützen bei der britischen Armee aus, und sie wurden wie alle späteren Jäger- und Schützeneinheiten bei der britischen Armee in grüne Uniformen eingekleidet.

Ferguson hatte persönlich vorgeführt, dass man mit seinem Gewehr durchaus Ziele in 180 m Entfernung mehrfach hintereinander treffen konnte. Die Waffe hatte ein verstellbares Visier, das von 100 bis 500 Yards (90–450 m) reichte. Allerdings verpasste Ferguson dann später seine grösste Chance, den Verlauf des Krieges und damit die Kriegsgeschichte zu ändern, als er sich bei einem Einsatz entschloss, nicht schiessen zu lassen. Es war der berühmte Zwischenfall vor der Schlacht von Brandywine. Hier wurde die Einheit von Fergusons Schützen zum ersten Mal eingesetzt. Seine Soldaten dienten als Vorhut beim britischen Vormarsch. Dabei sahen Ferguson und drei seiner Männer zwei Offiziere zu Pferd, die sie später als Amerikaner in der blauen Uniform der Kontinentalarmee und als einen französischen Husaren beschrieben. Ferguson verbot seinen Männern, auf die Offiziere zu schiessen, und auch er selbst wollte nicht schiessen, weil er das für unsoldatisch hielt. Dabei hätte man ohne weiteres sechs gut gezielte Kugeln auf die beiden Offiziere abfeuern können, ehe sie ausser Sicht galoppierten. Leider wurde Ferguson einige Tage später in der Schlacht verwundet. Während er mit einem zerschmetterten rechten Ellenbogen im Lazarett lag, musste er erfahren, dass der Offizier, der ihnen vor einigen Tagen entwischt war, mit grosser Sicherheit George Washington selbst war, der Oberbefehlshaber der Kontinentalarmee. Die Identität des «französischen» Husaren bleibt mysteriös, denn es gab keine französische Kavallerie in Brandywine. Möglicherweise hatte es sich um Washingtons Adjutanten gehandelt, den polnischen Kavallerieoffizier Graf Pulaski.

Nach seiner Verwundung wurde die Schützeneinheit von Ferguson wieder aufgelöst. Er selbst spielte allerdings auch weiter eine Rolle im Krieg, denn er kommandierte leichte Truppen und die Milizen der Loyalisten, bis er 1780 bei King's Mountain fiel.

Fergusons Weigerung, auf den wegreitenden Washington zu schiessen, ist ein gutes Beispiel für die letzten Reste von Ritterlichkeit, die es damals noch bei den Berufssoldaten gab. Während des Unabhängigkeitskrieges galt diese Einstellung eigentlich noch für alle Dienstgradgruppen. Allerdings änderten sich die Dinge allmählich. Beim traditionellen Militär war man der Auffassung, dass es nur dann ein ehrenhafter Kampf war, wenn man seinem Feind ins Angesicht sehen konnte. Dann beschoss man sich gegenseitig so lange mit Salven auf Befehl der führenden Offiziere, bis eine Seite gewonnen hatte. Das ist eine Erklärung dafür, warum es auch heute noch gemeine Soldaten gibt, die keine gute Meinung von den Scharfschützen haben. Wenn man aus einer Schützenlinie heraus auf den Feind feuerte, dann konnte man mit etwas Glück ungeschoren davonkommen. Ob man getroffen wurde oder nicht, war ganz einfach das Kriegsglück. Jetzt aber konnten Soldaten von Schützen getroffen werden, die ungesehen in einer Deckung lagen oder die so weit entfernt waren, dass man sich nicht gegen sie wehren konnte. Das konnte für den einfachen Soldaten sowohl furchterregend als auch frustrierend sein. Das ist wiederum eine Erklärung dafür, warum gefangen genommene gegnerische Scharfschützen oftmals sehr schlecht behandelt wurden.

Unter bestimmten Umständen konnten Schützen durchaus im Nachteil sein, das galt besonders, wenn sie gut ausgebildeter Infanterie in grösserer Zahl gegenüberlagen. Wenn die vorrückenden Truppen kaltblütig genug waren, um den ersten Schüssen der Scharfschützen zu widerstehen, dann hatten sie genügend Zeit, so weit vorzurücken, dass ihr Gegner in die Reichweite ihrer Muskete oder sogar ihrer Bajonette kam, ehe die Schützen eine Gelegenheit zum langwie-

Oben: Das Hinterlader-Gewehr von Ferguson mit einem Schraubverschluss. Durch eine vollständige Drehung des Abzugsbügels wird das Oberteil des Verschlusses geöffnet. Die Kugel wird eingelegt, dann wird eine abgemessene Menge Pulver dahintergeschüttet. Danach wird der Verschluss durch Drehung des Abzugsbügels wieder geschlossen. Abgefeuert wird die Waffe mit einem normalen Steinschloss.

Links: General George Washington bei den Dorchester Heights (Gemälde von Gilbert Stuart). Washington konnte mit grossem Glück entkommen, als ihn der britische Schütze Hauptmann Patrick Ferguson beobachtete, der sich dann aber weigerte, auf ihn zu schiessen, und ihn wegreiten liess. (LoC)

Während der napoleonischen Kriege waren die britischen Infanteristen noch durchgängig mit der glattläufigen Muskete «Brown Bess» mit Steinschloss ausgerüstet.

Angriff auf Savannah am 8. Oktober 1779, Gemälde von A.I. Keller. Obwohl während des amerikanischen Unabhängigkeitskrieges die Scharfschützen eine bedeutende Rolle spielten, wurde der Krieg gewonnen wie alle Kriege in dieser Periode: Gut gedrillte Männer schossen Salven aus ihren Musketen, die Artillerie unterstützte sie, dann wurde mit gefälltem Bajonett angegriffen, zudem verdankte man den Erfolg kompetenten Befehlshabern. (LoC)

Die Schlacht von Camden (1780); der Tod von de Kalb (Auszug aus einem Gemälde von Alonzo Chappel). Während die amerikanischen Scharfschützen ihre Büchsen nachluden, waren sie sehr anfällig für einen Bajonettangriff oder eine Kavallerieattacke. (NA)

rigen Nachladen ihrer Büchsen hatten. Eine gut gedrillte Infanterieeinheit war unter Anwendung der Taktik des Schiessens aus der Bewegung heraus durchaus in der Lage, ein oder zwei gegnerische Salven zu überstehen und trotzdem noch weiter vorzurücken. In solchen Fällen hatten die Schützen so gut wie keine Verteidigungsmöglichkeit. Die Pennsylvania-Büchse war eine zivile Waffe, auf die sich kein Bajonett aufpflanzen liess. Die Schützen konnten in einem solchen Fall entweder versuchen, sich mit Tomahawks und Messern zu verteidigen, oder sie konnten ihr Heil in der Flucht suchen. Wenn es bei einer Schlacht dazu kam, dass die Linien der Infanterie dicht genug an die Schützenstellungen herankamen, dann endete das manchmal in einem Gemetzel.

Ein weiterer Nachteil beim Einsatz von Schützen als Scharfschützen, die aus einer verdeckten Stellung heraus schossen, waren der Schussknall, der Mündungsblitz und Pulverqualm nach der Schussabgabe, die ihre Stellung natürlich sofort verrieten. Als Antwort kam dann normalerweise sofort eine ganze Gewehrsalve, die in Richtung der Qualmwolke abgefeuert wurde. Selbst wenn diese Salve aus den eigentlich sehr unpräzise schiessenden Musketen abgefeuert wurde, war die Wirkung einer grossen Anzahl von Kugeln auf einen relativ kleinen Deckungsbereich für den versteckt kämpfenden Scharfschützen oftmals verheerend. Wenn ihn eine Kugel traf, war es vollkommen egal, ob es sich hier um einen gezielten Schuss oder um einen Zufallstreffer handelte!

Obwohl die amerikanischen Scharfschützen und Plänkler einen durchaus wertvollen Beitrag zum Unabhängigkeitskrieg leisteten, so machte ihre Stärke doch höchstens 5 Prozent der Gesamtstärke der Aufständischen aus. Der Krieg wurde letztendlich von der regulären Kontinentalarmee und den angeschlossenen Milizen gewonnen, die auf konventionelle Weise mit Musketen und Bajonetten kämpften.

Direkt nach dem Krieg hatten die Regierungen in den USA und in Grossbritannien offensichtlich sofort wieder vergessen, wie wirkungsvoll Schützen in bestimmten Situationen kämpfen konnten, ganz besonders dann, wenn sie als leichte Infanterie eingesetzt wurden. In keinem der beiden Länder wurden bis zur Jahrhundertwende grössere mit Büchsen ausgerüstete Einheiten aufgestellt.

Immer noch in Linie und Schulter an Schulter

Bis zum Ende des 18. Jahrhunderts und in den ersten Jahren des 19. Jahrhunderts änderten sich die bei den Schlachten eingesetzten Taktiken und die Ausrüstungen kaum. Sie waren noch genau so, wie sie schon in den vergangenen 100 Jahren gewesen waren. Die Infanterie marschierte in Linie auf, die Soldaten standen Schulter an Schulter, als Bewaffnung dienten glattläufige Musketen und Bajonette, und die Unterstützung wurde durch Artillerie und Kavallerie geleistet. Allerdings gab es jetzt schon erste Anzeichen eines Sinneswandels beim britischen Militär, wenn auch nur in sehr geringem Umfang. Grossmann hatte mittlerweile erkannt, wie wichtig leichte Infanterie sein konnte, und so wurde 1797 beschlossen, ein Schützenbataillon in das 60. Regiment (vorher das 62nd Royal American Regiment und später die «King's Royal Rifles») einzugliedern. Zu dieser Zeit befand sich Grossbritannien immer noch mit Frankreich im Krieg. Mittlerweile war Grossbritannien das einzige Land, das noch gegen Frankreich Krieg führte, nachdem die erste Koalition von europäischen Nationen aus dem Jahre 1792 zusammengebrochen war. Die Bedrohung durch die Franzosen wurde in Grossbritannien sehr stark wahrgenommen, und das dauerte bis zu Napoleons endgültiger Niederlage in Waterloo im Jahre 1850. Auch hier bewahrheitete sich wieder einmal das alte Sprichwort, dass der Krieg der Vater aller Dinge ist.

Ausserdem sollte versuchsweise ein Schützenkorps aufgestellt werden, dessen Angehörige sollten hauptsächlich in Grossbritannien rekrutiert werden, und sie sollten mit einer neuen Büchse ausgerüstet werden. Nach Experimenten im Arsenal von Woolwich wurde die Baker-Büchse als geeignete Waffe ausgewählt.

Das versuchsweise aufgestellte Schützenkorps wurde im Jahre 1800 als das 95. Regiment zu Fuss (Schützenregiment) unter dem Befehl von General Coot-Manningham in Dienst gestellt. Im Gegensatz zu den scharlachroten Jacken der Linienregimenter trugen die Angehörigen des 95. Regiments grüne Uniformen. Das sollte in Zukunft die charakteristische Uniformfarbe der britischen Schützen werden.

Diese Soldaten sollten anfänglich hauptsächlich als Plänkler eingesetzt werden, aber schliesslich ähnelten ihre Einsätze denjenigen, welche die amerikanischen Schützen im Kampf gegen die Briten durchgeführt hatten. Die Angehörigen des 95. Regiments sollten in offener Ordnung kämpfen, sie sollten selbstständig denken, und sie sollten nach Möglichkeit Deckung suchen und nutzen. Vor allen Dingen aber sollten sie ihre Schiesskunst mit der Büchse üben, damit sie genau so gut waren wie Schützen bei anderen Armeen. Obwohl das eigentlich für Angehörige einer Schützeneinheit selbstverständlich sein sollte, hatte man bis jetzt bei der britischen Armee auf die Schiessausbildung relativ wenig Wert gelegt. Die Angehörigen des 95. Regiments dagegen sollten überdurchschnittlich gut mit ihrer Büchse umgehen können, und sie wurden sogar dazu ermutigt, nach Möglichkeit an Schiesswettkämpfen teilzunehmen.

In der Zeit zwischen 1800 und 1850 kämpfte das 95. Regiment auf vielen Kriegsschauplätzen auf der ganzen Welt. Unter anderem dienten sie als Scharfschützen auf der Flotte von Lord Nelson bei Kopenhagen. Hauptsächlich bekannt wurden sie aber während ihrer Einsätze beim Krieg auf der Iberischen Halbinsel (in Grossbritannien als der «Peninsula War» bekannt) in Portugal und Spanien. Ausserdem nahmen sie 1815 an der Schlacht von Waterloo teil.

General Arthur Wellesley (später Lord Wellington) und seine Armee wurden von Grossbritannien in Marsch gesetzt, um den portugiesischen und spanischen Verbündeten zu helfen, nachdem die Franzosen deren Land im Jahr 1807/08 überrannt hatten. Der Krieg fand auf der Iberischen Halbinsel statt. Da hier oftmals aus der Bewegung heraus in unwegbarem Gelände gekämpft werden musste, waren das ideale Bedingungen für den Einsatz von leichter Infanterie und der Anwendung von Taktiken für den Guerillakrieg. Es ist sogar so, dass der Begriff Guerillas in diesem Krieg geschaffen wurde, denn die spanischen und portugiesischen irregulären Truppen namens «guerilleros» kämpften damals gegen die französischen Nachschubkolonnen, unterbrachen Kommunikationslinien und machten es ganz allgemein für den Feind sehr schwierig, das Land unter Kontrolle zu halten.

Zu Beginn des Feldzuges wurden das 95. Regiment und das 5/60th Regiment zusammengeführt, um eine Schützenbrigade zu bilden. Da es sich bei ihnen um leichte Infanterie handelte, bildeten sie die Vorhut der Armee und landeten schon 1808 in Portugal. Die mit Büchsen ausgerüsteten Bataillone kämpften während der ersten Schlachten des Feldzugs zusammen. Unter anderem feuerten sie die ersten Schüsse des Krieges in Obidos ab. Später wurden die Einheiten umgruppiert. Das 60. Regiment stellte mehrere leichte Kompanien ab, die als Kundschafter und Plänkler bei den anderen Brigaden eingesetzt wurden. Das 95. Regiment wurde dann durch weitere Kompanien aus England verstärkt.

Wenn ein Scharfschütze entdeckt worden war, konnte er sicher sein, dass er mit einer Reihe von Salven eingedeckt wurde. (Richard Clark)

Allerdings liefen die Dinge in diesem Krieg nicht so, wie die Briten sich das vorgestellt hatten. Es gab grosse Probleme mit dem Nachschub, und deswegen mussten die Briten sich zurückziehen, wobei sie von den Franzosen verfolgt wurden. Das 95. Regiment bildete die Nachhut und übernahm die Sicherung des Rückzuges. Während dieser letzten Kampfhandlungen machte der Schütze Thomas Plunkett seinen legendären Schuss über 270 m. Er schoss aus der liegenden Stellung heraus und traf einen von Napoleons bevorzugten jungen Kommandeuren, den General Auguste Colbert. Das 95. Regiments nahm an der Schlacht von Corunna unter der Führung von Sir John Moore Teil, der selbst bei diesen Kämpfen fiel. Ausserdem gelang es ihnen, eine 20'000 Mann starke französische Armee in Schach zu halten, während ihre Kameraden an Bord von Schiffen nach England gingen.
Im Sommer 1809 kämpfte das 95. Regiment wieder gegen die Franzosen, und zwar in Portugal, Spanien und Holland. Im Februar 1810 bewachten vier Kompanien dieses Regiments (ungefähr 200 Mann) eine Brücke über den Fluss Agueda in Barba del Puerco. Es hatte vorher schon einige kleinere Scharmützel gegeben, und eine Schützenkompanie unter dem Befehl von Hauptmann Peter O'Hare bewachte die Brücke. In der Nähe befand sich eine über 3'000 Mann starke französische Brigade, deren Kommandeur General Ferey befahl, dass ein Nachtangriff auf die Brücke durchzuführen sei. Dazu wurden ungefähr 600 Schützen und Grenadiere als Kampfgruppe gegen die Brücke in Marsch gesetzt, weitere 1'500 Mann standen in Reserve.
Das Wetter war in dieser Nacht schlecht, und so gelang es den Franzosen im Schutz der Dunkelheit, zwei als Wachen aufgestellte britische Schützen zu überrennen und zu töten. Allerdings gelang es einem der beiden britischen Soldaten vorher noch, einen Warnschuss abzufeuern. Dadurch wurden 13 weitere britische Schützen alarmiert, die sich zwischen der Brücke und dem Rest der Kompanie, die in einer Kirche auf einem Berggipfel ihr Feldlager bezogen hatte, befan-

Schützen des fünften Bataillons des 60. Regiments (napoleonische Zeit) waren an den roten Aufschlägen ihrer grünen Uniformen zu erkennen. Ausserdem trugen sie auf ihren Wasserflaschen das Einheitszeichen. (Richard Clark)

Das «60th Regiment of Foot» (60. Regiment zu Fuss), nach 1830 umbenannt in «King's Royal Rifle Corps»

Im Jahre 1755 wurde während des französisch-indianischen Krieges eine aus britischen Rotröcken und Miliztruppen aus Virginia bestehende Truppe (die anfänglich von Oberst George Washington kommandiert wurde) von einer viel kleineren Kampfgruppe aus Franzosen und Indianern überfallen und aufgerieben. Dabei wurden von den Franzosen und Indianern Guerillataktiken angewandt, die für die dichten Wälder des nordöstlichen Amerika hervorragend geeignet waren. Die Briten antworteten im Jahre 1756 mit der Aufstellung des 62. Regiments (Royal American), um ihre 13 Kolonien gegen weitere solche Angriffe zu schützen. Dieses Regiment bestand aus vier Bataillonen zu je 1'000 Mann. Es waren hauptsächlich amerikanische Kolonisten und britische Freiwillige, aber auch Kämpfer aus Österreich, Deutschland und der Schweiz, die Erfahrungen im Waldkampf und im Gebirgskampf hatten. 1757 erhielt das Regiment eine neue Nummer, es hiess nun das «60th (Royal American) Regiment».
Einer der Offiziere des Regiments namens Henry Bouquet war ein Schweizer Berufssoldat. Er machte sich daran, dass unter seinem Befehl stehende erste Bataillon in eine Spezialeinheit umzuwandeln, mit der man die eingeborenen Amerikaner auf ihrem eigenen Territorium bekämpfen konnte. Diesen Auftrag führte er erfolgreich durch, sein Bataillon machte sich im französisch-indianischen Krieg als leichte Infanterie und Plänkler-Truppe einen guten Namen. Allerdings konnten die Soldaten auch als normale Linieninfanterie eingesetzt werden. Einige Bataillone des Regiments dienten im Jahre 1759 in Quebec, im Pontiac-Krieg von 1763 und im amerikanischen Unabhängigkeitskrieg, aber sie wurden auch ausserhalb von Amerika eingesetzt. 1797 wurde ein fünftes Bataillon aufgestellt, das ausschliesslich aus Schützen bestand. Kommandeur war der Baron Francis de Rottenburg. Viele Angehörige dieses Bataillons waren Jäger aus mehreren mitteleuropäischen Ländern. Ausserdem gehörten viele Deutsche dazu, die früher königstreue amerikanische Kolonisten waren und die bereits in der britischen Armee gedient hatten. Nach 1800 wurden die Schützen des fünften Bataillons mit Baker-Büchsen bewaffnet, ausserdem erhielten sie charakteristische grüne Uniformen mit roten Aufschlägen. Diese Schützen wurden erstmals während der napoleonischen Kriege eingesetzt, und sie zeichneten sich bei ihren Einsätzen als leichte Infanterie aus. Deswegen wurden alle anderen, bisher mit Musketen bewaffneten leichten Kompanien dieses Regiments in Schützen-Kompanien umgewandelt. Ein zweites Bataillon (das sechste) wurde bald zur Verstärkung des Regiments aufgestellt. Es kämpfte während des Krieges auf der Iberischen Halbinsel bei der Armee von Wellington. Ein 7. Bataillon wurde für den Krieg in Amerika im Jahre 1812 aufgestellt. Nach den napoleonischen Kriegen wurde der Name des Regiments geändert «The Duke of York's Own Rifle Corps», und im Jahre 1830 wurde es dann zum «King's Royal Rifle Corps».

den. Die 13 Schützen zogen sich auf den Berg zurück, dabei kämpften sie weiter, bis ihre Kameraden zu ihnen stiessen, die dann die Franzosen vom Berg herunter unter Feuer nahmen.

In einer solchen stürmischen, dunklen Nacht boten die britischen Schützen mit ihren dunkelgrünen Uniformen sehr schwierige Ziele. Bei den Franzosen hingegen war das weisse Koppelzeug selbst in der Dämmerung sehr gut zu sehen. Das Kreuz der beiden Schultergurte diente den britischen Schützen als Haltepunkt.

Bei diesen Kämpfen wurde versehentlich von den Briten ein Ladestock abgefeuert. Später berichtete der Schütze William Green, dass er und ein Kamerad von «drei grossen hässlichen Burschen angegriffen wurden, die bis auf 10 m herankamen». Da er gerade dabei war, seine Büchse zu laden, war er gezwungen, sowohl die Kugel als auch den Ladestock zu verschiessen. Dadurch konnte er einen Franzosen töten, während sein Kamerad einen zweiten Franzosen ausser Gefecht setzte. Green kämpfte dann weiter, er hatte sich dazu ein Gewehr von einem verwundeten Kameraden geholt. Obwohl die Schützen hier schwer bedrängt wurden, hielten sie die Stellung, und schliesslich kamen zwei weitere Schützenkompanien zu ihrer Verstärkung, die von Oberstleutnant Beckwith angeführt wurden. Durch dieses rechtzeitige Eintreffen der Verstärkung wurde der Angriff gestoppt, dann mussten sich die Franzosen den Berg hinunter zurückziehen, die Brücke überqueren und sich in den Schutz ihrer Hauptstreitmacht begeben. Mit drei von vier eingesetzten Kompanien (die vierte lag in Reserve) hatte das 95. Regiment mit einer Stärke von gerade 150 Schützen eine französische Elitetruppe mit 600 Mann zurückgeschlagen. Die Franzosen hatten Verluste von über 100 Gefallenen oder Verwundeten, während beim 95. Regiment nur sieben Gefallene und 15 Verwundete zu beklagen waren.

Durch diese Schlacht wurde der ohnehin schon gute Ruf des 95. Regiments noch weiter gefestigt. Ausserdem wurde hier gezeigt, zu welchen Leistungen

Während der napoleonischen Kriege kämpften die Soldaten noch in Linienformation Schulter an Schulter. Sie schossen und bewegten sich zusammen vorwärts. Beachten Sie die gekreuzten weissen Riemen über der Brust, das war für Scharfschützen ein hervorragender Haltepunkt.

Soldaten der 95th Rifle Brigade wurden für ihre Treffsicherheit, ihre Kampftaktik und ihre grünen Uniformen berühmt. (Richard Clark)

Auch die Franzosen hatten bei ihrer leichten Infanterie Spezialisten und Angriffstruppen, aber nur wenige dieser Soldaten waren mit Büchsen bewaffnet. (Richard Clark)

Schützen selbst im Nahkampf fähig waren. Einer der Gründe dafür war die Konzeption der Baker-Büchse, die von vornherein als Militärgewehr entwickelt worden war. Deswegen hatte sie eine Bajonetthalterung, und das war bei den zivilen Scharfschützengewehren eben nicht der Fall. Das lange Messerbajonett der Baker-Büchse war für sich allein genommen schon eine recht wirksame Waffe. Das Bajonett musste lang sein, weil die Baker-Büchse selbst im Vergleich zu den damals sonst üblichen Musketen ziemlich kurz war. Mit einem kurzen Bajonett wäre die Reichweite im Nahkampf unzureichend gewesen. Das Bajonett hatte eine 635 mm lange Klinge, es war mit einem Säbelgriff mit Gefäss versehen und konnte auch als Hieb- und Stichwaffe verwendet werden, wenn es nicht auf der Büchse aufgepflanzt war. Natürlich war der Nahkampf mit Blankwaffen für diese auf das Schiessen über grosse Entfernungen spezialisierten Soldaten nicht unbedingt erstrebenswert.

Während des gesamten Krieges auf der Iberischen Halbinsel zeigten die Schützen der leichten Division, was sie wert waren. Das galt einmal für ihre Einsätze im normalen Kampf, aber auch für ihre Sonderverwendungen: Plänkeleien, Erkundungen und Bekämpfung des Feindes mit präzisen Weitschussgewehren über grosse Entfernungen hin. Ihre eigenen Offiziere hatten ihnen mittlerweile die Anweisung gegeben, sich auf wichtige feindliche Ziele zu konzentrieren. Deswegen schossen die Schützen bevorzugt auf Offiziere, Trommler und Hornisten (Befehlsgebung) und natürlich auf Artilleristen. Bei der Schlacht von Vimeiro (20. August 1808) wurden die französischen Artilleristen und ihre Pferde durch präzises Langstreckenfeuer niedergehalten, so dass man die Geschütze erbeuten konnte. Bei anderen Schlachten und Belagerungen kam die französische Artillerie kaum zum Schuss, weil ihre Positionen dauernd von Scharfschützen unter Feuer genommen wurden. Man kann eigentlich die Erfolge der frühen Schützen bei der britischen Armee nicht besser beschreiben, als es der französische Marschall Soult tat: «Es gibt da ein englisches Bataillon, das 60., und die sind mit kurzen Büchsen bewaffnet. Die Männer wurden aufgrund ihrer Schiesskunst ausgewählt, sie tun Dienst als Kundschafter, und im Einsatz haben sie den Sonderbefehl, auf Offiziere zu schiessen, ganz besonders auf Stabsoffiziere. Diese Art der Kriegführung ist für uns sehr nachteilig. Unsere Verluste an Offizieren sind so gross, dass wir nach einer Reihe von Einsätzen kaum noch unverwundete Offiziere haben. Ich habe gestern Bataillone bei uns gesehen, bei denen einer von acht Ausfällen ein Offizier war! Ich habe auch Bataillone gesehen, bei denen die Zahl der Offiziere auf zwei oder drei reduziert wurde, obwohl dort weniger als einer von sechs Mann ausgefallen

Die Schützen sollten nach Möglichkeit das präzise Schiessen lernen, und dabei sollten sie aus verschiedenen Stellungen schiessen können. Dazu gehörten die knieende, die sitzende und die liegende Stellung. (Richard Clark)

Rechts: Wenn die Armeen in der napoleonischen Zeit in die Schlacht marschierten, bildeten ihre dicht zusammenstehenden Linien sehr gute Ziele. Ausserdem bot das Kreuz ihres Koppelzeugs einen hervorragenden Haltepunkt. (Richard Clark)

Rechte Seite: Bevorzugte Ziele für Scharfschützen waren Artilleristen und Ansammlungen von Offizieren.

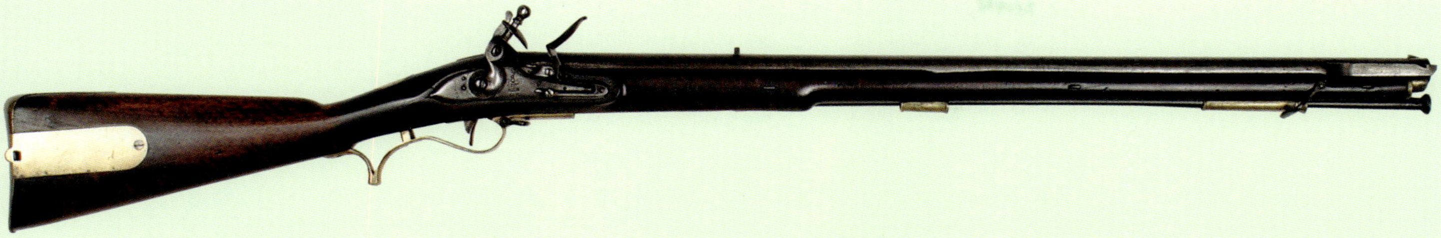

Die Baker-Büchse (das Infanterie-Gewehr)

Gegen Ende des 18. Jahrhunderts suchte man bei der britischen Armee nach einer geeigneten Waffe zur Ausrüstung des Schützenkorps (aus dem später die «Rifle Brigade» entstehen sollte). Zu diesem Zweck wurde am 4. Februar 1800 ein internationaler Wettbewerb im Arsenal von Woolwich durchgeführt. Es gewann ein Vorderladergewehr mit gezogenem Lauf, das der Büchsenmacher Ezekial Baker aus der Whitechapel Road im Londoner Stadtteil East End entwickelt hatte. Der siebenzügige Lauf hatte einen Drall von nur einer Vierteldrehung, während die meisten anderen Konstruktionen aus dieser Zeit einen Drall von einer Dreiviertelumdrehung hatten. Baker wollte damit den Reibungswiderstand der Kugel reduzieren, trotzdem sollte das Geschoss noch so viel Drall bekommen, dass es stabil flog. Das Gewehr hatte eine Gesamtlänge von 1'150 mm und ein Gewicht von ca. 4,1 kg. Der Lauf im Kaliber .625 war 762 mm lang, die Visierung war starr ausgeführt. Die Waffe verschoss Kugeln, die mit Schusspflaster umwickelt wurden, deswegen befand sich im Kolben ein Fach für die Schusspflaster. Das mit der Waffe zusammen gelieferte Pulverhorn war mit einer Abmessvorrichtung versehen, damit immer dieselbe Menge Pulver geladen wurde. Die Pulverladung wog ungefähr ein Drittel des Kugelgewichtes.

Bis auf 180 Meter Entfernung schoss das Gewehr auf ein manngrosses Ziel recht präzise, dabei musste man auf die gekreuzten Schultergurte des Gegners halten. Das war deutlich besser als die Leistungen der Muskete Brown Bess, die höchstens auf 50 Meter genau schoss.

Die Baker-Büchse war kürzer und nicht so unhandlich wie die normale Muskete. Ihr einziger Nachteil war der Ladevorgang, denn er dauerte deutlich länger. Im Notfall konnte man die Waffe aber auch mit den normalen Papierpatronen und Kugeln ohne Pflaster laden, dann schoss sie aber nicht mehr so genau. Die Baker-Büchse wurde bei der britischen Armee fast 40 Jahre lang geführt, sie wurde dann von der Brunswick-Büchse mit Perkussionsschloss abgelöst. Während ihrer langen Einsatzzeit wurde die Büchse bei einer ganzen Reihe von Staaten geführt, selbst die mexikanische Armee setzte bei der Schlacht von Alamo noch einige von ihnen ein. Für die englischen Freiwilligen-Einheiten wurden eine Reihe von Varianten dieser Waffe gefertigt, es gab sogar regelrechte Scheibenversionen davon.

Oben: Die Baker-Büchse wurde von speziellen Schützeneinheiten der britischen Armee fast 40 Jahre lang geführt. Das hier gezeigte Modell wurde nach 1823 gefertigt. Das Schloss trägt den Tower-Stempel mit der Krone über den Initialen GR, aber sie hat keine Abnahmestempel. Der Lauf trägt den Herstellerstempel E BAKER, die Visierung ist starr, und es ist eine Aufpflanzvorrichtung für ein Bajonett vorhanden. Die Schäftung ist geteilt, und im Kolben ist ein Fach für die Schusspflaster vorhanden.
(Australian War Memorial REL/04959.001)

Oben: Das war die Schiessstellung, die der Schütze Plunkett bei seinem berühmten Schuss über 270 m auf den französischen General Auguste Colbert eingenommen hatte.

Unten: Obwohl die Schützen Spezialisten für den Einsatz als Plänkler und Kundschafter waren, wurden sie manchmal auch als reguläre Infanterie eingesetzt.
(John Norris)

95th Rifles – das 95. Schützenregiment (nach 1816 in «Rifle Brigade» umbenannt)

Diese im Jahre 1800 versuchsweise als Schützenkorps aufgestellte Einheit war die erste Einheit der britischen Armee, die mit der Baker-Büchse ausgerüstet war. 1802 wurde die Einheit mit der Regimentsbezeichnung «95th Rifles» der Linieninfanterie zugeordnet. Das 95. Regiment wurde 1803 auf das 43. und 52. Regiment der leichten Infanterie aufgeteilt. Unter dem Kommando der Generäle Coote-Manningham und Sir John Moore wurden sie dann als Schützen und leichte Infanterie ausgebildet, dabei folgte man einer Dienstvorschrift, die der Oberst Baron de Rottenburg, Kommandeur des 5. Schützenbataillons des 60. Regiments verfasst hatte.

Obwohl sie keine Marineinfanteristen waren, wurden einige Angehörige des 95. Regiments auch zur See eingesetzt. Dabei kämpften sie als Schützen in der Schlacht von Kopenhagen im Jahre 1801, als die Schiffe von Admiral Nelson die dänische Flotte zerstörten. In den ersten Jahren des 19. Jahrhunderts war das fünfundneunzigste Regiment eine der am meisten beschäftigten Einheiten des britischen Heeres. Es gab Einsätze in Spanien und Deutschland, und es gab sogar eine anfänglich erfolgreiche, aber schliesslich doch abgebrochene Expedition gegen die Spanier in Südamerika.

Das 95. nahm an den meisten grösseren Schlachten während des Krieges auf der Iberischen Halbinsel in Spanien und Portugal teil. Berühmt wurde die Einheit für ihren Einsatz als Sicherung der Nachhut beim Rückzug der britischen Armee nach Corunna.

Die wohl berühmteste Geschichte über den erfolgreichen Schuss eines Soldaten des 95. handelt vom Schützen Thomas Plunkett während des Krieges auf der Iberischen Halbinsel. Damals wurde das 95. als Sicherung der Nachhut während des Rückzugs der britischen Armee nach Corunna eingesetzt. Schütze Plunkett erspähte einen berittenen französischen Offizier, der seine Männer antrieb, schneller gegen die sich zurückziehenden Briten vorzugehen. Plunkett legte sich auf den Rücken, stützte seine Baker-Büchse an seinem Oberschenkel ab, dann zog er den Gewehrriemen mit seinem Fuss stramm, um die Schiesshaltung noch stabiler zu machen, und dann schoss er ... Der getroffene Franzose fiel tot aus dem Sattel. Ein Hornist ritt noch heran, um seinem General zu helfen, aber in der Zwischenzeit hatte Plunkett seine Büchse nachgeladen und nutzte die Gelegenheit, um auch auf ihn zu schiessen. Auch der zweite Schuss war ein erfolgreicher Treffer, später stellte sich heraus, dass der getroffene Offizier der General Auguste Colbert war. Beide Schüsse wurden auf eine Entfernung von über 270 m abgegeben, und beide Opfer von Plunkett waren durch Kopfschüsse gefallen.

Während der Schlacht von Waterloo standen das erste und das zweite Bataillon des 95. und zwei Kompanien des dritten Bataillons – insgesamt 1'300 Mann – wieder unter dem Befehl von Lord Wellington. Sie nahmen an den Einsätzen bei Quatre Bras, La Haye Sainte und anderen Kampfplätzen teil. Dabei bewährten sich die Schützen dieser Einheit, obwohl sie nicht sehr umsichtig eingesetzt wurden. Am Ende der Kämpfe hatte die Einheit 35 Offiziere und 482 Mann Verluste. Nach 1816 wurde die Einheit in «The Rifle Brigade» umbenannt. Mit grosser Wahrscheinlichkeit wurde mit dieser Einheit eine bei der britischen Armee vollkommen neue Art der Kriegführung eingeführt, und hier liegen sehr wahrscheinlich auch die Ursprünge der Scharfschützentaktik als reguläres Kampfmittel des Heeres.

war.» Im Vergleich zu den napoleonischen Kriegen war der Krieg von 1812 in Amerika nur ein Nebenschauplatz. Es wird aber oftmals vergessen, dass die dort entwickelten neuen Taktiken überaus wichtig waren und sind. Die dort eingesetzten britischen Streitkräfte einschliesslich eines Schützenbataillons mussten nicht nur gegen die amerikanischen Milizen und die mit ihren eigenen Jagdgewehren ausgerüsteten Scharfschützen kämpfen, sondern sie hatten auch noch die gut organisierte reguläre Infanterie mit ihren neuen Büchsen vom Typ Modell 1803 gegen sich.

Der Feldzug endete für die Briten mit einer herben Niederlage. Eine der wichtigsten Lektionen, die sie in diesem Krieg lernen mussten, bestand darin, dass kommandierende Offiziere sofort das Feuer von Scharfschützen auf sich zogen, sobald sie sich innerhalb von deren Reichweite bewegten. Zu den britischen Opfern während dieses vergleichsweise kurzen Krieges gehörten viele hochrangige Offiziere einschliesslich General Sir Isaac Brock und Generalmajor Robert Ross. Beides waren äusserst fähige Soldaten, aber zu ihrem Pech folgten sie immer noch der alten Tradition, indem sie ihre Truppen vor der Front anführten. Bei der Schlacht von New Orleans am 8.1.1815

Jäger, Chasseurs, Cacadores, Tirailleurs und Voltigeurs

Viele frühe Schützen bei den Streitkräften der europäischen Staaten waren Jäger, und die Büchse war für sie ihr Handwerkszeug, mit dem sie ihren Beruf ausübten. Aufgrund ihrer Schiesskunst und ihrer Fähigkeit zum Anpirschen waren sie ideal für diese militärische Spezialverwendung geeignet. Das galt besonders für eine Zeit, als der grösste Teil der Infanterieeinheiten noch mit einfachen glattläufigen Musketen ausgerüstet war. Die meist als Söldner dienenden Jäger kamen aus vielen europäischen Ländern, unter anderem aus Deutschland, der Schweiz, Österreich, Holland, Polen und den baltischen Staaten. Einige kämpften für Grossbritannien, andere wiederum standen in französischem Sold. Während des Krieges auf der iberischen Halbinsel kämpften die portugiesischen «cacadores» zusammen mit der britischen leichten Infanterie an der Seite der portugiesischen und spanischen «guerilleros» und machten den französischen Streitkräften das Leben schwer. Die «Chasseurs à pied» (Jäger zu Fuss) waren französische Elitesoldaten, die aufgrund ihrer guten Schiessergebnisse zu dieser Truppe eingezogen wurden. Allerdings waren viele von ihnen genauso wie viele britische leichte Infanteristen mit glattläufigen Musketen und nicht mit Büchsen bewaffnet. «Tirailleurs» dagegen waren Scharfschützen aus verschiedenen Gebieten von Frankreich und Italien, auch sie kämpften in der Rolle der leichten Infanterie. «Voltigeurs» (wörtlich übersetzt Springer oder Hüpfer) dienten ebenfalls als Scharfschützen bei der französischen Armee. Eine Kompanie pro Regiment kämpfte als leichte Infanterie. Obwohl sie eigentlich als Elitetruppen eingestuft waren, kämpften viele dieser Jäger oder Scharfschützen, obwohl sie für die Rolle der leichten Infanterie hervorragend geeignet waren, als einfache Infanteristen in den grossen Schlachten.

Obwohl einige europäische Jägertruppen aufgrund ihrer Schiesskunst und ihrer guten Kenntnisse für den verdeckten Kampf rekrutiert wurden, erhielten sie statt Büchsen oft nur glattläufige Musketen, und dann wurden sie als Linieninfanterie und nicht als leichte Infanterie eingesetzt. (Richard Clark)

Rechte Seite: Die Uniformierung der britischen Offiziere: Brustschild, goldene Schulterstücke und auffällige Kopfbedeckungen boten den amerikanischen Scharfschützen im Krieg von 1812 hervorragende Ziele. (John Norris)

Ganz unten: Dieser Schütze benutzt seinen Tschako als Auflage für seine Büchse, während er liegend schiesst. (Richard Clark)

stiessen 7'000 britische Rotröcke auf 4'000 Amerikaner (die Hälfte davon geübte Schützen). Zu den britischen Opfern gehörten der Oberkommandierende Generalleutnant Sir Edward Pakenham sowie die Generalmajore Sir Samuel Gibbs und John Keane, die Obristen Patterson und Dale und die Oberstleutnante Rennie, Debbieg, Jones, Faunce und Brooke. Aber auch auf niedrigrangigere Offiziere wurde geschossen: Major John Whittaker wurde vom ersten gezielten Schuss der Schlacht getroffen. Er war dem Schützen vom Kommandeur Oberst Adair der Kentucky-Schützen bei den amerikanischen Streitkräften als Ziel zugewiesen worden. In diesem Fall bekam er den Rat, auf die Schulterstücke und Brustschilde zu schiessen. Durch diese beiden Merkmale waren die britischen Offiziere sehr leicht von den anderen Soldaten zu unterscheiden, und das nutzten die amerikanischen Scharfschützen. Das gezielte Schiessen auf Offiziere war offensichtlich eine sehr wirkungsvolle Strategie. Später wurde diese Taktik bei den meisten anderen Streitkräften als legitim betrachtet, und das galt sogar für diejenigen, die am meisten darunter gelitten hatten – die britischen und

Scharfschützen auf See

Scharfschützen konnten ihre Schiesskunst nicht nur an Land beweisen. Auch in der Takelage der damaligen Segelschiffe hatten oft Scharfschützen Stellung bezogen, und deren Bedeutung für den Ausgang der Kampfhandlungen darf nicht unterschätzt werden. Während die meisten Kämpfe zur See über grössere Entfernungen hinweg mit Geschützen ausgetragen wurden, bis die beiden Schiffe so dicht aneinander lagen, dass die Mannschaften zum Nahkampf übergehen konnten, gab es vorher durchaus die Möglichkeit, den Feind mit präzise gezielten Gewehrschüssen zu bekämpfen. Vom Ende des 18. Jahrhunderts bis zum frühen 19. Jahrhundert wurden bei der britischen Marine zwar hauptsächlich glattläufige Musketen vom Typ Brown Bess verwendet, aber bei der Schlacht von Kopenhagen im Jahre 1801 kamen auch Büchsenschützen des 95. Schützenregiments zum Einsatz.
Während des Unabhängigkeitskrieges setzte die amerikanische Marine mit Büchsen ausgerüstete Schützen und Marineinfanteristen an Land und zur See ein, welche die Hafenstädte gegen die britische Marine verteidigen sollten. Die Seeleute an Bord ihrer Segelschiffe boten sehr gute Ziele, das galt besonders, wenn sie in der Takelage arbeiteten. Im Krieg von 1812 wurden sowohl bei der britischen als auch amerikanischen Marine Schützen eingesetzt, die ganz besonders auf Offiziere schossen.
Das wohl berühmteste Opfer eines Scharfschützen auf See war der britische Admiral Lord Horatio Nelson während der Schlacht von Trafalgar (1805). Er stand auf dem Achterdeck seines Flaggschiffes «HMS Victory», als ihn der französische Marineinfanterist Robert Guillemard aus der Takelage des französischen Kriegsschiffes «Redoutable» unter Feuer nahm. Dieser auf relativ kurze Entfernung abgegebene Schuss, man geht von nicht einmal 50 Metern aus, drang durch Nelsons Schulter, durchschlug die Lunge und blieb in der Wirbelsäule stecken. Nelson wurde noch bewusstlos unter Deck gebracht, wo er nach einigen Stunden starb.
Das war zwar ein kleiner Sieg für die Franzosen, aber sie verloren die Schlacht und ihre Flotte. Später verloren sie auch den Krieg, und ihr Kaiser musste abdanken.
Admiral Lord Nelson ist eines der berühmtesten Opfer eines Scharfschützen.
(Wallis & Wallis)

Der Tod von Pakenham in der Schlacht von New Orleans (Gemälde von F.O.C. Darley, ca. 1860). Die präzise schiessenden amerikanischen Schützen erhoben von den britischen Truppen während der Schlacht von New Orleans einen furchtbaren Blutzoll. Ganz besonders hatten sie es auf die leicht zu erkennenden britischen Offiziere abgesehen. Dazu gehörte auch der Oberkommandierende Generalleutnant Sir Edward Pakenham, ein Schwager des Herzogs von Wellington. Erst danach richteten die Amerikaner ihr Feuer auch auf niedrigere Dienstgrade. (LoC)

französischen Offiziere. Man konnte jetzt nicht mehr ignorieren, dass Waffen mit gezogenen Läufen und einstellbaren Visierungen grosse Vorteile boten, denn mit diesen Waffen konnte sehr präzise geschossen werden. Dagegen stand das ungezielte Schiessen mit den glattläufigen Musketen. Genauso wichtig war aber die Erkenntnis, dass die Schützen an ihren Waffen gut ausgebildet werden mussten. Ausserdem musste man bei der Ausbildung schon früh darauf achten, wer gut schiessen konnte und wer nicht, damit man nachher beim Einsatz den grössten taktischen Vorteil daraus ziehen konnte. Wenn ein Schütze präzise schiessen konnte, dann konnte er sich immer das bestmögliche Ziel aussuchen. Das mussten die Briten in der Schlacht von New Orleans sehr schmerzhaft feststellen, dem dort verloren sie viele wichtige Offiziere. Das aber führt bei jeder Armee zu einem Verlust an Koordination und Führung, und das führt dann unweigerlich zum Verlieren der Schlacht.

Nach den napoleonischen Kriegen und dem Krieg von 1812 gab es keine Zweifel mehr daran, dass sich die Art und Weise der Kriegführung ändern würde. Die glattläufige Muskete war technisch überholt, und es zeigte sich immer deutlicher, dass es von Vorteil war, alle Soldaten mit Gewehren mit gezogenen Läufen auszurüsten. Natürlich mussten sie an den neuen Waffen auch gut ausgebildet werden, damit sie gut damit zielen und treffen konnten.

Neue Fertigkeiten und vergessene Lehren

Nach dem Ende der napoleonischen Kriege gab es in Europa eine Periode von über 30 Jahren Frieden. Allerdings machte die Waffentechnologie auch in dieser Zeit Fortschritte. In der Zeit zwischen 1830 und 1890 entwickelte sich das Standardgewehr der europäischen Soldaten von der glattläufigen Muskete mit Steinschloss weiter zum Repetiergewehr mit Zylinderverschluss und Patronenmagazin. Versionen der letztgenannten Waffe wurden bei der britischen Armee bis in die sechziger Jahre des 20. Jahrhunderts geführt.

Diese grossen Änderungen waren meist nicht das Ergebnis einer schrittweisen Entwicklung. Stattdessen machten einzelne Personen unabhängig voneinander eine Reihe von Erfindungen, weil sie sich meist sehr intensiv mit einem bestimmten waffentechnischen Problem in Verbindung mit den damaligen Schusswaffen befasst hatten. Oftmals waren diese Verbesserungen das Ergebnis der Bemühungen von Sportschützen, die einfach besser als ihre Kameraden sein wollten. Ein Beispiel dafür ist die Einführung der Perkussionszündung. Diese neue Zündmethode wurde von einem Jäger entwickelt, der sich darüber ärgerte, dass die Funken und der Zündstrahl seines Steinschlosses die gejagten Vögel so früh warnten, dass sie wegfliegen konnten, ehe die Schrotgarbe seines Schusses ihr Ziel erreichte. Die Perkussionszündung war die Lösung des Problems, ausserdem wurde noch eine Reihe von anderen Problemen damit gelöst. Diese einfache kleine Metallkappe ersetzte das höchst unzuverlässige und komplizierte Steinschloss mit seinen Komponenten Feuerstein, Batterie, Pfanne und offenliegendem Zündpulver.

Das Zündhütchen der Perkussionszündung war ein kleiner Metallzylinder, der an einem Ende offen war. Innen am Boden des Zündhütchens befand sich das Zündmittel, das aus Knallquecksilber und Kaliumchlorat bestand. Dieses Zündhütchen wurde auf einen kleinen durchbohrten Piston oder Nippel aufgesetzt, der über eine Bohrung mit dem Laufende verbunden war. Wenn der Hahn jetzt auf das Zündhütchen schlug, entzündete sich das Zündmittel im Hütchen und sandte einen Feuerstrahl in das Pulver im Lauf. Dieses System war ziemlich wetterfest und deshalb zuverlässig. Ausserdem konnte man weder Funken noch Zündstrahl sehen. Obendrein wurde jetzt die Zeit zwischen dem Durchziehen des Abzugs und dem Austritt der Kugel aus der Mündung verkürzt, und deswegen konnte man präziser schiessen.

Die Vorteile dieses Systems waren schon 1818 bekannt, denn damals wurden dafür sowohl in Grossbritannien als auch in Frankreich voneinander unabhängige Patente erteilt. Selbst die eigentlich hoffnungslos rückständigen britischen Militärbehörden nahmen dieses System nach längeren Erprobungen ab 1834 an. Einer der Hauptgründe dafür waren die französischen Experimente damit, die schon 1830 begonnen hatten. Im Jahre 1842 wurde bei den britischen Streitkräften eine Muskete mit Perkussionsschloss (P42) eingeführt, und Mitte des 19. Jahrhunderts war das Perkussionssystem bei den meisten damaligen Armeen im Einsatz.

Man hatte mittlerweile auch sehr genau erkannt, dass Waffen mit gezogenen Läufen (Büchsen) gegenüber glattläufigen Waffen erhebliche Vorteile boten. Allerdings waren sie schwieriger zu laden und zu unterhalten, und im Klartext hiess das, dass der Anwender mit diesem System besonders gut vertraut sein musste. Den höheren Dienstgraden bei der britischen Armee war mittlerweile auch klar geworden, dass man eine leistungsfähigere Infanteriewaffe brauchte.

Das Gewehr Enfield P53 war serienmässig mit einer verstellbaren Visierung ausgestattet.

Perkussionsschloss an einer nachgebauten Enfield-Büchse, gut zu sehen ist hier das auf den Zündnippel aufgesetzte Zündhütchen.

Im Vergleich zum Steinschloss war das Perkussionsschloss ein gewaltiger Fortschritt. Wenn der Hahn auf das Zündhütchen schlug, explodierte die chemische Verbindung im Zündhütchen und ein Zündstrahl fuhr durch den hohlen Zündnippel und das Zündloch in den Lauf und zündete dort die Pulverladung.

Das Perkussionsschloss

Egal wie gut ein Steinschloss gearbeitet war, es bedurfte immer umfangreicher Pflege, um seine Funktion zu erhalten. Die Feuersteine mussten regelmässig ausgewechselt werden, das Pulver auf der Pfanne musste trocken bleiben, und das Schildloch hinten am Lauf musste frei gehalten werden. Sonst konnte es nämlich passieren, dass das Pulver in der Pfanne einfach abbrannte und die Pulverladung im Lauf überhaupt nicht gezündet wurde. Im Gegensatz zum Steinschloss hatte das Perkussionsschloss weniger Einzelteile, um die man sich kümmern musste. Das Schloss war weitgehend wetterfest, und es war viel einfacher zu benutzen und zu unterhalten als das Steinschloss. Das System bestand aus dem Hahn, einem Zündhütchen aus Kupfer mit einem Zündmittel darin und einem durchbohrten Metallnippel, auf den das Zündhütchen aufgesetzt wurde. Wenn der Abzug durchgezogen wurde, schlug er auf das Zündhütchen, drückte es zusammen und brachte dadurch das Zündmittel darin zur Explosion. Daraufhin schoss der Zündstrahl durch den hohlen Nippel in die Pulverladung im Lauf, und der Schuss löste sich. Den Nippel konnte man herausschrauben, so dass sich das Zündloch einfach reinigen liess. Nachdem die Waffe mit Pulver und Kugel geladen worden war, musste der Schützte einfach nur noch ein Zündhütchen auf den Nippel setzen, dann war die Waffe feuerbereit. Das Perkussionsschloss wurde um 1805 herum von dem schottischen Geistlichen Reverend Alexander Forsyth erfunden. Pastor Forsyth war auch ein leidenschaftlicher Jäger auf Wasservögel, und ausserdem beschäftigte er sich mit Wissenschaft und Technik. Forsyth experimentierte mit der chemisch unstabilen Verbindung von Kaliumchlorat und Knallquecksilber, diese Verbindung war ursprünglich von dem französischen Chemiker Berthollet erfunden worden. Es gelang Forsyth nun, daraus ein brauchbares Zündmittel zu schaffen, das zündete, wenn ein Schlag darauf ausgeübt wurde. Forsyth hatte diese Erfindung eigentlich nur gemacht, um bei der Jagd den Funkenregen und den Pulverqualm der Schwarzpulverzündung zu eliminieren, wenn er auf Enten- oder Gänsejagd ging. Allerdings erkannten fortschrittliche Kräfte bei der britischen Armee sehr schnell, welches Potenzial diese Erfindung für Militärwaffen hatte, und deswegen erhielt er den Auftrag, das System für die Armee weiterzuentwickeln. Zu seinem Pech wurde aber ein neuer Vorsteher des Beschaffungsamtes eingesetzt, und dieser Lord Chatham sah keine Zukunft im Perkussionsschloss. Deswegen wurde Forsyth nach Hause geschickt. Die Franzosen dagegen hatten von diesem System eine sehr gute Meinung, und so bot Napoleon dem Pastor Forsyth 20'000 Pfund Sterling für seine Erfindung an. Das war damals ein kleines Vermögen. Zum Glück für die britische Armee lehnte Forsyth das französische Angebot ab und arbeitete privat an seiner Erfindung weiter. Im Jahre 1807 erhielt er für sein damals «Riechfläschchen» genanntes Schloss ein Patent. Der merkwürdige Name kam von der Form der Flasche, in der das Zündpulver aufbewahrt wurde. Seine Erfindung war gut, und bald war sie bei Sportwaffen weit verbreitet, allerdings war sie nicht ganz problemfrei. Für den militärischen Einsatz wurde das Perkussionssystem erst brauchbar, nachdem Joshua Shaw im Jahre 1814 das Zündhütchen aus Metall erfunden hatte. Shaw war ein Engländer, der in Amerika lebte. Innerhalb von sechs Jahren verwendeten mehrere britische Büchsenmacher das Perkussionsschloss mit Zündhütchen bei einer Reihe von Jagd- und Sportwaffen. Zu nennen sind hier Joseph Manton und Joseph Egg. Die britische Armee dagegen führte das Perkussionsschloss erst 1838 ein.

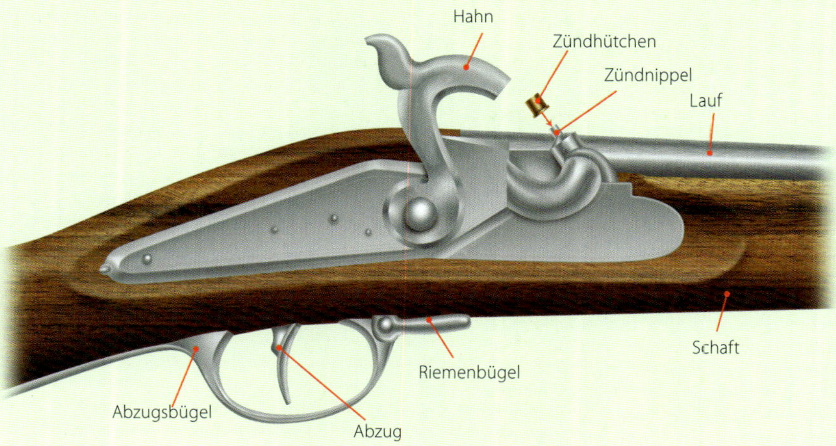

Ungefähr zur selben Zeit als das Perkussionsschloss weitere Verbreitung fand, arbeiteten mehrere Büchsenmacher und Erfinder unabhängig voneinander an der Suche nach Wegen, um die Reichweite von Büchsen zu verbessern. Ausserdem war man bemüht, den Ladevorgang schneller und einfacher zu machen. Das Problem lag dabei im Geschoss, welches eng in den Lauf mit seinen Zügen eingepasst werden musste, damit es nach der Schussabgabe einen Drall bekam.

Dieser Drall war wichtig für grosse Reichweite und gute Präzision. Kugeln mit etwas Spiel waren dagegen viel leichter in den Lauf einzubringen beziehungsweise zu laden.

Mit Hilfe eines Schusspflasters konnte man die Präzision verbessern, aber dann war das Geschoss wieder schwieriger zu laden, und ausserdem erforderte dieser Vorgang etwas Geschicklichkeit.

Man experimentierte nun mit einer ganzen Reihe von Methoden. Dazu gehörten Kugeln mit Rippen und mit Gürteln. Die letztgenannte Geschossart wurde für die Brunswick-Büchse verwendet, denn diese Waffe hatte einen Lauf mit zwei Zügen, in welche der Gürtel der Kugel eingesetzt wurde. Obwohl die Brunswick-Büchse in relativ kleiner Stückzahl bei der britischen Armee und bei der Marine eingesetzt wurde, war diese Waffenart schwer und im Feld unzuverlässig. Der Gürtel an der Kugel musste nämlich perfekt ausgeformt sein und durfte keinesfalls Beschädigungen aufweisen, damit er richtig in die Züge des Laufes eingesetzt werden konnte. Die britischen Soldaten mochten diese Waffenart überhaupt nicht, und so gilt sie bis heute als eine der schlechtesten Waffen, die jemals ausgegeben wurden. Die Lösung des Problems sah etwas anders aus. Man musste ein Geschoss finden, das sich leicht in den Lauf einbringen liess, wenn die Waffe geladen wurde. Dann aber musste sich das Geschoss hinten im Lauf ausdehnen, so dass es eng in die Züge einschnitt, wenn die Waffe abgefeuert wurde. Dazu wurden zwei Systeme entwickelt, bei denen der hintere Bereich des Laufes entweder mit einem Ring oder einer Art Stachel versehen war. Beim erstgenannten System wurde eine Kugel mit relativ viel Spiel in den Lauf eingebracht und dann mit dem Ladestock gegen den Ring oder eine Stufe hinten im Lauf geschlagen, damit sich das Weichblei der Kugel ausdehnte. Das System mit dem Stachel im Lauf funktionierte auf ähnliche Weise, hier wurde die Kugel auf den mittig im Lauf stehenden Stachel aufgedrückt. Bei beiden Systemen war allerdings ein Holzhammer oder ein ziemlich schwerer Ladestock erforderlich, ausserdem wurden die Kugeln beim Laden oft so deformiert, dass kein präziser Schuss damit abgegeben werden konnte. In diesem Zusammenhang gibt es eine recht berühmte Geschichte über die Delvigne-Büchse. Diese Waffe hatte eine Pulverkammer im Lauf, deren Durchmesser geringer war als der Laufdurchmesser, so dass eine Stufe im Lauf vorhanden

Das Minié-Geschoss – mehr Reichweite und Präzision

Bei der Verbesserung der Reichweite der damaligen Gewehre spielte das Minié-Geschoss eine überaus wichtige Rolle. Angeblich stammte die Grundidee von einem britischen Infanterieoffizier namens Hauptmann Norton, aber für die endgültige Ausführung dieses konisch-zylindrischen Geschosses, das sich beim Schuss ausdehnte, war der französische Hauptmann Claude-Etienne Minié verantwortlich. Er war Ausbilder an der Schule des französischen Heeres in Vincennes. Minié entwickelte ausserdem das nach ihm benannte Gewehr, das beim französischen Heer und für kurze Zeit auch beim britischen Heer eingeführt war.

Das Minié-Geschoss war etwas unterkalibrig und liess sich deswegen leicht laden. Wenn aber die Waffe abgefeuert wurde, dehnte sich der hohle Geschossboden unter dem Druck der Pulvergase aus und drückte sich in die Züge des Laufes ein. Dadurch bekam das Geschoss einen Drall und wurde so im Flug sehr stabil, ausserdem wurden Reichweite und Durchschlagskraft grösser. Das Minié-Geschoss war ein grosser waffentechnischer Fortschritt, zumal es mit einer Papierpatrone geladen wurde, in der immer die gleiche Pulvermenge enthalten war, ausserdem wurde es aus einer Waffe mit der zuverlässigen und schnellen Perkussionszündung verschossen. Aus diesen Gründen änderte sich die Treffpunktlage der Waffe kaum, und dieser Faktor war besonders bei Weitschüssen wichtig. Bei den Erprobungen des P51 (die britische Version des Minié-Gewehres) im Klaiber .702 zeigte sich, dass die Waffe bis 450 m (500 Yards) ziemlich genau schoss, und selbst auf 810 m (900 Yards) konnte man ein 180 x 90 cm grosses Ziel noch mehrfach treffen. Das war damals eine erstaunliche Leistung. Während des Kaffern-Krieges von 1846-1852 schossen die gut ausgebildeten britischen Schützen ihre Salven bis auf eine Entfernung von 1'080 m und zwangen damit die eingeborenen Krieger zum Rückzug.

Mit dem später eingeführten P53 wurden ebenfalls Minié-Geschosse verfeuert. Die Waffe hatte allerdings deutlich verbesserte Züge und mit .577 auch ein kleineres Kaliber. Man ging damals davon aus, dass ein geübter Schütze damit ein 2,4 x 2,4 m grosses Ziel auf 900 m bei jedem zweiten Versuch treffen konnte. Auf diese Weise konnte (zumindest theoretisch) die Reichweite des Infanteriefeuers im Vergleich zur glattläufigen Muskete um den Faktor zehn vergrössert werden.

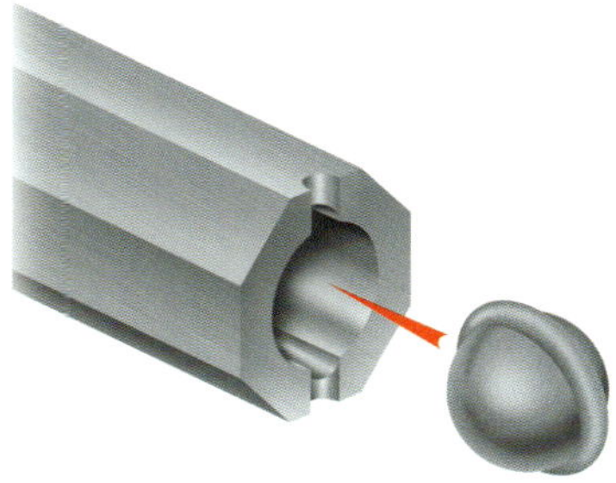

Die Brunswick-Büchse hatte eine Kugel mit einem Gürtel, der genau in die zwei Züge des Laufes passte. Allerdings war die Waffe umständlich zu laden, und das galt besonders, wenn der Lauf durch Schwarzpulver-Rückstände verschmutzt war.

Minié-Geschoss aus Blei mit gefetteten Rillen (Geschossfett auf Talgbasis), rechts daneben zum Vergleich eine Rundkugel für die Muskete Brown Bess.

war. Die Kugel blieb dann beim Laden vor dieser Stufe liegen und wurde danach mit dem Ladestock gegen die Stufe geschlagen, damit sie in die Züge einschneiden konnte. Büchsen dieser Bauart wurden von den französischen Jägern geführt, die während des algerischen Krieges von 1830 bis 1848 unter dem Kommando des Herzogs von Orleans standen. Angeblich machte sich hier ein Araber (in manchen Berichten wird er auch als Scheich beschrieben) auf grössere Entfernung hin mit obszönen Gesten über die Franzosen lustig. Das ärgerte den Herzog, und so bot er seinen Scharfschützen eine Belohnung an, wenn es ihnen gelänge, den Araber zu treffen. Einer der Jäger nahm die Herausforderung an und erschoss den unglücklichen Araber – die Entfernung lag angeblich bei über 540 m. Das war auf jeden Fall ein Meisterschuss, ganz besonders, da er aus einer Büchse abgegeben wurde, die eigentlich deformierte Geschosse verschoss.

Obwohl es mehrere dieser neu entwickelten Systeme bis in die Serienfertigung schafften, war keines davon wirklich zufriedenstellend. Sie wurden alle wieder sehr schnell ausgemustert, nachdem die eigentliche Antwort auf das Problem in Form des sich selbst ausdeh-

*Gewehr Enfield Pattern 1853, zweites Modell. Das Schloss trägt die Stempel «Krone über VR und 1856», ausserdem trägt die Waffe staatliche Abnahmestempel. Der Lauf hat französische und englische Beschusszeichen. Dazu gehört auch der Herstellerstempel «F*P» in einem Oval. Das Visier geht von 100 bis 400 Yards, und die Klappe des Visiers geht bis 1'000 Yards. Die gezeigte Waffe wurde in Lizenz im Arsenal von St. Etienne in Frankreich gefertigt. (AWM.REL_04837)*

Die Muskete mit gezogenem Lauf Enfield Pattern 1853 (P53)

Das P53 war ein Vorderlader mit gezogenem Lauf im Kaliber .577. Es wurde zuerst im Krimkrieg eingesetzt und war danach im gesamten britischen Empire von 1853 bis 1867 im Einsatz. Ausserdem wurde die Büchse auch im amerikanischen Bürgerkrieg geführt.

Das Gewehr wog ungefähr 4 kg und war 1400 mm lang. Der Lauf war 965 mm lang, er hatte drei flache Züge mit einem Drall von 1:78 (eine volle Umdrehung auf 78 Zoll). Das P53 hatte drei Schaftbänder, die Schäftung bestand aus Nussbaumholz. Darum wurde das Gewehr auch gerne das «Dreiband-Modell» genannt. Es gab auch eine kürzere Karabinerversion mit einem 838 mm langen Lauf, dessen Gesamtlänge 1244 mm betrug. Diese Waffe wurde oft auch als das «Zweiband-Modell» bezeichnet. Der Karabiner hatte ein verbessertes Schloss, und der Lauf hatte fünf Züge mit einem Drall von 1:48. Die Züge dieser Waffe waren gegenüber dem Original eine Verbesserung, und dieses Laufprofil wurde damit für alle späteren Enfield-Gewehre verwendet. Die Züge wurden von der Laufwurzel bis zur Mündung hin flacher, diese Verbesserung wurde 1858 eingeführt. Alle Modelle hatten ein verstellbares Visier, das sich von 100 bis 900 Yards einstellen liess. Normalerweise konnte ein gemeiner Soldat allerdings nur auf bis ungefähr 150 Yards ein manngrosses Ziel aus der stehenden Schiessstellung heraus treffen. Wenn die Waffe aufgelegt war, verdoppelte sich diese Entfernung. Ein geübter Schütze dagegen konnte auf alle diese Entfernungen mindestens 100 Yards mit Erfolg weiter schiessen.

Für das Gewehr wurden gefettete Papierpatronen verwendet, die 68 Grains Schwarzpulver und ein modifiziertes Geschoss enthielten, das 535 Grains wog. Damit hatte die Waffe eine V_0 von ungefähr 280 m/s. Ein geübter Soldat konnte die Waffe dreimal pro Minute laden und abfeuern. Aufgrund verbesserter Herstellungsverfahren konnte das P53 in Serie gefertigt werden. Deswegen waren viele Teile der Waffe austauschbar, so dass man nicht mehr so viele Büchsenmacher für die Reparatur und für den Einbau von Ersatzteilen brauchte. Das Enfield P53 und seine Varianten waren in mehrerer Hinsicht bemerkenswerte Waffen. Es waren die letzten Vorderlader bei der britischen Armee, die aber erst 1865 durch das Snider-Gewehr abgelöst wurden. Beim Snider handelte es sich um die Hinterlader-Variante des P53.

Das P53 war einer der Hauptgründe für die Meuterei in Indien von 1857 bis 1858, die auch als die Sepoy-Rebellion bekannt ist. Bei den im Dienst der Ostindischen Gesellschaft stehenden indischen Eingeborenen-Truppen (Sepoys) verbreitete sich das Gerücht, dass die neuen Papierpatronen der Enfield-Gewehre mit Schweineschmalz gefettet waren. Das Schwein gilt aber bei den Moslems als unrein. Alternativ wurde verbreitet, dass die Patronen mit Rindertalg gefettet waren, und die Kuh ist den Hindus heilig. Die Papierpatronen mussten abgebissen werden, damit man das Pulver in den Lauf schütten konnte. Für die Sepoys war es aber unvorstellbar, dass ihr Mund mit Schweineschmalz oder Rindertalg in Berührung kommen könnte. Zusammen mit anderen sozialen und politischen Gründen war das ein Faktor, der die eingeborenen Truppen dazu brachte, sich zu erheben. Die Meuterei und ihre gnadenlose Niederschlagung werden jetzt als eines der blutigsten Kapitel in der Geschichte des britischen Empires angesehen.

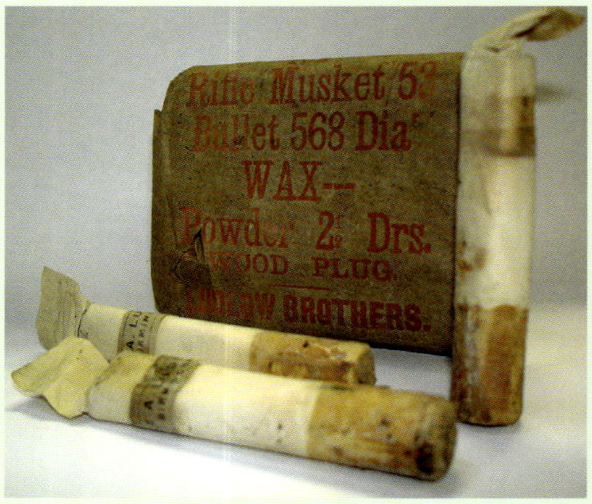

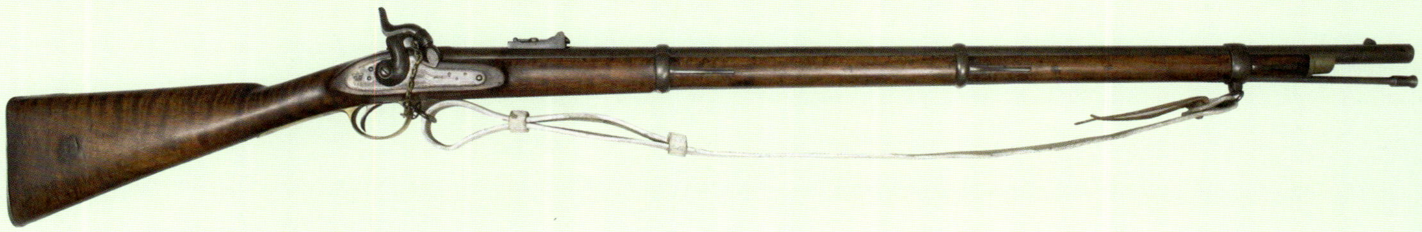

nenden Geschosses kam. Zwar hatte man angeblich auch in Grossbritannien ein ähnliches System entwickelt, aber die Hauptidee für das sich selbst ausdehnende Geschoss kam von dem französischen Heeresoffizier Hauptmann Claude-Etienne Minié. 1847 wurde das System bei der französischen Armee eingeführt, und das Geschoss wurde nach ihm als das Minié-Geschoss bezeichnet. Das ursprüngliche Bleigeschoss war ein hohler einteiliger Zylinder mit drei Fettrillen. Die Geschossspitze war konisch geformt, und im Geschossboden befand sich ein eiserner Treibspiegel. Um es leicht laden zu können, war das Geschoss etwas unterkalibrig. Es konnte dadurch mit relativ wenig Aufwand mit dem Ladestock nach hinten in den Lauf getrieben werden. Wenn die Waffe abgefeuert wurde, drang der eiserne Treibspiegel in den hohlen Geschosskörper und drückte das Geschoss so weit auseinander, dass es eng in die Züge passte. Bei einigen späteren Ausführungen dieses Geschosses wurde der eiserne Treibspiegel durch einen kleinen Holzdübel ersetzt, der dieselbe Aufgabe erfüllte.

Das Minié-Geschoss wurde sowohl von den britischen als auch von den französischen Armeen während des Krimkrieges (1853 bis 1856) verwendet. Dann stellten die Briten auf das einfachere Metford-Pritchard-Geschoss um, bei dem es keinen eisernen Treibspiegel oder Holzdübel mehr gab. Dieses Geschoss dehnte sich einfach aufgrund seiner Form mit dem hohlen konkaven Geschossboden aus. Durch die mit Fett gefüllten Rillen wurde das Geschoss beim Laden geschmiert, ausserdem war der Lauf jetzt gasdicht verschlossen. Obendrein sorgte das Fett dafür, dass die Reibung des Geschosses in den Zügen möglichst niedrig war.

Das Minié-Geschoss wurde in einer Papierpatrone mit dem zugehörigen Pulver ausgegeben. Geladen wurde das Geschoss genau so wie die alten Musketenkugeln. Der Unterschied lag aber jetzt darin, dass die Soldaten damit eine Büchse und keine glattläufige Muskete mehr luden. Die Büchse war erheblich präziser, man konnte weiter damit schiessen, und aufgrund des Perkussionsschlosses war die Waffe einfacher und sicherer mit Zündmittel zu versehen. Der gesamte Ladevorgang war jetzt schneller und zuverlässiger.

Der Hauptmann Minié entwickelte auch ein Gewehr für sein neues Geschoss, um die Vorteile des Systems optimal auszunutzen. Die Waffe war ein grosser Erfolg, sie schoss bis auf mindestens 450 m ziemlich genau und wurde deswegen im Jahre 1846 bei der französischen Armee bei den Zouaven-Einheiten und den Jägern eingeführt. Diese mit Minié-Gewehren bewaffneten Spezialtruppen wurden von Frankreich während der Kolonialkriege in Nordafrika mit ziemlichem Erfolg eingesetzt. Man bekämpfte mit ihnen die örtlichen Stammeskrieger, die den Franzosen mit ihren handgefertigten langläufigen Büchsen auf grosse Entfernung hin Probleme bereiteten. Auch Grossbritannien führte das Minié-Gewehr in Form des Modells P51 ein. Die Ausgabe dieser Waffe begann ab 1852, sie kam gerade noch rechtzeitig zum Krimkrieg, der ein Jahr später begann. Allerdings kämpften dort viele Einheiten weiterhin mit der glattläufigen Muskete P42 mit Perkussionsschloss. Trotz ihres Gewichtes von fast 4,5 kg und des mit .703 Zoll (17,9 mm) ziemlich grossen Kalibers stellte sich sehr schnell heraus, dass die neuen Büchsen mit ihren Minié-Geschossen den Musketen weitaus überlegen waren. Zum Ende des Krimkrieges war klar, dass der Büchse die Zukunft als Infanteriewaffe gehörte.

Das P51 wurde schon bald von der Muskete mit gezogenem Lauf und Perkussionsschloss Enfield P53 abgelöst. Diese Waffe wog fast ein Pfund weniger und hatte mit .577 Zoll (14,65 mm) ein kleineres Kaliber, sie

Typische Papierpatrone mit Schwarzpulver und Minié-Geschoss zum Verschiessen aus einer Muskete mit gezogenem Lauf.

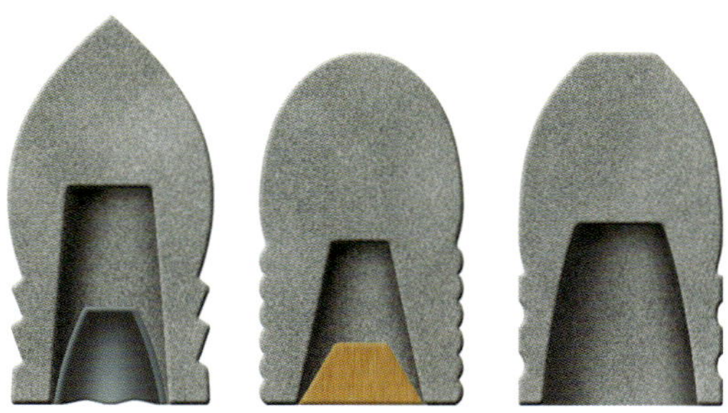

Querschnitte durch das ursprüngliche Minié-Geschoss mit Treibspiegel aus Eisen im Geschossboden; frühes britisches Geschoss Bauart Minié mit Holzdübel im Geschossboden; spätes Minié-Geschoss mit grösserem Hohlraum im Geschossboden und dünneren Geschosswänden.

Papierpäckchen mit Patronen für das Enfield-Gewehr. (Graham Lay)

Trotz der deutlich grösseren Reichweite der neuen Gewehre wurden die meisten Kämpfe während des amerikanischen Bürgerkrieges immer noch in der alten Linientaktik ausgetragen.
(Roy Daines)

verschoss jetzt das Geschoss Metford-Pritchard. Nachdem die Kinderkrankheiten überwunden worden waren, galt diese Waffe als eines der besten Gewehre seiner Art. Das P53 liess sich einfach laden, es schoss genau, es war zuverlässig und einfach zu pflegen. Damit war die Waffe «soldatensicher», und so war sie schon bald im gesamten britischen Empire in Gebrauch. Während des amerikanischen Bürgerkrieges wurde sie von beiden Seiten eingesetzt. Bis Mitte der fünfziger Jahre des 19. Jahrhunderts hatten die meisten bedeutenden Militärmächte ähnliche Büchsentypen mit Perkussionsschlössern im Einsatz.

Das aber bedeutete, dass der einfache Soldat nun über eine Waffe verfügte, mit der er überdurchschnittlich genau schiessen konnte, sofern er dafür eine Ausbildung erhalten hatte. Das britische P53 hatte eine verstellbare Visierung. Damit konnte man die Entfernung des Ziels und andere Faktoren einfach durch Verstellung der Visierung ausgleichen. Noch nie zuvor hatten Soldaten über eine bessere Ausrüstung verfügt. Mit den alten glattläufigen Musketen konnten sie von Glück reden, wenn sie auf 90 m Entfernung einen Mann trafen. Mit den neuen Waffen dagegen konnten sie mit etwas Übung ein manngrosses Ziel auf über 220 m Entfernung treffen. Ein geübter Schütze konnte noch ganz erheblich weiter schiessen, er traf auch noch auf die doppelte Entfernung ziemlich sicher.

Merkwürdigerweise änderte sich vorläufig an den alten Infanterietaktiken trotz der neuen, erheblich verbesserten Waffen mit ihrer deutlich grösseren Reich-

weite und der damit verbundenen erhöhten Kampfkraft des einzelnen Soldaten erst einmal nichts. Man kämpfte weiter so, wie man es schon während der napoleonischen Zeit und davor getan hatte.

Es wird weiter mit napoleonischem Drill gekämpft

Während des Krimkrieges und während des grössten Teils des amerikanischen Bürgerkrieges standen sich die Armeen noch Schulter an Schulter in Linien gegenüber, obwohl sie schon weit reichende Waffen hatten, mit denen man einen Feind auch auf über 400 m Entfernung treffen konnte. Natürlich mussten die Infanteristen jetzt mit diesen neuen Waffen neu ausgebildet werden. Vorher hatten sie nur ihre glattläufigen Musketen, die sie in die grobe Richtung des Feindes halten

Die Schiessschule des britischen Heeres in Hythe in der Grafschaft Kent in England.

Die Jacob-Büchse

John Jacob war ein britischer Brigadegeneral, der in Indien diente. Er entwickelte eine sehr ungewöhnliche Büchse, die speziell für Weitschüsse vorgesehen war. Die Waffe verschoss Sprenggeschosse. Es handelte sich um das erste Gewehr seiner Art für den Einsatz gegen Material, denn damit sollte auf die feindlichen Pulvervorräte geschossen werden. Theoretisch konnte man so mit einem Schuss eine ganze Artilleriestellung zerstören.

Das Jacob-Gewehr war eine doppelläufige Perkussionswaffe im Kaliber .53. Die Visierung war ziemlich optimistisch auf 1'800 m (2'000 Yards) ausgelegt. Auch die Geschosse waren ungewöhnlich, denn sie hatten eine Art Stabilisierungsflügel (insgesamt 4), die in die Züge eingriffen. Fehlschüsse konnte man anhand der kleinen Explosionswolke des Geschosses sofort erkennen, so dass man leicht Korrekturen ausführen und das Ziel mit vernichtender Wirkung treffen konnte. Eine weitere Merkwürdigkeit dieser Waffe war ihr Bajonett, denn es war das längste Bajonett, das jemals an einem Gewehr angebracht war.

Die Waffe wurde auf der Krim im Einsatz vorgeführt. Damals kam der britische Offizier Malcolm Green gerade aus Indien zurück und machte in Sebastopol einen Zwischenhalt, weil er seinen Bruder besuchen wollte. Er hatte sein Jacob-Gewehr dabei und schoss damit auf eine russische Artilleriestellung, die den Briten und Franzosen grosse Probleme bereitete. Wir wissen zwar heute nicht mehr genau, welche Wirkung seine Treffer dort hatten, auf jeden Fall zwang er aber die Russen dazu, ihre Geschütze zurückzuziehen.

Da es sich beim Jacob-Gewehr um eine recht ungewöhnliche Konstruktion handelte und weil die Sprenggeschosse ohne Zweifel auf den menschlichen Körper eine überaus brutale Wirkung hatten, war diese Waffe nicht mehr als eine Randerscheinung in der Waffengeschichte.

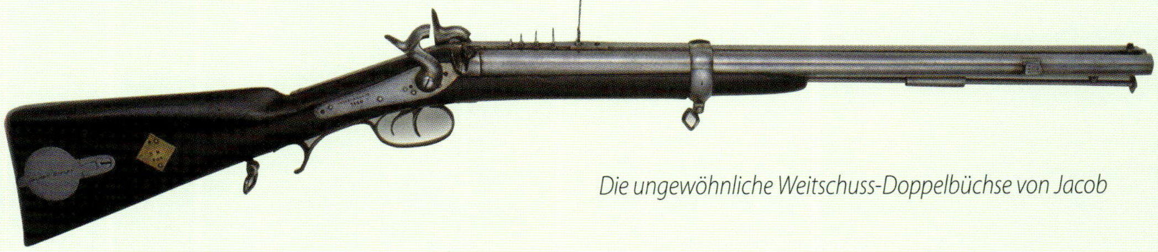

Die ungewöhnliche Weitschuss-Doppelbüchse von Jacob

Während des amerikanischen Bürgerkrieges trugen einige Einheiten wie die hier gezeigten Zouaven immer noch ihre farbenprächtigen Uniformen und boten daher ausgezeichnete Ziele. (Roy Daines)

Einsatz von Zweiergruppen

Bei der von der britischen Armee im Verlauf der napoleonischen Kriege und des Krimkrieges angewandten Plänkeltaktik wurden die Soldaten paarweise eingesetzt, wobei sie um 12 Schritt von rechts nach links versetzt vorgingen. Wenn sie Feindkontakt hatten, feuerte der vordere Mann seine Waffe ab und trat dann an die Seite, um den zweiten Mann zum Abfeuern seiner Waffe vorzulassen. Dieser Vorgang wurde wiederholt, wobei sich die Männer mit dem Laden und Schiessen abwechselten. Wenn sich die Plänkler zurückzogen, wurde genau dieselbe Taktik angewendet. Die Männer deckten sich gegenseitig. Die französischen Plänkler wandten eine sehr ähnliche Taktik an, allerdings kämpften sie in Vierergruppen. Auf der Krim wurde diese Taktik des Einsatzes von Zweiergruppen auch für die Scharfschützen angewandt, wobei einer der beiden die Ziele für den Schützen aussuchte. Der erfahrene Schiessfachmann Oberstleutnant D. Davidson schrieb damals über zwei Soldaten, welche diese Taktik am Rand von Sebastopol anwandten. Einer lag mit seiner Waffe feuerbereit in der Liegendstellung, der andere suchte mit dem Teleskop die feindlichen Linien nach Artilleristen ab und wies seinem Kameraden diese Ziele zu. Diese Taktik war damals neu. Im nächsten Jahrhundert wandten sie alle Scharfschützen an. Aufgrund dieser Erfahrungen entwickelte Davidson ein Zielfernrohr für Scharfschützengewehre.

und gleichzeitig zusammen mit ihren Kameraden Salven schiessen mussten. Dabei hoffte man, eine genügend grosse Zahl von Feinden zu treffen, so dass nur wenige Gegner zurückschiessen konnten. Jetzt aber konnten sie mit ihren Gewehren genau zielen, so dass die Chance eines Treffers weitaus grösser war. Voraussetzung dafür war natürlich eine ordentliche Ausbildung. Trotzdem schossen die meisten Schützen immer noch Salven auf Kommando.

Mit einer korrekt bemessenen Pulverladung und einem Minié-Geschoss in Verbindung mit dem schnelleren Perkussionsschloss und einer verstellbaren Visierung konnten Schützen jetzt bei der anrückenden gegnerischen Infanterie grosse Ausfälle verursachen. Die Voraussetzung dafür war allerdings, dass sie ihre Visiere auf die richtige Entfernung eingestellt hatten. Deswegen war es jetzt wichtig, dass die Soldaten das richtige Einschätzen der Entfernung lernten, anstatt sich auf die Befehle ihres Unteroffiziers oder eines anderen erfahrenen Schützen zu verlassen, der ihnen die Einstellung ihrer Visierung befahl. Manchmal legte man vor dem Beginn der Schlacht Markierungen in Form von Steinen oder Holzpfählen ins Gelände, mit deren Hilfe man die Entfernungen bestimmen konnte. Nach der Einführung von Gewehren mit gezogenen Läufen (Büchsen) als normale Dienstwaffe bei den Streitkräften von Grossbritannien entstanden viele Freiwilligen-Schützenvereine, in denen das sportliche und dienstliche Schiessen mit diesen Waffen geübt wurde und in denen man Wettkämpfe austrug. Viel wichtiger war aber, dass die einfachen Soldaten jetzt eine bessere Schiessausbildung erhielten. Die Schiessschule der britischen Armee in Hythe, Kent, in Südengland wurde im Jahr 1853 vom Oberbefehlshaber der britischen Armee namens Lord Hardinge gegründet. Die Schule hatte und hat die Aufgabe, die Schiessausbilder der britischen Armee für deren verschiedene Regimenter auszubilden (die Schützenregimenter hatten bereits ihre eigene Schiessausbildungsstätte). Die weitläufigen Strände in Hythe waren für die Schiessausbildung hervorragend geeignet. So waren Entfernungsschätzung, verschiedenste Schiessstellungen (nicht nur stehend und kniend), Weitschüsse bis 810 Meter Teile eines neuen Ausbildungsplanes, der hier gelehrt wurde. Nun war man beim Heer auch zu der Erkenntnis gekommen, dass nicht nur ausgesprochene Scharfschützen gezielt auf den Gegner schiessen sollten, sondern jeder Soldat sollte jetzt taktisch wichtige Ziele wie Offiziere und Artilleristen unter gezieltes Feuer nehmen können. Ob es sich hier wohl erstmals um eine Art von «Scharfschützenausbildung» gehandelt hatte?

Diese Fertigkeiten gaben die in Hythe ausgebildeten Ausbilder in den Einheiten an die ihnen unterstellten Soldaten weiter. Wie wertvoll diese Ausbildung war, sollte sich schon bald im Krimkrieg von 1854 bis 1856 zeigen. Jetzt war jeder Soldat in der britischen Armee mit einer Büchse bewaffnet, und man hatte ihn im Umgang damit ausgebildet. Er konnte jetzt auf grössere Entfernung als vorher kämpfen, denn nun gelang es selbst einem einfachen Soldaten, ein manngrosses Ziel auf bis zu 360 m Entfernung zu treffen. Damit hatte man den Russen gegenüber einen deutlichen Vorteil, denn diese waren immer noch grösstenteils mit glattläufigen Musketen bewaffnet. Ausserdem bestanden jetzt für gute Schützen in den Reihen der einfachen Soldaten viel bessere Möglichkeiten, eine Verwendung in einer Spezialeinheit zu bekommen. Einer der Gründe dafür war die bessere Ausbildung der Soldaten, denn jetzt zeigte sich, dass es viel mehr gute Schützen gab als zuvor angenommen. Deswegen wurden die besten zehn Schützen jedes Bataillons ausgewählt, um einer speziellen kleinen Scharfschützeneinheit zugewiesen zu werden. Diese Einheiten bekämpften dann speziell die russische Artillerie. Wenn man bedenkt, dass damals die meisten Geschütze noch glatte Rohre hatten und weniger weit schiessen konnten als eine moderne Büchse, dann wird klar, dass jetzt beste Möglichkeiten bestanden, ein solches Geschütz mit einer Büchse auszuschalten In Sewastopol forderten die britischen Schützen einen fürchterlichen Blutzoll von den russischen Artilleristen. Deswegen sagte der russische Offizier Graf Franz Totleben damals, dass es hauptsächlich das Gewehrfeuer und nicht die feindliche Artillerie war, die unseren Artilleristen zu schaffen machte. Viele von ihnen wurden verwundet oder fielen. Diese letzte Aussage macht

Rechte Seite: Das Perkussionsgewehr Enfield war die Standardwaffe beim britischen Militär, und sie wurde im amerikanischen Bürgerkrieg auch von beiden Seiten in grossem Umfang eingesetzt. (Roy Daines)

klar, welch fürchterliche Wirkung ein Treffer mit einem Minié-Geschoss haben konnte. Diese grossen und schweren Geschosse mit ihrem Drall verursachten beim Auftreffen furchtbare Wunden. Wenn ein Körperglied getroffen wurde, kam es meist zu komplizierten Brüchen und aufgesplitterten Knochen, wobei diese Knochensplitter noch zusätzliche Verwundungen verursachen konnten. In solchen Fällen musste noch im Feld amputiert werden, das war immer noch besser als ein langsamer Tod durch Verbluten oder Wundinfektion.

Die Wirkung von Weitschüssen während des Krimkrieges wurde sehr gut dokumentiert. Einer der Gründe dafür waren die verbesserten Kommunikationsmittel, und auch Pressevertreter nahmen schon am Feldzug teil. Einer der bemerkenswertesten britischen Schützen der damaligen Zeit war der Hauptmann G.L. Goodlake von den Coldstream Guards, der für seine Verdienste dann auch als einer der ersten Soldaten die höchste britische Auszeichnung in Form des Victoria-Kreuzes erhielt. Er hatte zusammen mit einer Gruppe von 30 Scharfschützen den Angriff von 500 russischen Marineinfanteristen in Sewastopol abwehren können. Bei der Belagerung dieser Stadt wurden britische Scharfschützen in vorgeschobenen Stellungen zum Schutz der Pioniere positioniert, sie hatten den Auftrag, den Gegner niederzuhalten. Bei diesem Einsatz gelang es einem unbekannten britischen Scharfschützen durch einen glücklich platzierten Schuss, den russischen Oberbefehlshaber Admiral Pavel Nakhimov zu töten, während dieser die Verteidigungsanlagen der Stadt inspizierte.

Unten: Das Perkussionsschloss eines Springfield-Gewehres (moderner Nachbau).

Oberleutnant Henry Tryon von der 1. Schützenbrigade war sehr wahrscheinlich der beste britische Scharfschütze während des Krimkrieges. Auf sein Konto gingen über einhundert Russen während des Krieges, davon allein dreissig an einem Tag in Inkerman. Dann aber wurde er selbst beim Sturm auf russische Schützenstellungen in Sewastopol am 20. November 1854 von einer gegnerischen Kugel getroffen. Die Stellungen selbst konnten von den Briten genommen werden. Die Scharfschützen der 1. Schützenbrigade erhielten während des Krimkrieges acht Viktoriakreuze (die höchste Auszeichnung beim britischen Militär), und das war mehr als bei jedem anderen Regiment. In der offenen Feldschlacht mussten die mit glattläufigen Musketen ausgerüsteten russischen Infanteristen sehr bald feststellen, dass sie den britischen und französischen Schützen hoffnungslos unterlegen waren. Wenn sie in geschlossener Formation vorrückten, mussten sie überaus viele Opfer erleiden, und das geschah auf Entfernungen hin, bei denen man früher vor Handwaffenfeuer sicher gewesen war.

Zwar wurden eine Reihe von Kampfhandlungen während des Krimkrieges noch in der alten «napoleonischen» Linientaktik ausgetragen, aber die Männer lernten jetzt sehr schnell, wie man es vermeiden konnte, zum Ziel zu werden. Genau wie schon vorher die Plänkler gingen jetzt auch die einfachen Soldaten zunehmend in Deckung, sie blieben dicht am Boden und schossen nach Möglichkeit aus einer Deckung heraus. Zwar gab es die später im 1. Weltkrieg allgegenwärtigen Schützengrabensysteme noch nicht, aber es wurden schon Deckungslöcher für Schützen und ausgegrabene Stellungen für die Artillerie verwendet.

Auch die Russen hatten einige Schützeneinheiten. Die meisten dieser Schützen kämpften als Plänkler und Scharfschützen. Zwar konnten sie dabei einige Erfolge erzielen, aber ihre schweren, grosskalibrigen Waffen waren veraltet und schossen nicht so weit wie die Waffen ihrer Gegner. Ausserdem waren die Russen zahlenmässig den britischen und französischen Einheiten unterlegen, die sie mit massiertem Feuer auf grosse Entfernungen hin eindeckten.

Der Krimkrieg beendete gleichzeitig die während des amerikanischen Unabhängigkeitskrieges entstandene Vorherrschaft der Scharfschützen. Die mittlerweile gemachten Fortschritte bei der Waffentechnologie und

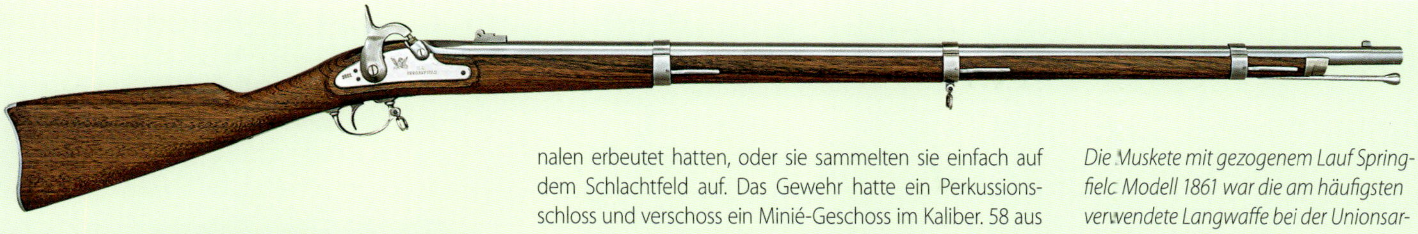

Die Muskete mit gezogenem Lauf Springfield Modell 1861 war die am häufigsten verwendete Langwaffe bei der Unionsarmee. (Davide Pedersoli)

Die Musketen mit gezogenen Läufen Springfield Modell 1861 und Modell 1863

Die meist einfach als die «Springfield» bezeichnete Muskete mit gezogenem Lauf Modell 1861 wurde im Arsenal von Springfield im amerikanischen Bundesstaat Massachusetts gefertigt. Allerdings wurden auch Aufträge an Privatfirmen vergeben, um die grosse Nachfrage während des amerikanischen Bürgerkriegs zu decken. Vom Modell 1861 wurden im Verlauf des Krieges über 750'000 Exemplare gefertigt, wobei fast 500'000 aus Zivilaufträgen stammten. Zusammen mit dem Nachfolgemodell 1863 (270'000 Stück gefertigt) wurden von diesem Waffentyp über eine Million Stück gebaut. Das Springfield war das am weitesten verbreitete Gewehr mit gezogenem Lauf bei der Unionsarmee, aber auch bei den Konföderierten aus den Südstaaten war es eine beliebte Waffe. Sie verwendeten dort entweder Waffen von gefangenen Unionssoldaten oder Gewehre, die sie aus Waffenarsenalen erbeutet hatten, oder sie sammelten sie einfach auf dem Schlachtfeld auf. Das Gewehr hatte ein Perkussionsschloss und verschoss ein Minié-Geschoss im Kaliber. 58 aus einem 1'016 mm langen Lauf. Der Lauf hatte drei Züge und einen Drall von 1:72. Die Gesamtlänge der Waffe betrug 1'422 mm, sie wog ungefähr 4,1 kg. Die grösste praktische Reichweite lag bei 450 m, allerdings waren die meisten Soldaten überhaupt nicht in der Lage, ein manngrosses Ziel auf eine Entfernung von mehr als 270 m zu treffen. Das Klappvisier hatte zwei Stellungen, und es gab ein zusätzliches Visier für das Flüchtigschiessen, das für eine Entfernung von 90 m eingerichtet war.

Bei dem Modell 1863 handelt es sich einfach um eine verbesserte Version des Modells 1861, an dem mehrere Änderungen vorgenommen wurden. Es basierte auf einem Sonderauftrag für die Firma Colt, die ein modifiziertes Modell 1861 fertigte. Zu den Änderungen gehörten ein buntgehärtetes Schloss, ein neu konstruierter Hahn, ein kürzerer Zündnippel und neue Schaftringe sowie ein verbesserter Ladestock.

moderne militärische Einsatztaktiken waren während des Krimkrieges nicht mehr zu übersehen. Die Ereignisse gingen mittlerweile durch die Zeitungen der ganzen Welt. Nach dem Krieg zog es viele europäische Soldaten, die während des Krimkrieges gekämpft hatten, nach Amerika. Dort wollten sie ein neues Leben beginnen. Als aber kaum zehn Jahre später der amerikanische Bürgerkrieg begann, da sah es so aus, als hätte man alle vorher gelernten Lektionen wieder vergessen. Zwar waren beide Seiten jetzt mit Perkussionsgewehren bewaffnet, aber man zog wieder mit napoleonischem Drill in die Schlacht und kämpfte dicht nebeneinander aufgestellt in Linien. Einige Einheiten trugen sogar noch farbenprächtige und für den Einsatz vollkommen ungeeignete Uniformen, so wie die exotisch uniformierten europäischen Kolonialtruppen, hier sind besonders die Zouaven zu nennen.

Eine der ersten grossen Schlachten des neuen Konfliktes war die erste Schlacht von Bull Run (Manassas). Einige Kongressabgeordnete und andere Würdenträger liessen es sich hier nicht nehmen, in ihrer feinen Kleidung das Spektakel zu beobachten. Von dem, was sie dann dort sahen, dürften sie aber ziemlich geschockt gewesen sein, denn in dieser Schlacht wurden ungefähr 3'500 Männer getötet oder verwundet. Wenn man bedenkt, dass die Kämpfer auf beiden Seiten noch relativ unerfahren waren, dann ist diese Zahl erschreckend hoch, und sie war nur ein Vorgeschmack auf die fürchterlichen Metzeleien, die noch kommen sollten.

Obwohl während des gesamten Bürgerkrieges auch noch glattläufige Musketen zum Einsatz kamen, war die Mehrzahl der Soldaten auf beiden Seiten schon mit Büchsen bewaffnet. In manchen Einheiten war es auf beiden Seiten sogar dasselbe Modell, welches die Briten schon im Krimkrieg eingesetzt hatten, nämlich die Muskete mit gezogenem Lauf Enfield Modell 1853. Diese Waffen hatte man entweder legal oder illegal aus Grossbritannien eingeführt. Man geht davon aus, dass bis zum Kriegsende ungefähr 900'000 Stück davon im Einsatz waren. Nur ein einziger Waffentyp wurde in noch grösserer Stückzahl verwendet, es war die Muskete mit gezogenem Lauf Springfield Modell 1861, die Hauptwaffe der Unionsstreitkräfte. Aber auch die Konföderierten setzten dieses Gewehrmodell ein, wenn sie seiner habhaft werden konnten.

Da nun fast jeder Soldat mit einer Büchse ausgerüstet war, trugen jetzt andere Faktoren dazu bei, den Scharfschützen vom normalen Soldaten zu unterscheiden, es war nicht mehr die verwendete Waffe. Viele ausgezeichnete Schützen kämpften schliesslich mit Spezialwaffen und Sonderausrüstung, aber das hauptsächliche Unterscheidungsmerkmal zu den normalen Schützen war ihre weitaus bessere Schiessleistung.

Als zu Beginn des Krieges die jungen Männer auf beiden Seiten die Rekrutierungsbüros stürmten, trugen sie sich hauptsächlich bei denjenigen Regimentern ein, die den Namen ihrer Heimatstadt oder ihres Heimatstaates trugen. Einige aber gingen zu Spezialeinheiten, die besonders attraktive Einheitsbezeichnungen trugen. Nicht wenige davon hatten das Wort «Scharfschützen» im Einheitsnamen. Allerdings gibt es keinen Zweifel daran, dass viele dieser Einheiten nur dem Namen nach Scharfschützeneinheiten waren. Genauso sicher war aber, dass es bei einigen Scharfschützeneinheiten einen ziemlich hohen Prozentsatz an guten Schützen gab. Das galt besonders für diejenigen Einheiten, die ihre Rekruten aus Gebieten bezogen, in denen man von Haus aus mit dem Umgang mit Gewehren vertraut war. Das hiess aber nicht in jedem Fall, dass sie auch zweckentsprechend eingesetzt wurden. In vielen Fällen betrachteten die Kommandeure sie als ganz gewöhnliche Infanterie. Später wurden dann Spezialeinheiten aufgestellt, die für das Präzisionsschiessen besonders ausgebildet wurden. In der Zwischenzeit wurden in die Scharfschützen aber aus den Reihen der einfachen Soldaten rekrutiert, so wie das auch beim Krimkrieg und den vorangegangenen Kriegen der Fall gewesen war. Wenn ein Soldat eine natürliche Schiessbegabung zeigte, dann wurde er ausgewählt.

Diese Männer waren aber nicht nur gute Schützen, sondern sie waren in der Natur zuhause und konnten ihre Umgebung optimal nutzen. Sie besassen alle Fertigkeiten, die ein Jäger haben muss, und damit glichen sie ihren Kameraden bei den Berufsjägern, Chasseurs, Cacadores und Cacciatori der verschiedenen europäischen Armeen. Der grosse Unterschied lag aber darin, dass es in ihrem Land noch ein Grenzgebiet mit einer extrem feindlichen Umwelt und weitere grosse wilde Gebiete gab, die nur zum geringen Teil besiedelt waren. Hier gab es weitaus mehr gute Schützen als anderswo.

Kurz nach Ausbruch des Krieges fiel der erste hochrangige Stabsoffizier einer Kugel eines Unionssoldaten zum Opfer, denn am 13.7.1861 fiel der konföderierte General Robert S. Garnett. Das war insofern etwas ungewöhnlich, da man eigentlich davon ausgehen konnte, dass die Südstaaten bei Kriegsausbruch über mehr Scharfschützen verfügten. Es sollte aber nicht

Ein im Juli 1863 während der Schlacht von Gettysburg in Devil's Den gefallener Scharfschütze der Konföderierten. (NA)

Obwohl während des Bürgerkrieges beide Seiten schon hauptsächlich mit Büchsen ausgerüstet waren, wurde die spezielle Schiesstechnik damit noch kaum vermittelt. (Roy Daines)

Unten: Sowohl die Nordstaaten als auch die Südstaaten hatten von Anfang an überdurchschnittlich gute Schützen in ihren Reihen, die als Scharfschützen eingesetzt wurden. (Roy Daines)

lange dauern, bis auch Unionsoffiziere unter Scharfschützenfeuer gerieten.

In der Zwischenzeit war man aber auch bei der Nordstaatenarmee sehr eifrig damit beschäftigt, ein ganzes Scharfschützenregiment aufzustellen. Hiram Berdan war ein Wettkampfschütze, der obendrein recht wohlhabend war und über politischen Einfluss verfügte. Im Juni 1861 hatte er sich an Präsident Lincoln und den Kriegsminister gewandt und ihnen seine Idee von der Aufstellung einer Einheit von Männern vorgetragen, die bereits sehr gut schiessen konnten. Er bekam die Erlaubnis, das erste Scharfschützenregiment (1st U.S. Sharpshooter Regiment – inoffiziell meist als Berdans Scharfschützen bekannt) mit 10 Kompanien aufzustellen. Dann wurde er zum Kommandeur des Regiments im Rang eines Obersten (Colonel) ernannt.

Jäger, wettkampferprobte Sportschützen und andere erfahrene Schützen aus den Nordstaaten gingen vorzugsweise zu Berdans mittlerweile wohlbekannter Scharfschützeneinheit. Zum ersten Mal beim Militär mussten die Männer eine bestimmte Schiessleistung vollbringen, ehe sie in die Einheit aufgenommen wurden. Die Erwartungen von Berdan an seine Männer waren hoch. Er gab den Befehl, dass niemand in sein Korps aufgenommen werden durfte, der nicht vollständig den Anforderungen entsprach. Diese Anfor-

Mit Gewehren mit gezogenen Läufen war es für geübte Schützen noch einfacher, zum Scharfschützen zu werden. (Roy Daines)

Die Angehörigen der Einheit «Berdan's Sharpshooters» trugen grüne Uniformen, und normalerweise waren sie mit Büchsen der Bauart Sharps bewaffnet. (1st US Sharpshooters UK)

derungen sahen vor, dass ein normalgrosser Mann auf eine Entfernung von einer Viertelmeile (400 m) jederzeit zu treffen war, auf eine halbe Meile (800 m) mussten drei von fünf Schüssen treffen. Die meisten geprüften Männer konnten diese Anforderungen gut erfüllen. Für die damalige Zeit waren es aber sehr hohe Anforderungen.

Der genaue Ablauf der Schiessprüfung von Berdan sah wie folgt aus: der Schütze musste 10 Schuss aus 180 m Entfernung abgeben. Dabei mussten alle Treffer auf der Scheibe in einem Streukreis von höchstens 25 cm liegen. Der Schütze durfte seine eigene Waffe oder eine Waffe der Einheit verwenden (mit Diopter oder Zielfernrohr versehen), geschossen wurde mit aufgelegter Waffe. Eigentlich war vorgesehen, dass jeder Mann sein eigenes Gewehr mitbrachte und es auch im Kampf verwendete. Allerdings kamen einige Männer mit schweren und unhandlichen Scheibengewehren (die teilweise bis 15 kg wogen) und die für den Kampfeinsatz nicht geeignet waren.

Die Rekrutierungsmassnahmen waren sehr erfolgreich, und es standen so viele qualifizierte Schützen zur Verfügung, dass ein zweites Scharfschützenregiment (2nd Sharpshooters) aufgestellt werden konnte. Bis Januar 1862 war dieses Regiment auf die volle Stärke gebracht, es umfasste acht Kompanien. Eigentlich

Auch im amerikanischen Bürgerkrieg setzten die Scharfschützen manchmal schon Gewehre mit Zielfernrohren und extra schweren Präzisionsläufen für Weitschüsse ein. (1st US Sharpshooters UK)

Hiram Berdan, Casper Trepp und California Joe

Zu Beginn des amerikanischen Bürgerkrieges hatte die Armee der Konföderierten mehr Scharfschützen als ihr Gegner in ihren Reihen. Um diese Ungleichheit auszugleichen, benutzte der reiche Erfinder und Spitzenschütze Hiram Berdan (1824 bis 1893) seinen ganzen politischen Einfluss, um die Regierung davon zu überzeugen, dass eine Scharfschützeneinheit bei der Unionsarmee aufgestellt werden musste. Die Männer dieser Einheit wurden aus allen Nordstaaten rekrutiert, und sie mussten bestimmte Voraussetzungen in Bezug auf ihre Schiesskunst erfüllen. Diese Männer bildeten dann die Einheit «U.S. Sharpshooters», wobei Hiram Berdan ihr Kommandeur im Rang eines Obersten wurde.

Obwohl es sich bei Berdan ohne jeden Zweifel um einen hervorragenden Schützen handelte, was er zu jeder Gelegenheit gern bewies, und obwohl er sich für seine Einheit jederzeit von ganzem Herzen einsetzte, war er doch kein Mann des Militärs im eigentlichen Sinn. Er verbrachte viel Zeit damit, sich hinter den Linien mit den Bürokraten herumzuschlagen anstatt an der Front zu kämpfen. Auf jeden Fall sorgte er aber dafür, dass seine Männer gut ausgerüstet und gut ausgebildet waren. Seine Offiziere verdienten ihre Dienstgrade, und auf diese Weise versicherte er sich der Treue seiner Männer und seines guten Rufes als Gründer der «Berdan's Sharpshooters». Im Januar 1864 verliess er die Armee, um mit Waffen und Munition zu experimentieren. Auf seinen Namen wurden mehrere wichtige Patente eingetragen, unter anderem ein Patent für ein Repetiergewehr und ein anderes für Zündhütchen für Metallpatronen. Ein weiterer berühmter Offizier in der Einheit der Scharfschützen war Casper Trepp (1829 bis 1863), der in der Schweiz geboren wurde und der während des Krimkrieges bei der britischen Armee als Offizier gedient hatte. Es ist durchaus möglich, dass es Trepp war, der ursprünglich Hiram Berdan dazu überredet hatte, das Scharfschützen-Regiment aufzustellen. Ganz sicher aber spielte er in dieser Einheit nach ihrer Einstellung eine wichtige Rolle. Zuerst war er als Hauptmann der Kompaniechef der A-Kompanie, und schliesslich wurde er Oberstleutnant und kommandierte das gesamte Regiment. Trepp war ein erfahrener Infanterist und war sich schon lange klar darüber, dass die Tage der napoleonischen Einsatztaktiken bei den europäischen Armeen gezählt waren. Ausserdem hatte er sehr bald den Wert der immer grösser werdenden Reichweite und Präzision der neuesten Gewehrentwicklungen erkannt. Ihm war klar, welche potentiellen Vorteile darin lagen, wenn man eine gesamte Armee mit diesen neuen Waffen ausrüstete und wie wichtig es war, dass die Soldaten lernten, mit diesen Waffen richtig umzugehen. Zwar wurden seine Ideen beim grössten Teil der Streitkräfte der Nordstaaten nie umgesetzt, aber selbst ein oder zwei Scharfschützen-Regimenter waren schon ein grosser Schritt nach vorn. Da er aus eigener Erfahrung wusste, wie die britischen Schützenregimenter eingesetzt wurden, kann man davon ausgehen, dass er es war, der diese Einsatzmethoden bei den Scharfschützen der Unionsstreitkräfte einführte. Er liess den Feind aus grösserer Entfernung hin unter präzises Gewehrfeuer nehmen, er setzte seine Männer in kleinen Gruppen ein, wobei sie dort Eigeninitiative entwickeln mussten, und er nutzte das Gelände und seine Eigenarten zum grösstmöglichen Vorteil aus. Casper Trepp erwies sich sowohl als kompetenter Offizier als auch als Visionär, der moderne Infanterietaktiken entwickelte. Leider wurde seine vielversprechende Karriere abrupt beendet, als er am 30.11.1863 in der Schlacht von Mine Run fiel. Es ist eine Ironie der Geschichte, dass er von einem Scharfschützen der konföderierten Armee getroffen wurde. Der berühmteste Soldat bei den «U.S. Sharpshooters» und wahrscheinlich der berühmteste Schütze der gesamten Unionsarmee war Truman Head (1809-1899), der auch als «California Joe» bekannt war. Er war in jeder Hinsicht eine überaus farbige Persönlichkeit. Im Jahre 1861 meldete er sich zu den Streitkräften. Dabei gab er sein Alter mit 42 Jahren an, obwohl er 10 Jahre älter war. Das war damals aber für Männer seines Alters nicht ungewöhnlich, es wurde oft in Bezug des Alters nach oben oder nach unten gelogen, damit man in die Streitkräfte aufgenommen wurde.

Als er in die Armee eintrat, gab Head seinen Beruf als Jäger an, man geht davon aus, dass er damals hauptsächlich die

Unten rechts: «California Joe» war eine der farbigsten Gestalten bei der Einheit «Berdan's Sharpshooters». (NA)

Unten links: Hiram Berdan rekrutierte seine Männer aufgrund überdurchschnittlicher Schiessleistungen. Sie bildeten dann die Einheit «1st U.S. Sharpshooters» bzw. «Berdan's Sharpshooters», wobei er selbst der Kommandeur mit dem Dienstgrad eines Obersten war. (NA)

Bärenjagd ausübte. Auf jeden Fall war er mit seinem privat beschafften Sharps-Gewehr ein ganz hervorragender Schütze. Bei der Unionsarmee war man eifrig auf der Suche nach «neuen Helden», um von dem schlechten Kriegsbeginn abzulenken und um neue Rekruten für das Heer zu werben. Da passte Truman hervorragend ins Schema. Nachdem er sich erfolgreich in Kalifornien an der dortigen Goldsuche beteiligt hatte, wurde er in den Zeitungen der Nordstaaten als «California Joe» bezeichnet, und es erschienen Artikel über seine dortigen Erlebnisse. Das Sharps war aber nicht das einzige Gewehr, das Head einsetzte: er war auch mit einem Zielfernrohrgewehr ein ganz hervorragender Schütze. Vielleicht war es damals sein eigenes Gewehr, wahrscheinlicher ist aber, dass es sich dabei um eines der schweren Vorderlader-Scheibengewehre des Regiments handelte. Diese Waffen wurden normalerweise in den Transportfahrzeugen des Regiments mitgeführt, und sie wurden nur benutzt, wenn sich die Einheit in einer festen Stellung befand. Wir wissen nicht mehr, wer der Hersteller dieser Gewehre war, aber es waren auf jeden Fall überaus schwere Waffen, die ungefähr 13,6 Kilo wogen. Sie hatten einen sechskantigen Lauf und ein Zielfernrohr aus Messing mit siebenfacher Vergrösserung. Von Head ist ein Schuss mit einem solchen Gewehr über eine halbe Meile (800 m) überliefert, mit dem er einen Artillerieoffizier der Konföderierten traf. Solche Offiziere waren das bevorzugte Ziel der Scharfschützen, denn mit einem solchen Treffer konnte man eine ganze Batterie ausschalten. Obwohl er sich für drei Jahre verpflichtet hatte, wurde Head im November 1862 aufgrund von «Senilität und schlechter Sehleistung» entlassen. Ganz offensichtlich kann das aber nicht so schlimm gewesen sein, denn er lebte danach noch 26 Jahre und hatte in der Zwischenzeit seinem Land noch einmal gedient, denn er arbeitete für den Zoll in San Francisco.

Unten: Angehörige der «U.S. Sharpshooters» laden ihre Waffen im Pulverdampf einer Schlacht nach. Es handelt sich hier um die Mitglieder einer Darstellungsgruppe. (Roy Daines)

waren 10 Kompanien vorgesehen, aber zwei aus dem Bundesstaat Massachusetts stammende Kompanien, die als «Andrews Sharpshooters» bekannt waren und die den Aufnahmetest von Berdan bestanden hatten und die deswegen in das zweite Regiment aufgenommen werden sollten, änderten ihre Meinung und wurden stattdessen zur Scharfschützenkomponente des Infanterieregiments ihres eigenen Bundesstaates.

Die Scharfschützen erhielten eine sehr gründliche Schiessausbildung mit ihren Gewehren. Das erscheint uns heute selbstverständlich, war aber damals bei den meisten Unionssoldaten nicht der Fall. Ausserdem wurde ihnen beigebracht, wie sie unter Beschuss Deckung zu suchen hatten, und vor allen Dingen wie sie ihre Ziele sorgfältig auszusuchen hatten. Eigentlich war vorgesehen, dass sie nicht als Linieninfanterie eingesetzt werden sollten. Stattdessen sollten sie unabhängig in Gruppen kämpfen, von der Viermanngruppe bis zur Kompaniestärke. Dabei sollten sie bei jeder Gelegenheit dem Feind so viel Schaden wie möglich zufügen. Obwohl sie hin und wieder auch als hochbewegliche Plänkler eingesetzt wurden und sie auch den Vormarsch und Rückzug ihrer Truppen durch präzises Feuer decken konnten, wurden sie nicht auf dieselbe Weise wie die europäische leichte Infanterie eingesetzt. Sie waren viel mehr damit beschäftigt, Weitschüsse auf strategisch wichtige Ziele wie Offiziere, Unteroffiziere, Artilleristen, Kundschafter, Wachposten und natürlich gegnerische Scharfschützen anzubringen.

Die Scharfschützen trugen grüne Uniformen. Das war mittlerweile bei diesen Spezialeinheiten wie den deutschen Jägern oder den britischen Schützenregimentern zur Tradition geworden. Ihre Befehle erhielten sie ausserdem durch Hornsignale und nicht durch Trommelschläge. Zu ihrer Uniform gehörten hohe Lederga-

Die Angehörigen der Einheit «Berdan's Sharpshooters» kämpften üblicherweise an den Flanken der Hauptstreitmacht. (1st US Sharpshooters UK)

Rechts: Nahansicht des Abzugs mit Rückstecher an einem Nachbau eines Sharps-Gewehres.

Mitte: Der Hinterlader «Berdan-Sharps» war weitgehend baugleich mit der Büchse Modell 1859.

Unten: Eine Einheit von Schützen der Unionsarmee, hier kämpfen «Berdan's Sharpshooters» und «Bucktails» zusammen, die meisten von ihnen sind mit Sharps-Gewehren ausgerüstet. (Roy Daines)

Das Gewehr «Berdan-Sharps» Modell 1859

Dieser einschüssige Hinterlader mit Fallblockverschluss und Perkussionszündung war eine Konstruktion von Christian Sharps. Die Waffe im Kaliber .52 hatte einen 762 mm langen Lauf mit sechs Zügen und einem Drall von 1:48, die Gesamtlänge des Gewehrs betrug 1195 mm, und sie wog ungefähr 4,5 kg. Wenn der als Abzugsbügel ausgearbeitete Unterhebel nach unten gezogen wurde, öffnete sich der Verschlussblock nach unten und legte das Patronenlager frei. Dann wurde die Waffe mit einer Papierpatrone geladen, wonach der Unterhebel wieder nach oben gedrückt wurde. Damit wurde der Verschluss geschlossen und das Ende der Papierpatrone abgeschnitten. Jetzt lag das Pulver im geschlossenen Verschluss frei.
Die Spezialausführung des Sharps-Gewehres, das von den Berdan-Scharfschützen eingesetzt wurde, war auf der Grundlage des Modells 1859 entstanden. Allerdings hatte es einen Stecher und eine fein ausgearbeitete Visierung. Die Bajonettaufpflanzvorrichtung fehlte, allerdings konnte man ein Dillenbajonett aufpflanzen. Bei den beiden Abzügen diente der vordere Abzug zum Einstechen des Rückstechers, der sich dann mit sehr wenig Widerstand durchziehen liess. Dadurch wurde der Hahn freigegeben, der auf das Zündhütchen schlug und den Schuss auslöste. Durch den Rückstecher konnte man mit der Waffe sehr präzise schiessen, und da es sich hier um einen Hinterlader handelte, konnte man auch sehr präzise in den Lauf passende Kugeln verschiessen. Wenn im Nahkampf hauptsächlich die Zahl der schnell abgegebenen Schüsse zählte, dann konnte man den Rückstecher ignorieren und einfach den zweiten Abzug betätigen, allerdings war jetzt das Abzugsgewicht deutlich grösser. Während des Bürgerkriegs wurden mehr als 11'000 Sharps-Gewehre von der Unionsregierung beschafft. An dieser Stelle müssen wir einen weit verbreiteten Irrtum ausräumen. Das englische Wort «sharpshooter» hat nichts mit der Verwendung des Sharps-Gewehres zu tun. Das Wort stammt vielmehr aus der deutschen Sprache und ist eine Verballhornung des Wortes «Scharfschütze». Dieses Wort wurde schon lange vor der Einführung des Sharps-Gewehres verwendet.

Das Whitworth-Gewehr

Diese ausserordentlich präzise schiessende Perkussionsbüchse wurde von Sir Joseph Whitworth (1803-1887) entwickelt. Er war damals einer der führenden britischen Ingenieure. Whitworth erhielt vom Oberkommandierenden der britischen Armee Lord Hardinge den Auftrag, einen Ersatz für das Enfield P53 zu konstruieren. Der berühmte Büchsenmacher Westley Richards sollte Whitworth bei seiner Arbeit helfen, denn er war zwar ein hervorragender Ingenieur, aber mit der Konstruktion von Waffen kannte er sich nicht aus.
Die Konstruktion war einzigartig: es war ein Vorderlader mit einem sechseckigen Laufinnenprofil (ähnlich einem modernen Polygonlauf), Züge im eigentlichen Sinn waren nicht vorhanden. In diesen Lauf wurde das entsprechende sechseckige Geschoss geladen. Der 838 mm lange Lauf hatte einen Drall von 1:20, das Kaliber betrug lediglich 0,451 Zoll. Die Gesamtlänge der Waffe war 1'334 mm, das Gewicht 4,1 kg.
Bei den Erprobungen in Hythe im Jahre 1857 zeigte sich, dass die Konstruktion von Whitworth ganz erheblich genauer schoss als das P53, und das galt ganz besonders bei grösseren Entfernungen. Bei den Erprobungen wurde gemessen, wie gross bei 10 Schuss der Streukreis in Zoll war, wenn mit aufgelegter Waffe geschossen wurde. Damals lag die beste Leistung eines Militärgewehres auf 450 m bei 685 mm Streukreisdurchmesser. An diesem Tag wurde mit dem Whitworth-Gewehr ein dramatischer neuer Rekord geschossen, denn der Durchmesser des Streukreises lag bei nur 114 mm. Auch der mit dem Enfield-Gewehr erzielte Streukreis konnte sich sehen lassen, denn er lag bei 730 mm. Dann wurde auf grössere Entfernungen geschossen, nämlich auf 800, 1'000, 1'400 und schliesslich 1'800 Yards, und auch hier waren die Leistungen des Gewehres hervorragend. Das Enfield konnte hier schon lange nicht mehr mithalten und wurde deswegen aus der Wertung genommen. Trotz dieser hervorragenden Leistungen gab es auch Probleme mit dem Whitwort-Gewehr, denn der Lauf verschmutzte schnell sehr stark. Aus diesen Gründen wurde die Konstruktion von der britischen Armee zurückgewiesen, aber die Waffe war als zivile Scheibenwaffe ein grosser Erfolg. Auch bei den Scharfschützen der konföderierten Armee war sie als Spezialwaffe sehr beliebt. Einige der Waffen, die ihren Weg in die amerikanischen Südstaaten fanden, wurden mit einer normalen Visierung ausgeliefert, während andere mit einer Dioptervisierung versehen waren, einige trugen sogar ein Zielfernrohr. Die am häufigsten an diesem Gewehr angebrachte optische Zielhilfe war das seitlich montierte Zielfernrohr «Davidson Telescopic Rifle Sight». Mit einer Gesamtlänge von 368 mm war dieses Zielfernrohr relativ kurz, die meisten Zielfernrohre in dieser Zeit waren länger als der Gewehrlauf. Obwohl ein seitlich montiertes Zielfernrohr brauchbar ist, ist es doch extrem schwierig, mit einem solchen Zielfernrohr vernünftig zu zielen. Alle guten Gewehre sind nämlich so konstruiert und geschäftet, dass der Schütze automatisch mit seinem Auge genau hinter die Visierung kommt. (Anmerkung des Autors: Ich bin Rechtshänder und ziele auch mit dem rechten Auge, und ich habe versucht, mit einem historischen Gewehr mit einem seitlich montierten Zielfernrohr zu schiessen. Obwohl das Zielbild des Zielfernrohrs durchaus klar war, war es doch überaus schwierig, den Kopf in die richtige Position hinter der Optik zu bekommen. Dann allerdings zeigte mir der Besitzer des Gewehres, wie man es richtig macht – er zielte nämlich einfach mit dem linken Auge. Wir haben zwar an diesem Tag nicht mit dem Gewehr geschossen, aber ich bin sicher, dass wir gute Ergebnisse erzielt hätten.) Angeblich bezahlten die Konföderierten damals 1'000 $ pro Whitworth-Gewehr mit Zielfernrohr, dazu kamen noch 1'000 Schuss Munition. Es gibt Berichte darüber, dass die konföderierten Scharfschützen mit Minié-Geschossen weiterschossen, nachdem ihnen die Originalmunition von Whitworth ausgegangen war. Angeblich schossen die Gewehre damit nicht viel schlechter.
Das Whitworth-Gewehr erwies sich als überaus wirksames Gewehr für Weitstrecken-Schüsse, und ihm fielen viele Unions-Soldaten zum Opfer, so zum Beispiel die Generäle Lytle in Chickamauga und Sedgwick in Spotsylvania.

Das Zielfernrohr «Davidson Telescopic Rifle Sight» wurde mit einer abnehmbaren Montage an der linken Seite des Gewehres montiert.

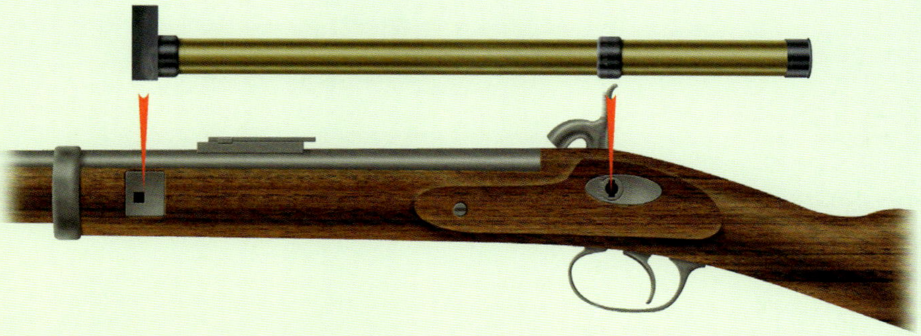

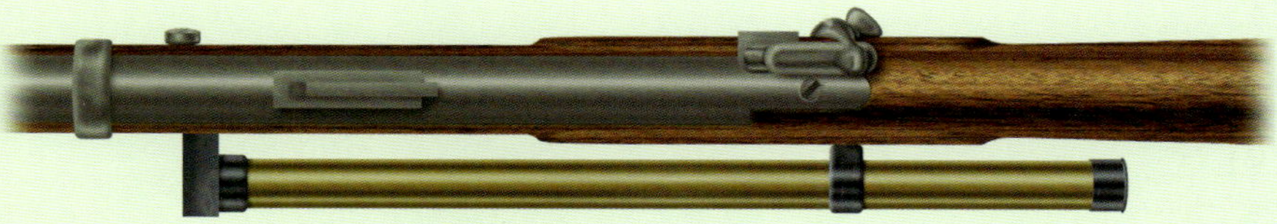

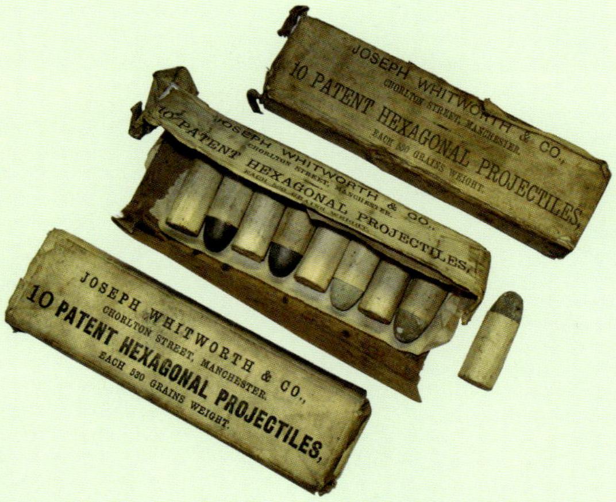

Die Spezialmunition für das Whitworth-Gewehr wurde in solchen Päckchen geliefert.

Unten links: Das Whitworth-Gewehr hatte ein Perkussionsschloss.

Unten rechts: Das charakteristische Laufinnenprofil des Whitworth-Gewehres zusammen mit dem passenden Ladestock.

maschen und ganz charakteristische Tornister aus Kalbsfell. Die grösste Besonderheit aber war ihre Bewaffnung, denn sie waren alle mit Hinterladerbüchsen vom Typ Sharps ausgerüstet, nachdem man eine ganze Reihe von verschiedenen Gewehren erprobt hatte. Die einfachen Infanteristen der Unionsstreitkräfte dagegen waren nach wie vor mit Vorderladern ausgerüstet. Bei der Beschaffung der Gewehre hatte es Streit mit der Heeresleitung gegeben, und das lag teilweise an den hohen Kosten für diese Waffen. Ein Sharps kostete nämlich ungefähr 40 $, während ein Springfield-Gewehr schon für 16 $ bis 20 $ zu haben war (der Preis hing von der Qualität der Fertigung ab). Ausserdem war die Sharps-Fabrik mit der Fertigung von Karabinern für die Kavallerie-Regimenter fast ausgelastet. Angeblich musste Präsident Lincoln selbst eingreifen, auf jeden Fall gelang es Berdan aber, seine Männer mit dem damals besten Gewehr auf dem Markt auszurüsten.

Das Gewehr M1859 Sharps im Kaliber .52 war ein Weitschussgewehr mit einer sehr ordentlichen Präzision, allerdings kam es nicht an die Präzision einer Scheibenwaffe heran. Mit der Waffe konnte man aber sehr schnell schiessen, und bis ungefähr 500 Yards schoss das Gewehr sehr genau. Mit diesem Hinterlader konn-

Rechts: Ein Scharfschütze der Konföderierten mit seinem Gewehr, beachten Sie das an der linken Waffenseite montierte Zielfernrohr, das über die Mündung des Gewehres herausragt. (Roy Daines)

Unten: Wenn die Scharfschützen als normale Infanterie eingesetzt wurden, dann ging ihr grösster Vorteil verloren. Sie konnten jetzt nämlich keine präzisen Weitschüsse mehr anbringen, und ausserdem waren sie dem feindlichen Feuer direkt ausgeliefert. (Roy Daines)

te man fünf Schuss oder mehr in derselben Zeit abgeben, in der man mit einem Vorderlader einmal schiessen konnte. Wenn das Sharps-Gewehr in grösserer Zahl eingesetzt wurde, war das Feuer aus diesen Waffen vernichtend genau, und man konnte eigentlich fast jeden Angriff damit zum Stehen bringen.
Die Scharfschützen hatten ausserdem eine Art von «Artillerie» in Reserve. So nannten die Soldaten jedenfalls ihre Vorderlader-Scheibengewehre mit schweren Präzisionsläufen. Diese Waffen waren entweder mit einem Diopter oder mit einem Zielfernrohr ausgerüstet und wurden für extreme Weitschüsse verwendet. Bei einigen der Zielfernrohr-Gewehre handelt es sich um Waffen vom Typ Morgan James, aber es gab auch Gewehre anderer Hersteller, die meist im Privatbesitz der einzelnen Soldaten waren. Ein solches Gewehr konnte ohne weiteres zwischen 12 und 30 Pfund wiegen. Die schweren Modelle konnten nicht mehr als normales Gewehr geführt werden. Sie wurden normalerweise auf den Pferdefuhrwerken des Regiments transportiert und nach dem Einsatz wieder aufgeladen.
In Bezug auf die Wirksamkeit ist bekannt, dass die Scharfschützen von Berdan mehr feindliche Soldaten töteten als jedes andere Regiment der Unionsarmee.

Links: Ein Scharfschütze der Einheit «Bucktail» zielt auf vorrückende Konföderierte. (Roy Daines)

Unten links: Ein Scharfschütze der konföderierten Armee mit seinem Zielfernrohrgewehr. (John Norris)

Unten rechts: Ausserordentlich gute Schützen bei der konföderierten Armee wurden sehr schnell zu speziellen Scharfschützen-Einheiten versetzt. (Roy Daines)

Präzisionsschiessen im Versuch – die Nachstellung des Weitschusses auf Präsident Lincoln

Im Juli 1864 standen Streitkräfte der konföderierten Armee unter dem Befehl von General Jubal A. Early aus Nordvirginia am Stadtrand der Bundeshauptstadt Washington, D.C. Präsident Lincoln besuchte zu dieser Zeit das Fort Stevens, eine der Verteidigungsstellungen, um sich über den Stand der Dinge zu informieren. Obwohl schon einige Unionssoldaten von konföderierten Scharfschützen getroffen worden waren, ignorierte der Präsident alle Warnungen. Er stellte sich frei sichtbar an eine Brüstung und zog damit natürlich sofort die Aufmerksamkeit der gegnerischen Scharfschützen auf sich. Wahrscheinlich war es ziemlich unwahrscheinlich, dass sie ihn erkannten, selbst wenn sie mit einem Fernrohr beobachteten. Mehrere Kugeln pfiffen vorbei, eine traf ein Kanonenrohr und verletzte als Querschläger einen unglücklichen Militärarzt. Lincoln selbst wurde kein Haar gekrümmt, schliesslich folgte er dem Rat seines Stabes und begab sich aus der Gefahrenzone. Im amerikanischen Fernsehen gab es eine Serie, in der ungewöhnliche Vorfälle mit Schusswaffen aus der amerikanischen Geschichte behandelt wurden. Dazu gehörten auch die Ermordungen mehrerer amerikanischer Präsidenten. Der britische Waffenexperte, Autor und Fernsehjournalist Michael Yardley versuchte nun, den Zwischenfall mit Präsident Lincoln in Fort Stevens nachzustellen. Dazu verwendete er das am präzisesten schiessende Gewehr, über das die Konföderierten verfügten – es war eine Whitworth-Büchse. Yardley hatte vorher schon eine Dokumentation über diesen Weitschuss erstellt. Ganz offensichtlich versuchten die konföderierten Scharfschützen ganz einfach ihr Glück, als sie sahen, wie Lincoln die Schlacht beobachtete. Es handelte er sich hier übrigens um den Überfall des konföderierten Generals Jubal Anderson Early auf Washington, D.C. im Jahre 1864. Lincoln musste sich schliesslich wegducken, als er die Kugel pfeifen hörte. Damit war er der erste Präsident, auf den geschossen wurde, während er im Amt war. Yardley berichtet über seine Versuche: «Wir stellten den Zwischenfall mit einer Whitworth-Büchse nach, weil wir wussten, dass die Konföderierten eine kleine Stückzahl dieser Waffen für Scharfschützenzwecke gekauft hatten, und sie mussten dafür sehr viel Geld bezahlen. Allerdings wissen wir nicht genau, ob eine solche Waffe wirklich bei dem Zwischenfall von Fort Stevens verwendet wurde, die Beweise dafür fehlen. Die ersten Versuche wurden auf einem Schiessstand ausgeführt. Obwohl ich durchaus ein geübter Schütze bin, musste ich mich erst einmal mit dem Whitworth-Vorderlader sowie dem Schwarzpulver und dem ungewöhnlichen sechseckigen Geschoss vertraut machen. Wenn wir das Geschoss in Papier einwickelten, dann war die Präzision nicht sonderlich gut. Viel bessere Ergebnisse in Bezug auf Präzision erzielten wir, wenn wir das Geschoss mit Bienenwachs und Rindertalg schmierten. Die Büchse schiesst überaus präzise. Nachdem wir eine geeignete Prüferladung ermittelt hatten, beschäftigten wir uns mit der Visierung. Zu Anfang unserer Versuche experimentierten wir mit einem seitlich montierten Zielfernrohr aus der damaligen Zeit. Diese Versuche brachten keine guten Ergebnisse, weil wir dauernd die Erhöhung korrigieren mussten. Von der Optik her gesehen war das Zielfernrohr allerdings durchaus geeignet. Obwohl die Scharfschützen während der Zeit des amerikanischen Bürgerkrieges durchaus schon Zielfernrohre verwendeten, konnte ich keinen wirklichen Vorteil in ihrer Verwendung erkennen. Wir konnten auch mit der offenen Visierung auf 90 m (100 Yards) Schussbilder mit einem Durchmesser von 50 mm schiessen. Und auch auf 360 m (400 Yards) Entfernung waren die Ergebnisse noch sehr gut. Bei weiteren Versuchen mit dem Klappvisier gelang es uns, ein manngrosses Ziel auf 720 m (800 Yards) mit vier Schüssen dreimal zu treffen. Auch ein Schuss auf 900 m (1'000 Yards) war ein Treffer. Besonders erstaunt hat mich die Tatsache, dass wir alle diese Ergebnisse mit der einfachen offenen Visierung erzielen konnten. Allerdings musste die Waffe dabei im Anschlag sehr weit erhöht werden. Das gibt Anlass zu der Frage, wie die frühen Scharfschützen ihre Waffen tatsächlich verwendet hatten. Dieselbe Frage stellt sich auch bezüglich des Einsatzes der damaligen grosskalibrigen Hinterlader.

Bei den Versuchen wurde auch ein Gewehr mit Zielfernrohr verwendet, aber mit der normalen offenen Visierung konnten genauso gute Ergebnisse erzielt werden.

Hier zeigt Michael Yardley die Treffer auf dem manngrossen Ziel.

Rechts: So sieht das Geschoss aus einer Whitworth-Büchse nach dem Schuss aus.

Ganz rechts: Fort Stevens war eine Verteidigungsstellung am Stadtrand von Washington. Hier wurde Präsident Lincoln beinahe von einem konföderierten Scharfschützen getroffen. (NA)

Obwohl das heutzutage nicht mehr ganz einfach festzustellen bzw. zu beweisen ist, wird diese Angabe wahrscheinlich stimmen. Dazu muss man wissen, dass die Scharfschützen an 65 Schlachten und anderen Einsätzen teilnahmen, und alle Männer des Regiments waren anerkannte Scharfschützen. Im Vergleich dazu hatten die meisten anderen Unionssoldaten Glück, wenn sie vor ihrem eigentlichen Einsatz fünf Übungsschüsse mit ihren Dienstgewehr abgeben konnten.
Es gab bei der Unionsarmee noch andere Scharfschützeneinheiten, die meist in Kompaniestärke aufgestellt wurden. Einige Bundesstaaten stellten allerdings auch grössere Scharfschützeneinheiten auf, so zum Beispiel die sogenannten «Bucktails» aus Pennsylvania. Dieses Schützenbataillon wurde von Thomas Kane mit der Genehmigung des Gouverneurs von Pennsylvania aufgestellt. Ihr Name kam von dem Hirschschwanz, den sie an ihrer Mütze trugen. Das war ein Hinweis darauf, dass die meisten dieser Soldaten Erfahrungen als Jäger hatten, was in den meisten Fällen auch tatsächlich stimmte. Auch diese Soldaten teilten das Schicksal der meisten Scharfschützeneinheiten der Unionsarmee, denn sie wurden meist als normale Infanterie eingesetzt. Allerdings erhielten auch sie gegen Ende des Krieges das Sharps-Gewehr. Der gute Ruf ihrer Einheit stammte nicht so sehr von ihren Fähigkeiten als Scharfschützen, die sie ohne jeden Zweifel auch besassen, sondern von ihrem mutigen Vorgehen in vielen grossen Schlachten des Krieges und von ihrem charakteristischen Mützenschmuck.
Bei den Streitkräften der Konföderierten waren die Scharfschützen wahrscheinlich nicht so gut organisiert wie bei der Unionsarmee. Ohne Zweifel waren sie aber genauso fähig, und in einigen Fällen waren sie für ihre Aufgabe (das präzise Schiessen über grosse Entfernungen hin) sogar besser ausgerüstet. Es war sogar allgemein anerkannt, dass die Südstaaten-Scharfschützen besser schiessen konnten als ihre Gegner bei den Nordstaaten. Die Befehlshaber der einzelnen Einheiten achteten sehr genau darauf, wer sich als besonders guter

Scharfschütze zur Zeit des amerikanischen Bürgerkrieges mit einem Gewehr mit langem Zielfernrohr der Bauart Malcolm.

Scharfschützen kämpfen oft in Zweiergruppen. Dabei fungiert der eine Soldat als Beobachter für den Schützen oder gibt ihm zumindest Deckung. (Roy Daines)

Schütze hervortat, und diese Männer wurden dann eingesetzt, wenn es galt, besonders präzise Schüsse abzugeben. Wie oft in diesen Fällen waren auch diese Männer meistens Jäger, und aufgrund ihrer Erfahrungen liessen sie sich gut als Kundschafter und Plänkler einsetzen.

Zu den Infanterie-Langwaffen der Südstaatenarmee gehörten das Enfield P53, die Springfield-Muskete mit gezogenem Lauf, die Mississippi-Büchse 1841 und ansonsten jedes nur einigermassen brauchbare Gewehr. Die meisten Scharfschützen-Einheiten verwendeten wahrscheinlich die Enfield-Büchse, zum einen, weil sie leicht zu beschaffen war, aber auch weil sie für ein damaliges Militärgewehr eine sehr gute Visierung besass. Einige Scharfschützen bei der Südstaatenarmee führten auch Scheibenbüchsen mit, die entweder mit einem Zielfernrohr oder mit einem Präzisionsdiopter ausgestattet waren. Allerdings waren diese Waffen relativ selten, und die wenigen eingesetzten Gewehre dieser Art stammten wahrscheinlich aus Privatbesitz. Bei der Armee der Konföderierten wurden auch einige britische Whitworth-Büchsen und das sehr ähnliche Scheibengewehr von Kerr ausgegeben.

Beide Waffentypen wurden von Scharfschützen eingesetzt, manchmal mit normaler offener Visierung, aber manchmal auch mit verbesserten Scheibenvisierungen einschliesslich Zielfernrohren. Bei einigen dieser Zielfernrohre handelte es sich um das seitlich montierte «Davidson Telescopic Rifle Sight», das von einem britischen Heeresoffizier entwickelt worden war. Ungewöhnlich für die Zielfernrohre der damaligen Zeit war die geringe Länge von nur 368 mm. Der Durchmesser des Rohres betrug 25 mm. Die meisten anderen damals eingesetzten Zielfernrohre dagegen waren so lang wie der Lauf der Waffe, in manchen Fällen sogar noch länger.

Typisch für diese überaus langen Zielfernrohre war die von William Malcolm in Syracuse, New York, gefertigte Optik. Dabei handelte es sich um ein Messingrohr mit einem Innendurchmesser von 19 mm, in dem ein leicht vergrösserndes Linsensystem mit einem Fadenkreuz als Zielhilfe angebracht war. Die Grobeinstellung und Seitenverstellung des Zielfernrohres wurde am vorderen Montagefuss vorgenommen, während man am hinteren Montagefuss die Höhenverstellung und Feineinstellung vornehmen konnte.

Die Vergrösserung des Zieles war der Hauptvorteil des Zielfernrohres im Vergleich zum Diopter. Allerdings hatten die meisten frühen Zielfernrohre nur eine geringe Vergrösserung, die meist zwischen dreifach und siebenfach lag. Aber selbst damit war dem Scharfschützen bei der Beobachtung des Zieles schon sehr geholfen. (Bemerkung des Autors: Wir haben moderne Wettkampfschützen dabei beobachtet, wie sie mit Sharps-Gewehren und Zielfernrohren oder Diopter auf Entfernungen bis 540 m geschossen haben. Mit bei-

Oben: Artilleriestellungen waren die bevorzugten Ziele von Scharfschützen. (NA)

Rechts: Scharfschützen hinter einer gut ausgebauten Deckung.

den Zielhilfen wurden gute Ergebnisse erzielt. Auf grössere Entfernung hin ist aber wahrscheinlich das Zielfernrohr von Vorteil, weil es das Ziel besser vergrössert.) Einige konföderierte Scharfschützen arbeiteten besser auf sich allein gestellt, andere arbeiteten paarweise, genauso wie es ihre heutigen Kameraden auch noch tun, das war besonders dann der Fall, wenn sie Scheibenbüchsen mit schweren Matchläufen einsetzten. Einer der beiden Männer beobachtete das Ziel und gab bei Bedarf auch Feuerschutz, der andere feuerte über grosse Entfernung. Eine andere Einsatztaktik bestand darin, die von der leichten Infanterie angewandte Plänklertaktik auszuführen. Diese Scharfschützen arbeiteten in Gruppen von vier Mann, wobei abwechselnd geschossen, geladen und den anderen Schützen Deckung beziehungsweise Feuerschutz geboten wurde.

Genauso wie es die Russen und die Briten auf der Krim getan hatten, als sie sich im Stellungskrieg oder bei Belagerungen gegenüberlagen, wurden auch im amerikanischen Bürgerkrieg von beiden Seiten Schützenmulden eingesetzt, um dicht genug an den Gegner heranzukommen und ihn erfolgreich zu bekämpfen, ohne das massierte Feuer des Feindes auf sich zu ziehen. Manchmal handelte es sich dabei um richtig ausgehobene Erdlöcher, aber sehr oft waren es nur einfach in den Boden gescharrte Fuchslöcher, die nachts angelegt wurden. Die ausgehobene Erde wurde vor das Loch als Deckung geschüttet. Das reichte aus, um einem einzelnen Mann Deckung zu bieten, und dabei wurde das Gelände nicht so weit verändert, dass es die Aufmerksamkeit des Feindes auf sich zog.

In diesen Fällen hatte ein mit einem Hinterlader ausgerüsteter Scharfschütze einen deutlichen Vorteil gegenüber seinem Kameraden, der noch mit einem Vorderlader schiessen musste. Der Hinterlader konnte aus jeder Schiessposition heraus einfach geladen werden, und dazu zählte eben auch die Liegendstellung. Der Vorderlader dagegen liess sich am besten im Stehen nachladen, in jeder anderen Stellung war das Nachladen günstigstenfalls eine umständliche und langwierige Prozedur, und schlimmstenfalls zog man damit die Aufmerksamkeit des Feindes auf sich. Wenn ein Vorderlader in der knienden oder liegenden Stellung in einer leichten Deckung nachgeladen wurde, konnte der Feind schon an den erforderlichen Bewegungen der Waffe erkennen, dass sich hier ein lohnendes Ziel bot.

Viele zeitgenössische Drucke und Zeichnungen zeigen Soldaten während des Bürgerkrieges, die auf einem Baum sitzen und schiessen. Aufgrund des Pulverqualms ihrer Schwarzpulverwaffen war das aber ganz sicherlich nicht besonders günstig, denn dadurch zogen sie die Aufmerksamkeit gegnerischer Scharfschützen auf sich. Ein einzelner Schuss war vielleicht noch möglich, besonders dann, wenn um den Schützen herum auch viel geschossen wurde und dementsprechend viel Qualm in der Luft lag, aber ein zweiter Schuss zog mit grosser Gewissheit gegnerisches Feuer auf sich. Wenn in einer ruhigen Phase des Kampfes ein einzelner Schuss abgegeben wurde, dann konnte auch dieser Schuss schon aufgrund des Pulverqualms und des Mündungsblitzes verräterisch sein, und das konnte böse Folgen für den Schützen haben. Natürlich konnte ein dicker Baumast dem Schützen etwas Schutz vor gegnerischem Feuer von vorn bieten, aber der im Baum sitzende Scharfschütze konnte natürlich auch von der Seite her beschossen werden. Auch in diesem Fall hatte ein mit einem Hinterlader bewaffneter Schütze einen deutlichen Vorteil. Um mit einem Vorderlader ein gutes Schiessergebnis erzielen zu können, musste die Waffe sehr genau und präzise geladen werden. Im Stehen war das noch möglich, aber nicht mehr, wenn man auf einem Baum sass und nebenher das Gleichgewicht auf dem Ast halten musste.

Beim Bekämpfen feindlicher Artillerie war der Scharfschütze besonders erfolgreich. Eine grössere Entfernung zum Feind war für die Artilleristen kaum noch ein guter Schutz, denn die wirksame Reichweite einer normalen Infanteriewaffe war jetzt fast genauso gross wie diejenige einer Kanone. Da in einer Artilleriestellung die Männer und ihre Ausrüstung auf relativ kleinem Raum konzentriert waren, boten solche Stellungen ein hervorragendes Ziel. Auf Entfernungen von ungefähr 450 m konnte ein Scharfschütze jeden Mann in der Stellung

Ein Unionssoldat mit einem schweren Scheibengewehr mit Zielfernrohr. (Richard Clark)

problemlos bekämpfen. Das machte das Leben besonders für die Angehörigen der leichten Artillerie sehr schwer. Bei einem Einsatz auf traditionelle Art galoppierten die Geschützbedienungen mit ihren Kanonen in die befohlene Stellung, beharkten die feindlichen Linien mit Feuer und zogen sich dann schnell wieder zurück. Aber in diesem Krieg mit seinen völlig neuen Verhältnissen mussten die Geschützbedienungen so viele Verluste durch gezieltes Gewehrfeuer erleiden, dass sie oftmals kaum zum Schuss kamen. Nur wenn die Artilleriestellung durch Böschungen oder Erdwälle geschützt war, konnten die Bedienungen einigermassen geschützt kämpfen, aber selbst dann mussten sie jede mögliche Deckung ausnutzen und darauf achten, dass sie sich nicht oberhalb der Deckung zeigten, denn dadurch zogen sie unweigerlich gegnerisches Scharfschützenfeuer auf sich. Pferde und Munitionskisten waren ebenfalls bevorzugte Ziele, denn ohne sie war die Feldbatterie nicht einsatzfähig.

Die Amerikaner hatten von den Briten gelernt, was sie bei Artilleriebeschuss aus grosser Entfernung tun mussten. Sie massen den Einfallswinkel der Geschosse und die Entfernung und stellten danach die Visiere ihrer Gewehre mit den gefundenen Werten ein, um danach die Batterie mit massiertem Salvenfeuer zu belegen. Damit wurde die Trefferwahrscheinlichkeit deutlich erhöht.

Die Hauptziele der Scharfschützen im Bürgerkrieg waren Artilleriestellungen mit den zugehörigen Kanonieren und Offizieren. (Roy Daines)

Das gehörte zwar nicht zum Scharfschützenwesen im engeren Sinn, da man nicht auf ein individuelles Ziel schoss, aber das Ergebnis war dasselbe – man konnte den Feind auf grosse Entfernung hin ausschalten.
Eine ähnliche Taktik konnte ein einzelner Scharfschütze anwenden, wenn er auf grössere Entfernung hin einfach auf eine Ansammlung von Feinden anstatt auf eine einzelne Person zielte, denn dadurch wurde das Ziel vergrössert. Wenn in einem solchen Fall die gegnerischen Soldaten meinten, dass sie weit genug vom Feind entfernt waren und dadurch nicht beschossen werden konnten, dann erschraken sie gehörig, wenn plötzlich einer aus ihrer Gruppe getroffen wurde.

Ohne ein Zielfernrohr zur Vergrösserung des Ziels oder ohne einen Diopter, mit dem man sich besser auf das Ziel konzentrieren konnte, war es sehr schwierig, ein manngrosses Ziel mit dem blossen Auge auf Entfernungen von über 720 m zu identifizieren. Zum Verständnis: Auf 900 m Entfernung wirkt selbst ein amerikanischer Bison, den man mit dem blossen Auge betrachtet, wie ein unregelmässig geformter grosser Punkt. Wenn es aber einem geübten Schützen mit seinem Enfield-Gewehr und der sehr stark gekrümmten Flugbahn des Minié-Geschosses durchaus gelingen konnte, auf eine Entfernung von 810 m ein 2,4 x 2,4 m grosses Ziel zu treffen, dann war eine kleine Gruppe

von feindlichen Soldaten ganz sicher ein sehr verlockendes Ziel. Selbst auf diese extreme Entfernung hin konnte er mit etwas Glück einen Treffer erzielen, und für einen Scharfschützen war es sicher eine Kugel wert, um das herauszufinden.
Wenn das Ziel auf einem Pferd sass, dann war es natürlich insgesamt noch viel grösser. In einem solchen Fall war es mit grosser Sicherheit ein Offizier, ein Teil einer Artillerieeinheit oder eine Gruppe von Kavalleristen unter der Führung eines Offiziers. Wenn er dann schoss und nur einen einfachen Soldaten traf, führte dieser Treffer zumindest dazu, dass die unter Feuer genommene Gruppe Angst bekam und in Deckung gezwungen wurde. Falls ein Offizier getroffen wurde, gab es anschliessend nicht nur Probleme bei der Befehlsübermittlung, sondern dann musste man davon ausgehen, dass dieser Offizier gezielt beschossen wurde. Das aber untergrub die Moral des Feindes ganz erheblich, und obendrein musste er davon ausgehen, dass der gegnerische Scharfschütze über hervorragende Fähigkeiten als Schütze verfügte. In vielen Fällen während des Krieges (und natürlich schon vorher und auch hinterher) wurde ein vollkommen unerwarteter Treffer der Arbeit eines Scharfschützen zugeschrieben, auch wenn es sich hier um einen Glückstreffer eines einfachen Infanteristen oder sogar um eine verirrte Ku-

Selbst zur Zeit des amerikanischen Bürgerkrieges kämpfte die Infanterie normalerweise noch «Schulter an Schulter» in der althergebrachten Linientaktik. (Roy Daines)

gel gehandelt hatte. Das war aber ganz sicherlich nicht der Fall, als der zu den Unionsstreitkräften gehörende Generalmajor John Sedgwick am 9.5.1864 in Spotsylvania von einem konföderierten Scharfschützen einen tödlichen Treffer erhielt. Kurz vorher hatte der General noch die berühmten Worte gesprochen: «Die können doch auf diese Entfernung nicht einmal einen Elefanten treffen.»

Dieser vermutlich auf eine Entfernung von fast 800 m abgegebene Schuss war aber ein gezielter Schuss eines Scharfschützen, der mit einer Withworth-Büchse schoss. Wir können darüber heute erstaunt sein, aber gezielte Schüsse auf diese Entfernung mit einer ziemlich hohen Trefferwahrscheinlichkeit waren sowohl für Scharfschützen der Unionsarmee als auch der konföderierten Armee durchaus möglich, wobei sie Zielfernrohrgewehre verwendeten. Aufgrund dieser Präzisionsschüsse und der Tatsache, dass damals hochrangige Offiziere ihre Truppen noch direkt im Feld anführten, ist es nicht weiter überraschend, dass der Tod von mehr als 20 Generälen, Dutzenden von Majoren, Oberstleutnanten und Obersten sowie zahllosen subalternen Offizieren den Scharfschützen der jeweiligen gegnerischen Seite zuzuordnen ist.

Der amerikanische Bürgerkrieg war das Prüffeld für viele Fortschritte auf dem Gebiet der Kriegstechnik. In

Bezug auf das Scharfschiessen war die Einführung von präzise schiessenden Hinterladern mit grosser Reichweite und mit optischen Zielhilfen die wichtigste damalige Entwicklung. Schon bald darauf sollten auch Neuerungen wie Metallpatronen, rauchloses Pulver und Repetiergewehre in dieser Periode erscheinen.

Neben den Verbesserungen bei der Ausrüstung kam es während dieser Periode ganz eindeutig auch zu einem Wendepunkt für das Scharfschützenwesen. Zumindest einige davon kämpften damals schon in einer Rolle, die sich ohne weiteres mit derjenigen der modernen Scharfschützen vergleichen lässt. Allerdings war damals der Begriff «Scharfschütze» noch nicht allgemein im Gebrauch. Die Hauptaufgabe des Scharfschützen während des amerikanischen Bürgerkrieges lag darin, so viel Schaden und Verwirrung wie möglich beim Feind anzurichten. Es zeigte sich dann während des Konfliktes, dass der Scharfschütze auf diesem Gebiet eine wichtige Rolle spielte. Durch das Ausschalten von Offizieren und Unteroffizieren konnte die Kommandokette unterbrochen werden. Auch durch das Bekämpfen von Kurieren, Signalflaggenträgern, Signalübermittlern, Trommlern und Hornisten konnte die Kommunikation gestört werden, und das beeinträchtigte die Moral des Feindes. Durch ständiges Beschiessen von Artilleriestellungen im Feld konnte man die Artilleristen entweder ausschalten oder zumindest stark entmutigen. Wenn auf Kutscher, Zugpferde oder Packesel bzw. Maultiere geschossen wurde, dann konnte man damit die Nachschublinien unterbrechen und im günstigsten Fall eine ganze Armee lahmlegen. Gleichzeitig konnte man durch gezieltes Feuer auf gegnerische Scharfschützen diesen Feind davon abhalten, genau dasselbe zu tun, was man selbst tat.

Trotz ihrer offensichtlichen Erfolge wurden die Scharfschützen noch nicht so genutzt, wie es ihrem eigentlichen Potenzial entsprach. Natürlich waren die amerikanischen Scharfschützenregimenter eine hervorragende Idee, und es wäre noch besser gewesen, wenn man sie so eingesetzt hätte, wie es eigentlich anfänglich geplant war. Schliesslich wurden diese Einheiten aber meist als ganz normale Infanterieeinheiten verwendet. Die Armeeführung hatte ganz sicher noch nicht erkannt, wie wertvoll solche Einheiten sein konnten, und deswegen blieben sie nach dem Krieg nicht weiter bestehen. Vielleicht war das flexiblere Modell der Konföderierten besser, wobei man sich hier fragen muss, ob das so geplant war oder zufällig zustande kam. Hier wurden Scharfschützen einzeln oder paarweise, manchmal auch in kleinen Gruppen eingesetzt, die grösseren Einheiten unterstellt wurden. Diese Scharfschützen konnten dann nach eigenem Ermessen feindliche Ziele bekämpfen, die sie für lohnend hielten.

Obwohl man also während des Bürgerkrieges eine ganze Reihe von wertvollen Lektionen gelernt hatte, bildete man bei der amerikanischen Armee die Scharfschützen immer noch nicht als wirkliche Scharfschützen aus, so wie wir das heute kennen und so wie sie als zusätzliches Kampfmittel bei den Infanterieeinheiten eingesetzt werden. Abgesehen von einer umfangreichen Schiessausbildung gab es bei der amerikanischen Armee bis ins nächste Jahrhundert hinein keine spezifische Scharfschützenausbildung.

Nicht einmal 20 Jahre nach dem Ende des amerikani-

Unten links: Gefallene Soldaten in einer gut ausgebauten Stellung.

Unten rechts: Generalmajor John Sedgwick wurde von einem konföderierten Scharfschützen erschossen, obwohl er glaubte, ausserhalb der Reichweite von Scharfschützen zu sein.

schen Bürgerkrieges und ungefähr 12'800 km weit entfernt wurden die Briten wieder einmal in einen grossen Konflikt verwickelt. Hier mussten sie auf sehr bittere Weise eine weitere Lektion in Bezug auf die Schiesskunst des Gegners lernen, denn sie standen einer Armee gegenüber, die fast nur aus Meisterschützen bestand.

Scharfschützen zu Pferd

Der erste Burenkrieg zwischen den südafrikanischen Buren und den Briten (1880-1881) begann, als die Buren in Transvaal (Südafrika) sich von Grossbritannien für unabhängig erklärten. Viele Buren hatten eine deutsche oder niederländische Abstammung. Später stiessen noch weitere Buren aus dem Oranje-Freistaat zu ihnen. In einem von vielen Belagerungen geprägten Konflikt waren es die erfolgreichen burischen Taktiken, die den Krieg rasch entschieden. Die Buren griffen nämlich in kleinen Gruppen auf freiem Feld an und zogen sich dann sofort zurück.

Obwohl es zu dieser Zeit bei den Einsatztaktiken der britischen Armee aufgrund der vielen kleinen Kolonialkriege der Vergangenheit eine Reihe von Verbesserungen gegeben hatte und der einfache Soldat bei seiner Ausbildung nun auch für den Stellungskrieg ausgebildet wurde, galt das Plänkelgefecht immer noch als Domäne der leichten Infanterie.

Die Buren dagegen, die hauptsächlich Bauern waren, hatten sich in kleinen Gruppen auf schnellen Pferden aufgestellt, es waren die sogenannten berittenen «Kommandos». Ausserdem kannten sich die Buren hervorragend in den Taktiken des Plänklergefechts aus. Auf ihren grossen Farmen lebten die Buren buchstäblich im Sattel, und die meisten waren ausgezeichnete Jäger. Deswegen konnten sie hervorragend pirschen und natürlich sehr gut schiessen. Obwohl sie gute Reiter waren, fungierten sie nicht als Kavallerie. Stattdessen operierten sie als berittene Infanterie. Sie benutzten ihre Pferde, um schnell grosse Geländeabschnitte zu überqueren, dann sassen sie ab und beschossen die Briten auf grosse Entfernungen hin, wann immer das möglich war.

Bei der britischen Armee in Afrika wurden zu dieser Zeit immer noch die scharlachroten Uniformröcke getragen, ausserdem trugen die Soldaten weisse Tropenhelme. Dadurch waren sie für die burischen Schützen hervorragende Ziele. Die Buren dagegen trugen ihre normale Arbeitskleidung. Diese war genau so wie ihre eigene Natur, nämlich einfach, nüchtern und zweckmässig. Wenn sie mit einem Pferd über das staubige Gelände ritten, waren sie sehr schnell mit Staub bedeckt und dadurch noch schlechter zu sehen. Im Verlauf der Jahre hatten die Buren gelernt, keine Kleidung zu tragen, die sie für Mensch oder Tier auffällig machen würde. Durch die Jagd und ihre gelegentlichen Streitereien mit den Eingeborenen wussten sie sehr gut, wie man Deckung nimmt und das Gelände optimal ausnutzt.

Zu dieser Zeit waren der Hinterlader und die Metallpatronen schon eingeführt. Das Gewehr Martini-Henry war das normale Dienstgewehr der britischen Armee, während die Buren ähnliche Hinterlader mit Fallblockverschluss verwendeten. Ausserdem setzten sie noch eine Reihe von anderen Militär- und Sportgewehren ein.

Die Briten schossen ihre Martini-Henrys meistens aus stehender oder kniender Stellung in Linienposition. Bei

Scharfschützen werden am besten allein, zu zweit oder in kleinen Gruppen eingesetzt. Sie warten dann geduldig auf die Möglichkeit zum Schuss. (Roy Daines)

den Kämpfen gegen angreifende Zulus oder die Derwische im Sudan hatte sich gezeigt, dass das Schiessen aus dieser Stellung verheerende Wirkung auf den Gegner haben konnte. Die Buren dagegen nutzten die Vorteile ihrer Hinterlader optimal aus, sie schossen aus der liegenden Stellung, wann immer es möglich war. Dadurch wurde ihre Trefferwahrscheinlichkeit deutlich erhöht, denn die liegende Schiessstellung ist die stabilste Stellung. Ausserdem bietet ein Schütze in der liegenden Stellung ein deutlich kleineres Ziel.

In diesem Krieg perfektionierten die Buren eine Taktik, die heutzutage überall beim Militär Standard ist. Es ist das Feuer aus der Bewegung heraus zum Niederhalten des Feindes. Auf Afrikaans heisst das «vuur en beweg». Die Buren wandten diese Taktik mit grossem Erfolg in Ingogo und Majuba Hill an. Dabei wurden die Köpfe der Briten mit präzise gezieltem Dauerfeuer unten gehalten, während ein Teil der Angreifer in dieser Zeit in die nächste günstige Stellung vorrückte.

Um eine Vorstellung davon zu bekommen, wie überlegen das Gewehrfeuer der Buren und ihre Kampfmethoden waren, wollen wir uns die folgenden Verlustzahlen aus vier Kämpfen in zwei Monaten etwas genauer ansehen.

Am 20.12.1880 wurde eine aus 34 Pferdewagen mit 260 Mann bestehende britische Nachschubkolonne in Bronkhorstspruit von den Buren unter Feuer genommen. In einigen Quellen kann man darüber nachlesen,

Die vier Schritte bei der Entwicklung der Metallpatronen (von links nach rechts): eine Patrone Snider im Kaliber .577; eine Patrone im Kaliber .577/450 Martini-Henry aus gerollter Messingfolie; eine Patrone im selben Kaliber mit einer Hülse aus gezogenem Messing und eine Patrone Kaliber .303 British Mark VII SAA mit Spitzgeschoss. (Commander Zulu)

Die Metallpatrone und das rauchlose Pulver

Die Erfindung der Metallpatrone (die Gewehrpatrone, so wie wir sie heute kennen) brachte bei der Entwicklung von Gewehren viele Vorteile. Jetzt war es einfacher, die Waffe als Hinterlader zu verwenden, und ausserdem wurde nun der Weg für die Entwicklung von mehrschüssigen Gewehren in einer Reihe von verschiedenen Konstruktionsarten freigemacht. Die wichtigste davon war das Repetiergewehr mit Magazin.

In der Metallpatrone sind alle Komponenten der Munition, die dafür benötigt werden, enthalten: die Kugel oder das Geschoss, die Pulverladung oder Treibladung und das Zündmittel. Alles zusammen befindet sich nun in einem praktisch und einfach anzuwendenden «Behälter». Indem man eine sich beim Schuss ausdehnende Patrone mit einer Metallhülse (üblicherweise aus Messing) anstelle der vorher verwendeten Papier- oder Stoffhülse verwendete, konnte man den Verschluss wirksam gegen die Schussgase abdichten, denn die Metallhülse dichtet den Verschluss nach hinten perfekt ab und sorgt dafür, dass die Schussgase nur nach vorn entweichen und dabei das Geschoss aus dem Lauf treiben.

Das erste System dieser Art, das eine relativ weite Verbreitung fand, war die Stiftfeuerpatrone, die Mitte des 19. Jahrhunderts in Frankreich erfunden wurde. Sie hatte ihren Namen von einem kleinen Stift am Patronenboden, der seitlich herausragte und der vom Hahn der Waffe getroffen wurde, womit ein Perkussionszündhütchen innerhalb der Hülse gezündet wurde. Dieses System funktionierte ganz ordentlich, aber es war hauptsächlich für Pistolen und Revolver und nicht für Gewehre geeignet, weil es keine hohen Gasdrücke aushielt. Deswegen wurde es schon bald von der normalen Metallpatrone mit einem in den Boden eingesetzten Zündhütchen (Zentralfeuer) oder einem mit Zündmasse ausgegossenen Patronenboden (Randfeuer) abgelöst. Auf dieses Zündhütchen oder den Patronenboden schlug der Schlagbolzen der Waffe und zündete die Patrone. Ab dem dritten Viertel des 19. Jahrhunderts setzten alle grossen Militärmächte Hinterlader-Gewehre mit Metallpatronen ein.

Die Grundkonstruktion der Zentralfeuerpatrone hat sich im Verlauf der Jahre eigentlich nur wenig geändert, lediglich beim verwendeten Material gab es einige Neuerungen. Die wichtigste davon war die Einführung des rauchlosen Treibmittels oder Pulvers. Diese chemische Verbindung löste das bisher verwendete Schwarzpulver ab.

1846 erfand Christian Friedrich Schönbein die Schiessbaumwolle als Ersatz für das Schwarzpulver. Allerdings war die Gasdruckentwicklung der Schiessbaumwolle damals viel zu stark, und vor allen Dingen war sie chemisch unstabil, so dass sie sich für den Einsatz in Handwaffen nicht eignete. Erst 1884 gelang es Paul Marie Eugène Vieille, ein rauchloses Pulver (er nannte es «Pulver B») herzustellen, das sicher zu handhaben war und das gegenüber dem Schwarzpulver viele Vorteile hatte. Es war erheblich leistungsfähiger, so dass weniger Pulver in die Hülse eingefüllt werden musste, obwohl man jetzt ein höheres Gasvolumen erreichen konnte. Das wiederum beeinflusste die Konstruktion der neuen Gewehre. Man konnte jetzt kleinkalibrige Patronen mit einer höheren V_0 entwickeln, die genauso leistungsfähig waren wie ihre grösseren Vorgänger. Deswegen konnten die Soldaten nun auch mehr Munition mitführen. Mit den neuen Hinterladern konnte man schnell hintereinander viele Salven abfeuern, denn jetzt gab es keinen Pulverqualm mehr, der das Ziel einhüllte. Ausserdem funktionierten die Waffen jetzt auch bei Feuchtigkeit, während es unter diesen Verhältnissen mit Schwarzpulver immer Probleme gegeben hatte, denn Schwarzpulver muss immer trocken gehalten werden. Die neuen Patronen dagegen waren leichter zu lagern und zu transportieren.

Patronen mit dem neuen Treibmittel wurden erstmals in Frankreich im Jahre 1886 zusammen mit dem Lebel-Repetiergewehr mit Zylinderverschluss und Röhrenmagazin eingeführt. Andere Länder zogen allerdings sehr schnell nach und entwickelten ihre eigenen Patronen mit rauchlosen Pulver und die dazugehörigen Waffen, um diesen riesigen Fortschritt bei der Waffenentwicklung vollständig ausnutzen zu können.

Die Vorteile des rauchlosen Pulvers für den Scharfschützen können gar nicht hoch genug bewertet werden. Es gab jetzt keine Pulverqualmwolke mehr, wenn er einen Schuss abgab, deswegen wurde seine Position nicht mehr verraten. Ausserdem brennt rauchloses Pulver mit erheblich weniger Rückständen ab, deswegen konnte man bei den Waffen die Toleranzen enger einhalten, weil man auf die Ablagerung von Pulverrückständen kaum noch Rücksicht nehmen musste. Dadurch wurden die Gewehrkonstruktionen immer besser. Noch wichtiger waren aber die mit den modernen Patronen und Waffen erzielbaren grösseren Anfangsgeschwindigkeiten, gestreckteren Flugbahnen und die daraus resultierende grössere Reichweite und bessere Präzision.

dass es sich hier um einen Hinterhalt gehandelt habe, aber das ist nicht richtig. Die Buren schossen aus einer Entfernung von ungefähr 180 m. Es dauerte nur ungefähr 15 Minuten, bis sich die Briten ergeben mussten. Dabei hatten sie zuerst die Zugtiere des ersten und des letzten Wagens erschossen, so dass die Kolonne nicht mehr entkommen konnte. Dann nahmen sie die britischen Soldaten unter Feuer. Bei den Briten gab es 157 Verluste (77 Gefallene und 80 Verwundete), während die Buren nur zwei Tote und fünf Verwundete beklagen mussten.

Bei der Schlacht in Laing's Nek am 18.1.1881 konnten 400 in Schützengräben verschanzte Buren eine britische Streitmacht von ungefähr 1'200 Mann zurückschlagen. Die Briten beklagten 84 Gefallene und 113 Verwundete, bei den Buren gab es 14 Gefallene und 27 Verwundete. Beide Führer des britischen Angriffs wurden erschossen, auch der Oberleutnant Baillie fiel, er trug die Regimentsfahne in den Kampf. Es war das letzte Mal in einer Schlacht, dass ein britisches Regiment die Fahne mit in den Kampf nehmen durfte.

Bei der Schlacht von Ingogo am 7.2.1881 trafen die Buren auf erfahrene britische Schützen, die sich in den vom Gegner angewandten Taktiken auskannten. Hier besetzten die Schützen der Einheit «3/60th Rifles (King's Royal Rifles)» und andere Truppen (insgesamt ungefähr 300 Soldaten) mit Neunpfünder-Kanonen einen Bergrücken oberhalb eines lang abfallenden Abhangs namens

Selbst gegen Ende des 19. Jahrhunderts kämpften die britischen Infanteristen immer noch in ihren scharlachroten Uniformen. (Richard Clark)

Papierpatrone mit freiliegendem Bleigeschoss für einen Hinterlader mit Perkussionszündung.

Schuinshoogte, von hier aus konnten sie auf den Fluss Ingogo sehen. Dann wurden sie ungefähr fünf Stunden lang von einer gleich grossen Buren-Einheit unter sehr präzise gezieltes Gewehrfeuer genommen. Dann wurde das Wetter so schlecht, dass die Kampfhandlung eingestellt werden musste. Es gelang den Briten, ihre Stellung aufzugeben und sich über den Fluss Ingogo hinweg zurückzuziehen. Obwohl es sich bei den Angehörigen der «60th Rifles» um ausgebildete Schützen handelte, die eine grüne Uniform anstelle des sonst üblichen roten Uniformrockes trugen und die ausserdem von ihrer erhöhten Stellung herunter mit Artillerie zur Unterstützung feuern konnten, entwickelten sich die Dinge sehr ungünstig für die Briten. Sie hatten 75 Tote zu beklagen, dazu gehörten auch neun Ertrunkene, die von dem Hochwasser führenden Fluss während des Rückzugs weggeschwemmt wurden. Ausserdem gab es 68 Verwundete. Die Buren hingegen verzeichneten nur acht Gefallene am Tag des Gefechtes, während einen Tag später noch zwei der sechs Verwundeten ihren Verwundungen erlagen.

Der bemerkenswerteste Sieg der Buren war schliesslich die Schlacht am Majuba Hill am 27.2.1881. Dort führte der Generalmajor Sir George Colley ungefähr 600 Mann auf einen Hügel, von dem aus man das Feldlager der Buren übersehen konnte. Das Gelände auf dem Gipfel war sehr weitläufig und kaum verteidigt. Obwohl die Briten ihre Stellung die ganze Nacht besetzt hatten, wurden keine Schützengräben ausgehoben. Dann stürmten die Buren den Berg, wobei sie ihre Taktik von «Feuer und Bewegung» anwandten. Ihre in Stellung liegenden Schützen deckten die Briten mit dichtem Gewehrfeuer ein. Dabei liessen sie Gassen frei, durch welche ihre eigenen Kämpfer ohne Verluste bis auf den Berggipfel stürmen konnten. Dann schossen die Buren aus einiger Entfernung auf die Verteidiger und zwangen sie damit, sich den Abhang hinunter zurückzuziehen. Dabei wurden sie aber von den Buren vom Berggipfel herunter beschossen. Die Schlacht dauerte ungefähr eine Stunde, in dieser Zeit hatten die Briten 93 Gefallene (einschliesslich Sir George Colley) und 133 Verwundete, weitere 58 britische Soldaten wurden gefangen genommen. Die Buren hatten nur einen Gefallenen und fünf Verwundete zu beklagen.

Bei diesen und anderen Einsätzen während des Burenkrieges war die britische Infanterie mit Gewehren bewaffnet, aus denen Metallpatronen verschossen wurden. Auch die Buren verfügten über einige solche Gewehre, aber sie hatten auch noch viele Hinterlader, aus denen Papierpatronen verschossen wurden und die mit einem getrennten Zündhütchen geladen werden mussten. Theoretisch war also die Feuergeschwindigkeit der Buren geringer. Der Hauptvorteil der Buren war ihre gründliche Kenntnis ihrer Waffen, ihrer Taktiken und ihres Geländes, und sie nutzten das bestmöglich aus.

Dieser erste Burenkrieg war für die Briten ein Desaster, und die Schlacht von Majuba Hill war eine ihrer peinlichsten Niederlagen. In der Öffentlichkeit in Grossbritannien wurden die Rufe nach der Heimführung der Truppen immer lauter, aber zumindest war jetzt beim britischen Militär das Interesse am Scharfschützenwesen geweckt worden. In den 80er und 90er Jahren des 19. Jahrhunderts wurden viele Schützenvereine und Freiwilligenverbände gegründet, die alle das Motto «Denkt an Majuba» führten. Das war dann auch der Schlachtruf für die Briten, als sie in den zweiten Burenkrieg zogen.

Das Martini-Henry-Gewehr

Diese einschüssige Büchse hatte einen mit einem Unterhebel betätigten Fallblockverschluss, der auf einer Konstruktion von Friedrich von Martini aus der Schweiz basierte. Das Schloss wurde beim Betätigen des Unterhebels selbsttätig gespannt. Die Waffe hatte einen siebenzügigen Lauf mit einem Drall von 1:22, der von dem Schotten Alexander Henry entwickelt worden war. Das Gewehr verschoss eine Schwarzpulverpatrone im Kaliber .577/450, das 480 Grains schwere Geschoss erreichte eine V_0 von 280 m/s.

Im Verlauf der Zeit wurden vier verschiedene Versionen des Gewehres Martini-Henry gefertigt, die alle ca. 1'270 mm lang waren und ca. 4'100 g wogen.

Das Gewehr Martini-Henry hatte ein Schiebevisier, das sich bis 1'400 Yards einstellen liess.

Die nutzbare Reichweite lag bei ca. 550 m. Ein gut ausgebildeter Soldat konnte damit zehn Schuss in der Minute abgeben, aber hin und wieder gab es Probleme mit dem Ausziehen der Hülsen. Die Waffe wurde 1871 bei der britischen Armee eingeführt und leistete gute Dienste, ab 1888 wurde sie nach der Einführung des Repetiergewehrs mit Zylinderverschluss Lee-Metford bei der aktiven Truppe allmählich abgelöst.

Das Hinterlader-Gewehr Martini-Henry

Ein neues Jahrhundert

Ab 1899 zog Grossbritannien wieder gegen die Buren zu Felde, und diese Kampagne wird normalerweise als der zweite Burenkrieg bezeichnet. Damals hatte die Waffentechnologie wieder einen grossen Schritt nach vorn getan. Beide Seiten waren jetzt mit Repetiergewehren mit Zylinderverschluss ausgerüstet. Diese Gewehre waren auf dem neuesten Stand der Technik, sie verschossen Metallpatronen mit rauchlosem Treibladungspulver. Die Briten waren mit dem modernen Gewehr Lee-Enfield ausgerüstet, während die Buren über eine bunte Mischung von Waffen verfügten. Überaus wichtig in diesem Arsenal waren aber 30'000 funkelnagelneue Gewehre Mauser Modell 95 im Kaliber 8 mm, die der Kommandeur der burischen Streitkräfte General Joubert kurz vor Ausbruch des Krieges beschafft hatte. Ausserdem verwendeten die Buren dänische Gewehre vom Typ Krag-Jörgensen und eine grössere Anzahl von Einzelladern Martini-Henry. Die letztgenannten Gewehre hatte die burische Regierung in Grossbritannien und Belgien gekauft und zum Selbstkostenpreis an seine Bürger weitergegeben.

Die britischen Streitkräfte waren modern, und in der Regel waren die Soldaten gut ausgebildet, allerdings hatten sie auch unerfahrene Freiwillige in ihren Reihen. Allerdings hatten die Briten bisher nie einem Gegner gegenübergestanden, der genauso gut mit modernen Waffen ausgerüstet war wie sie selbst. Die burischen Kommandos hingegen hatten in aller Regel nie eine militärische Ausbildung erhalten, sie hatten die Schiesskunst und das Verhalten im Felde durch die Jagd erlernt, und das meist schon seit früher Kindheit.

Eigentlich hätten die Briten nach dem ersten Burenkrieg nicht darüber erstaunt sein dürfen, wie taktisch klug diese rauen Bauern kämpften und wie gut sie schiessen konnten. Die Briten hatten nun endlich ihre scharlachroten Uniformröcke abgelegt und trugen jetzt Khakiuniformen, und damit fielen sie im Gelände weitaus weniger auf. Allerdings mussten sie immer noch viele Opfer beklagen, weil die Soldaten es nicht gelernt hatten, gute Deckungen auszunutzen. Das aber hätten sie von den Buren mittlerweile lernen können. Bisher hatten die britischen Soldaten eigentlich immer den Kampf in enger Formation gelernt, und zwar unter der Führung einer streng abgestuften Hierarchie von Offizieren und Unteroffizieren. Die Buren dagegen konnten in grösseren oder kleineren Gruppen kämpfen und dabei entweder Befehlen gehorchen oder auch, abhängig von der Situation, selbständig denken und handeln. Ausserdem waren die meisten britischen Soldaten während ihrer Ausbildung angehalten worden, entweder aus der stehenden oder knienden Stellung zu schiessen. Das Gelände in Afrika dagegen bot kaum Deckungen, und so war die liegende Stellung die einzig mögliche Schiessstellung. Deswegen mussten die Briten im zweiten Burenkrieg genauso entsetzliche Verluste erleiden wie im ersten Krieg, und diesmal verfügten die Buren obendrein über präzise schiessende Mauser-Gewehre mit Magazinen, so dass sie schneller und noch genauer schiessen konnten. Während der Belagerungen von durch die Briten gehaltenen Ortschaften mussten die Soldaten sehr schnell erfahren, dass es überaus gefährlich

Bis zum Ende des 19. Jahrhunderts waren die britischen Soldaten gut ausgebildet, und sie hatten endlich ihre scharlachroten Uniformröcke abgelegt. Stattdessen trugen sie jetzt Khakiuniformen.

Ein Scharfschützenteam der Lovat Scouts. Diese Spezialtruppe setzte erstmals einen Beobachter ein, der die feindlichen Linien mit einem Teleskop beobachtete und dem Schützen die Ziele zuwies. Dieses System ist heute Standard bei fast allen Streitkräften. (John Norris)

Ein berittener kanadischer Kundschafter während des Burenkrieges. Die Soldaten aus dem britischen Commonwealth bekämpften die Buren oft mit deren Methoden, wobei sie sich auf ihre natürlichen Fähigkeiten beim Umgang mit Waffen und Pferden stützen, wenn sie gegen die Kommandos vorgingen.

Das Magazin des britischen Repetiergewehres Lee-Enfield konnte von oben durch den Verschluss mit einem Ladestreifen geladen werden. Wenn auf die Waffe ein Zielfernrohr montiert war, war das aber nicht möglich. Dann musste die Waffe mit einzelnen Patronen geladen werden, oder man musste das Magazin wechseln.

Blick auf den Verschluss eines Lee-Enfield mit eingesetztem Ladestreifen. Die Patronen mussten mit dem Daumen in das Magazin gedrückt werden, der leere Ladestreifen wurde dann herausgenommen. Bei einigen Gewehrtypen blieben Ladestreifen und Patronen zusammen im Magazin, der leere Ladestreifen wurde erst ausgeworfen, wenn das Magazin leergeschossen war.

Kastenmagazin und Zylinderverschluss

Aufgrund der Entwicklung von Metallpatronen war es jetzt möglich geworden, praktisch brauchbare Repetiergewehre für den Militärdienst zu entwickeln. Der Zylinderverschluss wurde hauptsächlich in Verbindung mit Kastenmagazinen (fest eingebaut oder abnehmbar) gebraucht. Allerdings verschoss das erste Repetiergewehr von Mauser (Modell 1871/84) noch Schwarzpulverpatronen aus einem achtschüssigen Röhrenmagazin. Besser geeignet für den Militärdienst waren aber Gewehre mit Zylinderverschluss und Kastenmagazin so wie das spätere Mauser-Modell 1893 oder das britische Lee-Metford. Als Alternativen gab es noch Gewehre mit einer Trommel (wie zum Beispiel das Modell 1855 von Colt, das kurzzeitig von Berdans Scharfschützen eingesetzt wurde) oder diverse Unterhebel-Repetierer und Vorderschaft-Repetierer, bei denen die Patronen aus Röhrenmagazinen zugeführt wurden.
Waffen mit Zylinderverschluss liessen sich einfacher laden, waren sicherer im Umgang und liessen sich besser warten und pflegen.
Um das Magazin eines Gewehres mit Kastenmagazin zu laden, muss man den Kammerstängel nach oben schwenken und den Verschluss zurückziehen. Dadurch liegt der Verschluss der Waffe offen, und der unter Federspannung der Magazinfeder liegende Zubringer des Magazins liegt frei. Dann kann man die Patronen in das Magazin einbringen, wobei der Zubringer nach unten gedrückt wird. Abnehmbare Magazine kann man auch ausserhalb der Waffe laden, und man kann geladene Reservemagazine mitführen, die man bei Bedarf schnell in die Waffe einstecken kann.
Einige Repetiergewehre konnten auch schon mit Hilfe von Laderahmen oder Ladestreifen geladen werden, auf denen sich eine Reihe von Patronen befanden. Dieser Ladestreifen oder -rahmen wurde in eine Führung über dem Magazin eingesteckt. Damit konnte der Soldat das Magazin seiner Waffe sehr schnell mit der vollen Patronenanzahl laden. Beim Schliessen des Verschlusses wurde eine Patrone aus dem Magazin gestreift und in das Patronenlager eingeführt. Durch das Herabdrücken des Kammerstängels wurde das System verriegelt. Durch die Betätigung des Verschlusses wurden auch Schlagbolzen und Abzug gespannt (abhängig von der Konstruktionsweise der Waffe), jetzt war die Waffe wieder schussbereit. Nach der Schussabgabe wurde durch Betätigung des Verschlusses die Patronenhülse ausgezogen und ausgeworfen, dann wurde die nächste Patrone zugeführt. Obwohl die Beschreibung der einzelnen Vorgänge an dieser Stelle etwas langatmig ist, war es in der Praxis so, dass ein gut ausgebildeter Soldat sein Magazin (meist zwischen 5 und 10 Patronen) so schnell leerschiessen konnte wie er den Verschluss betätigen konnte.

Alle Ausführungen des britischen Gewehrs Lee-Enfield hatten ein abnehmbares Magazin, das mit Ladestreifen geladen wurde. Das Magazin fasste zwei Ladestreifen mit je 5 Patronen und wurde von unten in die Waffe eingeführt. Alternativ konnte das Magazin aber auch mit einzelnen Patronen oder einem einzelnen Ladestreifen (5 Patronen) befüllt werden. Eigentlich war das ein sehr vielseitig verwendbares System, denn der Soldat konnte ein geladenes Reservemagazin mitführen und blitzschnell gegen ein leergeschossenes Magazin auswechseln. Merkwürdigerweise war das in der Praxis bei der britischen Armee aber nicht üblich.

Ein Kommando der Buren vor dem Berg Spion Kop, einem der berüchtigtsten Schlachtfelder während des zweiten Burenkrieges.

war, mit einem Körperteil über den Rand der Stellung zu kommen, denn damit zogen sie sofort das Feuer der burischen Scharfschützen auf sich. Ausserdem war ihnen schon sehr bald klar, dass die Zeit um den Sonnenaufgang besonders gefährlich war, denn während der Nacht hatten die burischen Scharfschützen für sie günstige Stellungen bezogen. Dabei sorgten sie meist dafür, dass sie die glühende afrikanische Sonne im Rücken hatten. Dann eröffneten sie das Feuer auf jeden unachtsamen britischen Soldaten, der ihnen in die Schusslinie geriet. Danach schlichen sie sich in die eigenen Linien zurück. Auch in der Abenddämmerung mussten sich die Briten vorsehen. So konnte schon das Licht einer Laterne oder der Schein der Abendsonne einen Soldaten als Ziel beleuchten. Die Buren schossen auf alles, was sich bewegte, solange es sich in der Reichweite ihrer Waffen befand, und mit ihren modernen Waffen konnten sie auch noch auf 540 Meter oder mehr ein manngrosses Ziel treffen.

Nach der Eröffnungsphase des Krieges mit Belagerungen und örtlich begrenzten Gefechten wandten die Buren Guerilla-Taktiken an. Dazu bildeten sie kleine «Kommandos», die aus berittener Infanterie bestand, die sehr gut zu kämpfen verstand. Sie konnten sich über zwei Jahre lang halten, selbst als sie einer deutlichen Übermacht aus Truppen aus dem gesamten Commonwealth gegenüberstanden. Jedes Kommando operierte in einem abgegrenzten Bereich, in dem es sich sehr gut auskannte. Dabei erhielten die Buren von der örtlichen Bevölkerung Verpflegung und Unterstützung. Sie nutzten jede Gelegenheit, um die Briten zu schlagen, aber sie vermieden nach Möglichkeit die offene Konfrontation. Oft genug griffen sie Nachschubkolonnen über grössere Entfernung hin mit Gewehrfeuer an und hielten sie damit auf. Wenn sie aber selbst unter Feuer kamen, zogen sie sich sofort zurück. Diese Strategie des «Zuschlagens und Zurückziehens» forderte von den Briten einen hohen Blutzoll und untergrub ausserdem deren Moral. Allmählich gewöhnten sich die Briten aber an die Umstände, in denen sie sich befanden.

Die aus Australien, Kanada und Neuseeland kommenden Commonwealth-Soldaten sowie loyal zu Grossbritannien stehende Südafrikaner hatten von Anfang an mehr Respekt vor den Buren. In manchen Fällen kämpften sie sogar auf die gleiche Weise. Viele Commonwealth-Soldaten kamen direkt aus den unwirtlichen Gebieten aus ihren Heimatländern. Genau wie die Buren waren auch sie schon als kleine Jungen auf die Jagd gegangen, und natürlich konnten sie mit Gewehren und Pferden umgehen. Einige von ihnen

Unten links: Entschlossen dreinblickende junge Buren (ca. 1899-1902) mit ihren neuen Mauser-Gewehren Modell 1895 im Kaliber 8 mm.

Unten: Major Frederick Russell Burnham war ein berühmter amerikanischer Abenteurer, der die britischen Kundschafter-Einheiten kommandierte.

Gefallene britische Soldaten in ihren flachen Schützenmulden am Spion Kop.

Drei burische Scharfschützen auf einer erhöht liegenden Stellung am Spion Kop. Von diesem Punkt aus konnte man einen grossen Geländeabschnitt im Gebiet des Flusses Tugela beherrschen. (AWM.P02578-008)

Ein typisches Mauser-Gewehr aus dem Burenkrieg. Diese aus dem Jahre 1896 stammende Waffe gehörte F.W. Conradie, dessen Name an der Seite des Kolbens steht. Das war bei den Buren eine weitverbreitete Praxis (entweder durch Einbrennen oder durch grobes Schnitzen), damit jeder Mann sofort sein eigenes Gewehr wiedererkennen konnte. Der hier genannte Bure kämpfte bei den Kommandos von General Botha aus dem Oranje-Freistaat. (Canadian War Museum 19980093-010)

Der Todesacker am Spion Kop

Am 24. Januar 1900 traf eine britische Streitmacht von 20'000 Mann unter dem Kommando von General Sir Redvers Buller auf eine 8'000 Mann starke Burenarmee unter dem Befehl von General Botha. Die Briten wollten eine durch die Buren durchgeführte Belagerung von Ladysmith am Fluss Tugely im nördlichen Natal in Südafrika aufbrechen. Während dieses Feldzuges besetzte eine britische Kampfgruppe unter dem Kommando von Generalleutnant Warren den Berg Spion Kop, um den Vormarsch auf Ladysmith zu decken. Der Berg wurde in der Nacht ohne grossen Widerstand genommen, dann gruben die Pioniere (Royal Engineers) Schützengräben im Gelände. Am Morgen mussten die Briten aber erkennen, dass sie nur einen kleinen Teil des Gipfels besetzt hatten, und auch dieser Geländeabschnitt konnte von einer etwas höher liegenden burischen Stellung übersehen werden, die nun von burischen Schützen besetzt wurde. Es handelte es sich bei den «Schützengräben» um kaum mehr als flache Mulden. Es begann die Beschiessung durch die burische Artillerie und die am Gipfel und auf anderen nahegelegenen Hügeln in Stellung gegangenen Gewehrschützen schossen auf die Briten in ihren Schützenmulden. Bei den auf relativ kleinem Raum zusammenliegenden Briten begannen sich unter dem schweren Artilleriebeschuss und dem präzisen Gewehrfeuer die Ausfälle zu häufen. Zu den Opfern gehörten auch General Edward Woodgate und viele Stabsoffiziere. Die Buren waren darauf spezialisiert, sofort auf jeden zu schiessen, der damit begann, Befehle zu geben. General Warren sandte Verstärkung auf den Berg, aber das machte die Situation schlimmer, da es in den britischen Stellungen noch enger zuging. Auch bei den Buren gab es Ausfälle, denn jetzt begannen britische Freiwillige, sich auf den Berggipfel vorzuarbeiten. Immer mehr britische Soldaten wurden in die Schlacht geworfen, immer mehr fielen der Artillerie und den Gewehrschützen zum Opfer. Den 3rd King's Rifles gelang es, die Buren von dem nahegelegenen Doppelgipfel Twin Peaks zu vertreiben, woraufhin sich die Buren vom Spion Kop zurückzogen. Mittlerweile war es Nacht geworden, und einige britische Verteidiger hatten den ganzen Tag unter der sengenden Sonne gekämpft. Da er nicht wusste, dass die Schlacht gewonnen war, verliess der nach vielen Ausfällen übriggebliebene britische Kommandeur Oberstleutnant Thorneycroft mit seinen erschöpften Leuten den Berg. Am nächsten Morgen hatten die Buren den Spion Kop wieder besetzt, während die britische Armee ihr Feldlager aufgegeben hatte, um Ladysmith zu entsetzen. Am Ende dieser verheerenden Schlacht mussten die Briten 1'500 Ausfälle beklagen, darunter 243 Gefallene. Zwar waren einige britische Soldaten durch Artilleriefeuer gefallen, aber der grösste Teil der Gefallenen und Verwundeten war den burischen Präzisionsschützen mit ihren Mauser-Gewehren zum Opfer gefallen. Allerdings hatten auch die Lee-Enfield-Gewehre die Verteidiger nicht im Stich gelassen, denn 68 Buren waren gefallen und weitere 277 verwundet.

Spanisch-amerikanischer Krieg (April – August 1898)

In diesem kurzen Konflikt wurden zwei Repetiergewehre gegeneinander eingesetzt, die später auch im Burenkrieg verwendet wurden. Es waren das in Norwegen entwickelte Krag-Jörgensen (das erste bei den amerikanischen Streitkräften eingeführte Repetiergewehr mit Zylinderverschluss) und das Mauser-Modell 1893, das oft auch als das «spanische Mauser» bezeichnet wird, weil es in Spanien und einer Reihe von südamerikanischen Staaten eingesetzt wurde.

Das Mauser-Gewehr hatte ein fest in den Schaft eingebautes Kastenmagazin für fünf Patronen im Kaliber 7 x 57 mm, die mit rauchlosem Pulver geladen waren und sich auf einem Ladestreifen zu fünf Patronen befanden. Die meisten regulären amerikanischen Einheiten führten bereits das neue Gewehr Krag-Jörgensen. Diese Waffe hatte ein fest an der Seite angebrachtes Kastenmagazin, das einen Deckel besass. Die Patronen im Kaliber .30-40 waren mit rauchlosem Pulver geladen und wurden nach dem Aufklappen des Deckels in das Magazin gelegt. Einige amerikanische Einheiten führten auch noch das alte einschüssige Springfield-Gewehr «trap door». Dessen Konstruktion basierte noch auf dem alten Springfield-Vorderlader, aus der Waffe wurde eine mit Schwarzpulver geladene Patrone verschossen.

Während des Krieges in Kuba war es einigen hundert spanischen Gewehrschützen gelungen, den Vormarsch von ungefähr 15'000 amerikanischen Soldaten aufzuhalten. Dazu gaben sie präzise gezielte Schüsse mit ihren Mauser-Gewehren aus Bäumen und Dickicht ab. Aufgrund der von ihnen verschossenen rauchlosen Munition war es sehr schwierig, ihre Stellungen in der dichten Vegetation auszumachen und sie dort zu bekämpfen. Als die Amerikaner während der berühmten Schlacht von San Juan Hill einen Frontalangriff unternahmen, standen ungefähr 800 spanische Infanteristen in Schützengräben einer kombinierten Streitkraft von 15'000 amerikanischen Soldaten und 4'000 kubanischen Rebellen gegenüber. Die Amerikaner mussten 124 Tote und über 800 Verwundete beklagen, während es bei den Spaniern 58 Tote und 170 Verwundete waren. Das war der erste Vorgeschmack auf kommende Gefechte, in denen beide Seiten mit modernen Repetierern bewaffnet waren.

Amerikanische Truppen feuern während des spanisch-amerikanischen Krieges auf den Philippinen am 1. Januar 1899 aus ihrer Verteidigungsstellung mit ihren Repetiergewehren Krag-Jörgensen. (NA)

konnten auch sehr gut Spuren lesen und erkannten auch kleine Anzeichen, die auf Bewegungen des Feindes hinwiesen. Aus diesen Gründen wurden berittene Infanteristen aus dem Commonwealth oft als Kundschafter und Pfadfinder eingesetzt, sie mussten vor allen Dingen die burischen Kommandos beobachten. Daneben gab es noch andere Spezialeinheiten wie zum Beispiel die Lord Lovat's Scouts, die unter dem Kommando des berühmten amerikanischen Abenteurers Major Frederick Russell Burnham standen, der gleichzeitig der Oberbefehlshaber aller Scouts-Einheiten bei der britischen Armee war.

Lovat's Scouts wurden ursprünglich aus schottischen Hochländern rekrutiert. Viele davon waren Wildhüter, Jagdgehilfen oder sogar Wilderer. Vor allen Dingen konnten sie aber alle gut schiessen, und sie konnten sich gut im Gelände verbergen. Später wurde von ihnen der berühmte Tarnanzug «ghillie suit» entwickelt, bei dem es sich um die militärische Ausführung des von den Wildhütern auf der Pirsch getragenen Tarnumhangs handelt.
Mit Hilfe von Teleskopen und Signalausrüstung (Signalspiegel und Semaphore, damals beides neu eingeführte Ausrüstungsteile) konnten die Kundschafter

Repetiergewehre Lee-Enfield, 1888 bis 1957

Das Gewehr «Magazine Rifle Mark I» oder «Lee-Metford» war ein Repetiergewehr mit Zylinderverschluss und einem Kastenmagazin, dessen Name vom Konstrukteur des Systems James Paris Lee und dem Konstrukteur des Laufes William E. Metford stammte. Die Waffe war ursprünglich für den Verschuss von Schwarzpulverpatronen konstruiert und wurde 1888 bei der britischen Armee eingeführt. Aber die flachen Felder des Laufes waren nicht gut für die 1895 eingeführte neue rauchlose Metallpatrone im Kaliber .303 (7,7 mm) geeignet. Deswegen wurde ein von der Waffenfabrik Royal Small Arms Factory in Enfield entwickelter neuer Lauf mit der dazugehörigen Visierung eingeführt, dann wurde die Waffe das Lee-Enfield genannt.
Beim Einsatz gegen die Buren im zweiten Burenkrieg in Südafrika zeigte sich sehr bald, dass die von den Buren verwendeten Mauser-Gewehre den Lee-Enfield-Gewehren überlegen waren. Das galt besonders in Bezug auf Präzision und Ladegeschwindigkeit. Diese Probleme wurden 1902 mit der Einführung des SMLE (Short Magazine Lee-Einfield Rifle Mark I, bei der britischen Truppe fast immer das «Smelly» genannt) behoben. Die Waffe hatte ein herausnehmbares Magazin, das aber meist in der Waffe blieb und dort mit zwei Ladestreifen von jeweils fünf Schuss geladen wurde. Die Visierung war nochmals verbessert worden, und das Gewehr war mit 1'130 mm Länge sehr handlich. Daher wurde es eben auch das kurze Lee-Enfield genannt. Es wurde sowohl an alle Infanterieeinheiten, aber auch an die Kavallerie und an die Artillerie ausgegeben. Bis zum Zweiten Weltkrieg war die Waffe zur Version Mark III* weiterentwickelt worden, es hatte eine ganze Reihe von kleinen Änderungen und Verbesserungen gegeben. Das SMLE erwies sich als sehr robuste und zuverlässige Waffe. Der Verschluss war kurz und lief sehr leicht, für die Betätigung des Verschlusses mitsamt dem Ausziehen und Auswerfen der Patrone war nur wenig Kraftaufwand erforderlich. Der Grund dafür war, dass der Verschluss der Waffe beim Schliessen gespannt wurde. Bei vielen anderen Dienstgewehren einschliesslich des Mauser-Gewehres wurde der Verschluss beim Öffnen gespannt. Mit dem normalen Lee-Enfield konnte ein gut ausgebildeter Soldat ohne weiteres zwischen 10 und 15 gezielte Schüsse pro Minute abgeben. Die Scharfschützenvariante dieses Gewehres wird später beschrieben. Als die Briten 1939 in den Zweiten Weltkrieg eintraten, war das SMLE zu einem grossen Teil schon von seinem Nachfolgemodell No. 4 Mk I abgelöst worden. Diese Variante hatte einen schwereren Lauf und viele andere kleine Verbesserungen. Unter anderem hatte sie ein Dioptervisier auf einem verstärkt ausgeführten Verschluss, und sie war leichter in Serie zu fertigen. Dieses Modell wurde in allen Commonwealth-Ländern eingeführt und bewährte sich während des gesamten Zweiten Weltkrieges und während des Koreakrieges. Es wurde erst ab 1957 durch den Halbautomaten FN FAL (SLR) abgelöst, allerdings blieb die Scharfschützenvariante im Kaliber 7,62 x 51 mm NATO noch erheblich länger im Dienst.

Nahansicht des Verschlusses eines SMLE.

Das Repetiergewehr SMLE (Short Magazine Lee-Enfield) Mk III.*

Unten links: Zu Anfang des Zweiten Weltkrieges wurden die Schlachten noch auf dem offenen Feld ausgetragen. Hier wird anlässlich des 90. Jahrestages der britische Einsatz bei der Schlacht von Le Cateau nachgestellt, damals konnte hier der deutsche Vormarsch gestoppt werden. Mit ihren Repetiergewehren SMLE schossen die Soldaten den damaligen Berichten zufolge schnell und tödlich.
(Steve Neville/Gareth Sprack)

Unten rechts: Britische Soldaten wurden im Schiessen in der liegenden, knienden und stehenden Stellung ausgebildet.
(Steve Neville/Gareth Sprack)

von Lovat viele dringend benötigte Aufklärungsergebnisse über feindliche Bewegungen weiterleiten. Die Beobachtung wurde zu einem Schlüsselelement beim Einsatz des modernen Scharfschützen, und aus den Lovat's Scouts entstand schliesslich eine Scharfschützeneinheit in Verbindung mit Beobachtern. Diese Doppelrolle spielten sie bis zum Ende des Zweiten Weltkrieges. Diesmal war klar, dass die Briten den zweiten Burenkrieg gewinnen würden, da sie eine überwältigende Übermacht aufboten. Insgesamt wurden 250'000 Mann gegen die Buren in Marsch gesetzt. Ausserdem verfügten sie diesmal über ausreichend Bereitschaftsmunition, und sie wandten einige recht harsche Strategien an, unter anderem Abnutzungskämpfe und die ersten Konzentrationslager. Allerdings mussten sie lernen, dass selbst grosse Armeen unabhängig von ihrem Ausbildungsstand und ihrer Ausrüstung von einer kleinen Gruppe von entschlossenen Männern aufgehalten werden konnten, die beweglich waren und ihr Gelände sehr gut kannten.
Durch den Burenkrieg kam es bei der britischen Armee zu einer überaus gründlichen Reform, unter anderem wurde auch die Schützenausbildung verbessert. Es gab jetzt sogar zivile Förderprogramme, in deren Rahmen die Angehörigen der Arbeiterklasse das Gewehrschiessen lernen sollten. Vorher war das weitgehend ein Zeitvertreib der Mittelklasse gewesen. Selbst die Pfadfinderbewegung unter der Führung von Lord Baden-Powell, der in Südafrika viele Erfahrungen gemacht hatte, ermutigte junge Burschen, die Grundlagen des Lebens im Feld zu erlernen. Bei der Armee erkannte man langsam, wie wertvoll und wichtig die von den Buren angewandte Taktik des Feuerns aus der Bewegung heraus war.

Leider trieb die Welt mittlerweile in einen grossen Konflikt, in dem Bewegung keine Rolle spielte. Stattdessen gab es einen lang dauernden Stellungskrieg zwischen Männern, die in Schützengraben verschanzt waren, knietief im Schlamm standen und jedes Mal ihr Leben riskierten, wenn sie über die Sandsäcke ihrer Stellung hinweg schauten.

Erster Weltkrieg – Scharfschützen in den Schützengräben

Im Jahre 1914 marschierten die Truppen des Deutschen Kaiserreiches in Frankreich und in den Niederlanden ein. Nach einem raschen Vormarsch wurden sie von den Franzosen und ihren britischen Verbündeten aufgehalten. Dann erstarrte der Konflikt zu einem Schützengrabenkrieg. Beide Seiten gruben sich ein, und die endlosen Schützengrabenlinien mit ihren Sandsackbarrikaden und Erdwällen wurden nur durch einen öden Landstrich getrennt, der von Granattrichtern übersät war und den man deswegen Niemandsland nannte. Trotz der verbesserten Leistungsfähigkeit und Reichweite der modernen Gewehre wurde kaum jemals auf Ziele geschossen, die mehr als 360 m entfernt waren.
Zu dieser Zeit gehörte der Begriff des Scharfschützen schon zum normalen Sprachgebrauch beim britischen Militär. Er stammte aus dem Burenkrieg, der vor mehr als einem Dutzend Jahren zu Ende gegangen war. Aber erst im Zweiten Weltkrieg kamen alle Elemente zusammen, die den modernen Scharfschützen ausmachen: präzise Weitschussgewehre, optische Zielhilfen, Zwei-Mann-Gruppen (einer beobachtet, einer schiesst), Tarnung und alle weiteren im Feld erforderlichen Fertigkeiten, Beobachten und Erkunden. Alle

Das Infanteriegewehr Mauser Modell 1898, 1898-1945

Die deutsche Gewehrfabrik der Gebrüder Mauser in Oberndorf am Neckar hatte eine ganze Reihe von Militärgewehren entwickelt und gefertigt. Das erfolgreichste davon war ohne Zweifel das Modell 98. Dieses Repetiergewehr mit Zylinderverschluss entstand aus dem Modell 1893, aus dem dann das Modell 1895 und schliesslich das Modell 1896 entwickelt wurde. Es hatte ein fest eingebautes Magazin für fünf Patronen, das mit einem Ladestreifen geladen werden konnte. Der Verschluss hatte drei Verriegelungswarzen und war überaus kräftig und sicher. Das Gewehr erwies sich als äusserst präzise schiessende Waffe, und bis heute gilt das Mauser-Gewehr als eine der besten Gewehrkonstruktionen mit Zylinderverschluss.

Das 1898 als Gewehr 98 eingeführte Infanteriegewehr ersetzte bis 1912 alle anderen Gewehrtypen bei der deutschen Armee. Es verschoss eine Patrone im Kaliber 7,92 x 57 mm mit einem Spitzgeschoss. Aufgrund seiner ausgezeichneten ballistischen Eigenschaften war dieses Geschoss sehr präzise. Das Gewehr 98 war während des gesamten Ersten Weltkriegs die Hauptwaffe der deutschen Streitkräfte. Die kürzere Version hiess Karabiner 98, und auch diese Waffe wurde im Krieg eingesetzt. Im Jahr 1935 wurde der Karabiner als Einheitsgewehr der deutschen Wehrmacht eingeführt, die korrekte Bezeichnung für diese Waffe lautete K98k. Wenn das Gewehr mit der normalen offenen Visierung geschossen wurde, hatte es eine Reichweite von ungefähr 700 m, mit einer optischen Zielhilfe konnte man allerdings noch erheblich weiter schiessen, hier lag die Grenze bei ungefähr 1'000 m. Das Gewehr 98 wurde in beiden Weltkriegen von den deutschen Scharfschützen verwendet. Meist war es dabei mit einem Zielfernrohr versehen.

Deutsche Scharfschützen beobachten die Bewegungen von alliierten Truppen hinter einer eilig errichteten Brüstung. Sie sind ohne Zweifel mit dem Mauser-Gewehr 98 bewaffnet, das von allen deutschen Truppen im Ersten Weltkrieg geführt wurde. (NA)

Bei diesem gefallenen deutschen Soldaten handelte es sich angeblich um einen Scharfschützen. Allerdings ist sein Mauser-Gewehr nicht mit einem Zielfernrohr versehen. (LoC)

Scharfschützengewehr Mauser Modell G 98, in dieser Form wurde die Waffe an der Westfront eingesetzt. Das Gewehr ist mit einem Zielfernrohr der Firma C.P. Görtz aus Berlin mit vierfacher Vergrösserung versehen. Das ZF hat die Seriennummer 99 (und 18869 an der Unterseite), das Okular ist mit einer Lederkappe abgedeckt. (AWM.RELAWM03709)

Die deutschen Soldaten hatten schon zu Beginn des Krieges eine ganze Reihe von Zielfernrohrgewehren. Das hier gezeigte Zielfernrohr stammt von der Firma Voigtländer und hat eine vierfache Vergrösserung. (John Pearce/Inf. Regt. von Goeben (2. Rhein) Nr. 28 1900-1919)

diese Fertigkeiten hatte es zwar bisher schon für sich allein gegeben, ganz sicher schon während des amerikanischen Bürgerkrieges, aber bisher gab es keine inoffizielle oder offizielle Ausbildung, in der alle diese Qualitäten für den speziellen Einsatz des Scharfschützen vermittelt wurden. Zu Beginn des 20. Jahrhunderts waren Deutschland und Österreich die führenden Nationen auf dem Gebiet der optischen Technologie. Dort wurden die besten Zielfernrohre der Welt gefertigt, und das ist ohne Zweifel bis heute so geblieben. Viele dieser Zielfernrohre wurden anfänglich für die Jagd konzipiert, aber es dürfte nicht sonderlich überraschend sein, dass sie auch bald für den Militäreinsatz verwendet wurden. Das galt besonders für Gewehre von Mauser und der österreichischen Firma Steyr Mannlicher, denn diese Waffen wurden in gros-

Beachten Sie, dass der Pickel von der Pickelhaube des Schützen abgeschraubt wurde und dass der Helm einen feldgrauen Schutzbezug bekommen hat, damit er nicht die Aufmerksamkeit der gegnerischen Scharfschützen auf sich zieht. (John Pearce/Inf. Regt. von Goeben (2. Rhein) Nr. 28 1900-1919)

Unten links: Nicht alle Scharfschützen hatten Zielfernrohrgewehre, das galt sowohl für die deutschen als auch für die britischen und französischen Truppen.

Unten rechts: Dieser Angehörige einer Darstellungsgruppe stellt einen deutschen Unteroffizier als Scharfschützen nach. (John Pearce/Inf.Regt. von Goeben (2. Rhein) Nr. 28 1900-1919)

sem Umfang von den Jägern und den Armeen von Deutschland und dem österreichisch-ungarischen Kaiserreich verwendet. So waren denn auch die ersten Zielfernrohrwaffen, die an die Front gesandt und von den deutschen Scharfschützen verwendet wurden, zivile Jagdgewehre. Ausserdem dreht sich in der deutschen Kultur sehr viel um die Jagd rund um das sportliche Schiessen und Schützenvereine. Das gipfelt in den jährlichen Schützenfesten, die fast überall in Deutschland gefeiert werden. Viele junge Männer waren schon sehr geübte Schützen, wenn sie zum Militär eingezogen wurden, und es gab eine noch viel grössere Reserve an älteren, sehr erfahrenen Schützen, von denen die meisten auch bereits ihren Militärdienst absolviert hatten und die ihr Wissen bereitwillig an die Jüngeren weitergaben. Jedes Regiment erhielt eine

Spitzgeschosse und Dum-Dum-Geschosse

Mit der Einführung des rauchlosen Pulvers wurden Militärpatronen allmählich kleiner, leichter und erreichten eine höhere Geschossgeschwindigkeit. Allerdings verursachten sie nicht mehr die gleichen schweren Verwundungen wie die grossen, schweren und langsamen Geschosse, die sie ersetzen sollten. Deswegen begann man mit Experimenten, um die tödliche Wirkung von Gewehrgeschossen zu erhöhen. Die Briten hatten Munitionssorten entwickelt – sowohl mit Weichspitzgeschossen als auch mit Hohlspitzgeschossen –, die sich beim Auftreffen ausdehnten oder zerlegten. Dadurch verursachten sie im Körperinneren schwere Verwundungen und erhöhten so die tödliche Wirkung. Die bemerkenswerteste Patronensorte dieser Art war ein Mantelgeschoss mit einer freiliegenden Geschossspitze, das im Arsenal von Dumdum in Indien entwickelt worden war. Deswegen wird bis heute jedes Expansionsgeschoss (besonders wenn es vom Militär oder von Kriminellen verwendet wird) umgangssprachlich als «Dum-Dum-Geschoss» bezeichnet. Bestimmte andere Nationen standen dieser Neuentwicklung sehr kritisch gegenüber, und deswegen wurde in Den Haag im Jahre 1899, als dort die zukünftigen Regeln für einen zivilisierten Krieg festgelegt wurden (die Haager Konvention), der militärische Gebrauch von Expansionsgeschossen verboten. Im Jahre 1905 führten die deutschen Streitkräfte eine neue Patrone mit einem Spitzgeschoss als normale Gewehrmunition ein. Die deutsche Patrone im Kaliber 8 mm verschoss ein leichtes Spitzgeschoss mit einem Geschossgewicht von 154 Grains mit einer Anfangsgeschwindigkeit (V_0) von beinahe 910 Metern pro Sekunde. Das war damals ein überaus erstaunlicher Wert. In das neue Spitzgeschoss waren eine ganze Reihe von technischen Entwicklungen eingeflossen, die man gegen Ende des 19. Jahrhunderts gemacht hatte. Es war ein Vollmantelgeschoss, bei dem ein Mantel aus hartem Kupfer den Bleikern umschloss. Das Geschoss hatte eine lange, schlanke Form mit einem konischen Heckteil. Diese Geschossart war für hohe Geschwindigkeiten viel besser geeignet als Vollbleigeschosse, zumal es den hohen Gastemperaturen besser widerstand. Aufgrund seiner Form und seines Gewichts hatte es weitaus bessere aerodynamische Eigenschaften, und deswegen konnten Reichweite und Präzision verbessert werden. Die spitze Form des Geschosses sorgte aber auch dafür, dass es beim Aufprall unstabil wurde, und deswegen konnte es schwere Gewebeverletzungen verursachen. Darum wurde es damals manchmal auch als «latentes Dum-Dum-Geschoss» bezeichnet. Innerhalb weniger Jahre übernahmen viele andere Nationen aufgrund der deutlichen Vorteile diesen Geschosstyp, unter anderem die USA und Russland. Die Briten experimentierten derweil weiter mit ihrer eigenen Randpatrone im Kaliber .303 (7,7 mm), aber jetzt hielten sie sich an die Regeln der Haager Landkriegsordnung. Im Jahre 1910 führten sie schliesslich die Patrone Mark VII ein, die ein 174 Grains schweres Geschoss hatte. Diese neue Munition kam rechtzeitig zum Ersten Weltkrieg. Die neue Patrone hatte ein Geschoss mit einem Bleikern und einer Aluminiumsspitze und war vollständig mit Kupfer ummantelt. Genau wie das deutsche Spitzgeschoss hatte auch das britische Geschoss deutlich verbesserte aerodynamische Eigenschaften, die Anfangsgeschwindigkeit lag bei 740 Meter pro Sekunde. Aber auch hier sorgte die Verteilung des Gewichtes innerhalb des ummantelten Geschosses dafür, dass das Geschoss beim Aufprall auf Gewebe zu taumeln anfing.

Bis zum Ausbruch des Ersten Weltkriegs hatten die Armeen aller grossen Mächte Munition mit Spitzgeschossen im Einsatz. Die hier gezeigten drei Patronen stammen aus dem Zweiten Weltkrieg: (von links nach rechts) russische Randpatrone 7,62 x 54R; deutsche randlose Patrone 7,92 x 57 mm; britische Randpatrone .303.

Ganz unten: Ein aus zwei Mann bestehendes Scharfschützenteam. Der Beobachter sucht mit seinem Doppelfernglas nach Zielen.
(John Pearce/Inf.Regt. von Goeben (2. Rhein) Nr. 28 1900-1919)

Eine deutsche Jägerabteilung im Juli 1917. In der Anfangsphase des Krieges dienten die Jäger noch in ihrer Spezialrolle als Kundschafter und Scharfschützen. Als aber der Krieg in den Schützengräben steckenblieb, wurden sie den normalen Infanterieeinheiten zugeordnet. Diese Gruppe von Jägern ist ganz offensichtlich als Sturmtruppe ausgerüstet. (Military & Historical Image Bank)

Wenn die Sonne direkt in einen Bunker hineinscheint, kann man den Scharfschützen sehr gut sehen und direkt bekämpfen. (John Pearce/Inf.Regt. von Goeben (2. Rhein) Nr. 28 1900-1919)

Im Zwielicht oder im Schatten ist der Scharfschütze in seinem Bunker viel besser getarnt, man kann ihn jetzt kaum noch sehen. (John Pearce/Inf. Regt. von Goeben (2. Rhein) Nr. 28 1900-1919)

Die deutschen Schützengräben waren nicht so starr und regelmässig angelegt wie diejenigen der alliierten Truppen. Deswegen konnten die deutschen Scharfschützen die unregelmässigen Formen der Grabenränder und Brüstungen gut als Deckung nutzen. (John Pearce/Inf.Regt. von Goeben (2. Rhein) Nr. 28 1900-1919)

Anzahl von Scharfschützengewehren, und diese Waffen wurden an jeweils sechs Mann in jeder Kompanie ausgegeben. Jedes Bataillon hatte zusätzlich einen Scharfschützenzug, der aus zwei Dutzend Männern bestand. Wenn sie keine Sonderaufgaben zu erfüllen hatten, wurden diese Spezialisten so eingesetzt, dass sie innerhalb des Operationsbereiches ihres Bataillons unabhängig operierten. Sie suchten sich die besten Stellungen aus, von denen aus sie feindliche Ziele bekämpfen konnten.

Die bei der deutschen Armee verwendeten Scharfschützengewehre waren normale Infanteriegewehre Mauser Modell 1898 aus der laufenden Fertigung, die aber aufgrund ihrer besonders guten Präzision nach dem Probeschiessen ausgesucht wurden. Die Gewehre hatten einen abgebogenen Kammerstängel, damit man beim Repetiergewehr nicht mit dem Zielfernrohr in Kontakt kam. Verschossen wurde die normale Militärpatrone 7,92 x 57 mm, allerdings gab es nach 1915 auch eine höherwertige Scheibenpatrone mit der Bezeichnung «SmK».

Die Zielfernrohre stammten von verschiedenen Herstellern, sie wiesen meist eine recht geringe Vergrösserung (zwischen dreifach und vierfach) auf, aber sie waren von hervorragender Qualität und für den vorgesehenen Zweck sehr gut geeignet. In den Schützengräben wurde selten auf Entfernungen von über 540 m geschossen, meist waren die Entfernungen deutlich geringer. Besonders wichtig war aber, dass die mit den Zielfernrohrgewehren eingesetzten Soldaten wussten, wie man mit einer solchen Waffe umgeht. Zumindest gab es unter ihren Kameraden jemand, der ihnen das beibringen konnte. Bei den gegnerischen französischen und britischen Truppen war das nicht der Fall.

Wir wissen heute nicht mehr, wie viele Zielfernrohrgewehre von den Deutschen an der Westfront eingesetzt wurden. Man kann aber davon ausgehen, dass es 20'000 oder mehr waren. Unabhängig von den eingesetzten Stückzahlen hatten die deutschen Scharfschützen mit ihren Zielfernrohrgewehren eine schreckliche Wirkung bei den ihnen in den Schützengräben gegenüberliegenden alliierten Soldaten. Es gibt eine Vielzahl von Berichten, Briefen und Memoiren von britischen Soldaten, in denen von Opfern von Scharfschützen berichtet wird. Fast alle von ihnen starben durch einen Kopfschuss. Der Grund dafür ist einfach: Wenn man aus einem Schützengraben herausschaut, ist logischerweise zuerst der Kopf zu sehen. Dieser kurze Moment kann aber schon zu lang gewesen sein, ein klein wenig Unachtsamkeit genügte schon, um einem feind-

Ein britischer Korporal erklärt seinen Kameraden sein Scharfschützengewehr Lee-Enfield. (Cody)

Zu Anfang des Krieges hatten nur sehr wenige britische Scharfschützen ein Zielfernrohrgewehr. (Steve Neville/Gareth Sprack)

Ein italienischer Scharfschütze hinter einem beweglichen Schutzschild aus Panzerstahl.

Ein kanadischer Soldat untersucht einen erbeuteten deutschen Scharfschützenbunker (Frankreich, ca. 1917), der aus 76 mm starkem Kruppstahl gefertigt war. Dieser Bunker war zwar beweglich, aber das dürfte nicht einfach gewesen sein!

Dieser deutsche Maschinengewehrschütze trägt einen Sappenpanzer und einen Stirnpanzer am Stahlhelm als zusätzliche Schutzausrüstung.
(John Pearce/Inf.Regt. von Goeben (2. Rhein) Nr. 28 1900-1919)

Scharfschützen und Körperpanzer im 20. Jahrhundert

Während des Ersten Weltkriegs und in geringerem Umfang auch im Zweiten Weltkrieg wurden einige militärische Experimente mit Panzerplatten zum persönlichen Schutz durchgeführt. Meistens handelte es sich hier um eine Art von Küräss nach Art der mittelalterlichen Brustpanzer. Allerdings waren diese neuen Panzer viel schwerer und aus zäherem Stahl. Meist sah man diese Form der Panzerung bei Maschinengewehrschützen, allerdings wird auch berichtet, dass Scharfschützen sie verwendet haben. Es ist aber zu bezweifeln, ob ein Scharfschütze wirklich Vorteile davon hatte, wenn er einen solchen Panzer trug. Der Körper des Scharfschützen wurde normal durch seine Stellung gedeckt. Ausserdem schoss er aus der liegenden Stellung, dann waren nur sein Kopf und seine Schultern frei. Nicht zu unterschätzen war auch die Behinderung, die ein Scharfschütze durch das Tragen einer Panzerung gehabt hätte. Die Deutschen experimentierten auch mit einer 13 mm starken Gesichtsmaske aus Stahl, die so geformt war, dass sie Gesicht und Hals bedeckte. Unten rechts hatte sie einen Ausschnitt, damit man das Gewehr in Anschlag bringen konnte. Diese Maske hatte zwei schmale Schlitze für die Augen. Sie sah nicht nur unpraktisch aus, sondern sie war es auch in höchstem Masse. Ausserdem können moderne Hochgeschwindigkeitsgeschosse ohne weiteres leichte Körperpanzer durchschlagen (siehe die Abbildung von Brustpanzern in diesem Abschnitt, die mit Maschinengewehren beschossen wurden). Für Scharfschützen und Beobachter wurden auch gepanzerte Stellungen eingerichtet. In den meisten Fällen waren das sehr schwere feste Stellungen, die manchmal die Form einer Litfasssäule hatten. Sie waren üblicherweise gross genug für zwei Mann und bestanden aus Gusseisen, das über 75 mm stark war. Vorn hatten sie einen Sehschlitz, durch den man beobachten konnte.

In den Schützengräben wurde oft eine einfache Panzerplatte mit einem Sehschlitz und einer kleinen Schiessscharte verwendet. Von vorn wurde diese Panzerplatte mit Sandsäcken abgedeckt. Die Deutschen gaben sich mit der Tarnung dieser Panzerplatten sehr viel Mühe, manchmal malten sie den Stahl sogar in derselben Farbe wie die Sandsäcke an. Dafür gab es viele gute Gründe, denn beide Seiten beobachteten die Schützengräben der anderen Seite sehr genau. Jede geringfügige Änderung im Aussehen, jeder geänderte Lichteinfall an Stellen, wo er eigentlich nicht sein sollte, und jeder andere Hinweis, dass irgendetwas sich geändert hatte, zog weitere Beobachtung und anschliessend Scharfschützenfeuer nach sich.

Das grösste Problem mit den Stahlplatten war die Tatsache, dass sie einen Sehschlitz und eine Schiessscharte haben mussten. Zwar konnte man ihre Öffnungen zeitweilig abdecken, aber wenn ein gegnerischer Scharfschütze mit seinem Zielfernrohrgewehr eine solche Stellung geortet hatte, beobachtete er sie einfach so lange, bis die Abdeckung geöffnet wurde und jemand durch diese Öffnung schaute. Unmittelbar darauf folgte ein gezielter Schuss, der das unglückliche Opfer dann meist zwischen den Augen traf. Viele Scharfschützen und Beobachter kamen ums Leben, als sie durch die kleinen Sehschlitze ihrer als sicher geltenden gepanzerten Stellung schauten.

In diesem Zusammenhang entwickelte der britische Scharfschützenexperte Major Hesketh-Pritchard eine einfache Massnahme zur Scharfschützenabwehr. Wenn man eine

Stellung mit solchen Panzerplatten und einem Beobachtungsschlitz eingerichtet hatte, dann öffnete man den Schlitz 17 Sekunden lang und hielt eine Mütze mit einem Metallabzeichen davor. Wenn der Feind jetzt nicht sofort schoss, dann konnte die Stellung als sicher gelten.

Nachdem es Hesketh-Pritchard gelungen war, einige von den Deutschen in den Schützengräben verwendete Panzerplatten zu erbeuten, führte er eine Reihe von Versuchen mit grosskalibrigen Jagdwaffen durch, mit denen sich diese Panzerplatten durchschiessen liessen.

Daraufhin beschaffte das britische Kriegsministerium eine Reihe von grosskalibrigen Jagdgewehren, und die erfüllten ihren Zweck. Ob sie allerdings in grösserem Umfang in den Schützengräben von Nordfrankreich eingesetzt wurden, ist zweifelhaft. Auf jeden Fall halfen sie den britischen Soldaten dabei, zu erkennen, dass auch die deutschen Scharfschützen trotz ihres Rufes der Unbesiegbarkeit verwundbar waren.

Bei den deutschen Truppen wurden auch Panzerplatten auf Rädern verwendet. Diese Vorrichtungen ähnelten den Schutzschilden der leichten Artillerie, aber sie waren mit einer Schiessscharte und einem Beobachtungsschlitz versehen. Vermutlich wurden diese fahrbaren Schutzschilde entwickelt, um damit durch Drahtverhaue zu fahren. Wir wissen heute nicht mehr, ob das wirklich funktioniert hat, aber es dürfte zweifelhaft gewesen sein. Ausserdem wäre eine solche fahrbare Stellung für einen Scharfschützen eher hinderlich gewesen, und obendrein wäre sie ein hervorragendes Ziel für die feindliche Artillerie gewesen. Obwohl Körperpanzer gegen moderne Waffen schon im Ersten Weltkrieg nicht besonders viel Schutz boten, wurden sie von der japanischen Armee auch im Zweiten Weltkrieg eingesetzt. Auch hier zeigte sich, dass sie ähnlich wirkungslos waren.

Links: Eine mobile Scharfschützenstellung. Die genietete Konstruktion aus hochwertigem Nickelstahl weist vier Beobachtungsschlitze und Schiessscharten auf, die mit beweglich angebrachten Klappen abgedeckt werden konnten. Die Stahlräder hatten einen Durchmesser von 60 cm. Diese mobile Deckung (Ein-Mann-Panzer) wurde von Scharfschützen an der Westfront auf beiden Seiten zum Überwinden von Stacheldrahtverhauen eingesetzt.

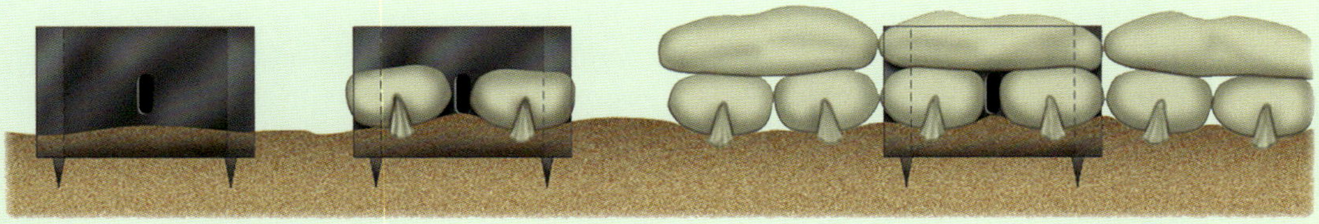

Mitte: Feste Scharfschützen- und Beobachtungsstellungen wurden normalerweise aus Sandsäcken und einer Panzerplatte gebaut, wobei die Platte mit Sandsäcken getarnt wurde. Auffällige Besonderheiten wie Sehschlitze oder Lücken in der Sandsackbarriere zogen nämlich sofort gegnerisches Scharfschützenfeuer auf sich.

Unten links: Ein deutscher Scharfschütze öffnet vorsichtig den Beobachtungsschlitz an einer Panzerplatte. (John Pearce/Inf.Regt. von Goeben (2. Rhein) Nr. 28 1900-1919)

Unten rechts: 1918 wurden im Fort de la Peigney in Langres/Frankreich Beschussversuche an Körperpanzern mit Pistolen, Gewehren und Maschinengewehren durchgeführt. Die Ergebnisse sind hier zu sehen.

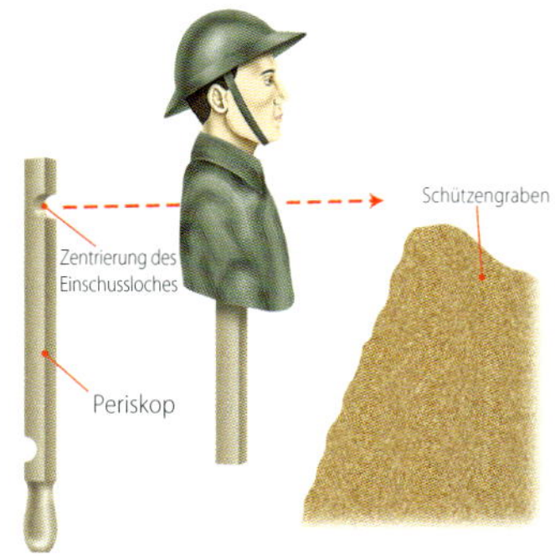

Manchmal wurden Kopfattrappen verwendet, um den gegnerischen Scharfschützen dazu zu verleiten, auf diesen Kopf zu schiessen. Die Richtung, aus der die Kugel kam, konnte dann ungefähr festgestellt werden, indem man mit einem Periskop durch die Einschusslöcher schaute (obere Abb.) oder einen Stab durch die Löcher führte (untere Abb.). Damit liess sich die Stellung des Schützen ermitteln, und man konnte Gegenmassnahmen einleiten.

Artikel über das Tarnwesen und den Einsatz von Kopfattrappen. Diese Köpfe wurden zur Ausbildung der britischen Scharfschützen und manchmal auch zur Täuschung des Gegners eingesetzt.

Secrets of the Camouflage Artists

lichen Scharfschützen zum Opfer zu fallen. Oftmals reichte es auch schon, wenn man aus Versehen in einen Bereich des Schützengrabens geriet, in dem die Deckung etwas heruntergezogen war. Ausserdem verursacht das von den Deutschen verwendete Spitzgeschoss (das gilt natürlich genauso für die Munition der Alliierten) beim Eintritt in den Körper nur ein sehr kleines Loch, aber dann wird das Geschoss unstabil und verursacht fürchterliche Verwundungen, in einem solchen Fall ist das Austrittsloch meist faustgross. Deswegen war ein Kopftreffer immer tödlich.

Diese Art des Scharfschützeneinsatzes wurde auf mehreren Ebenen durchgeführt. Zuerst einmal sollten beim Feind Ausfälle verursacht werden. Zweitens litt bei regelmässig und wirksam durchgeführten Scharfschützeneinsätzen auf jeden Fall die Moral des Feindes, wenn er ständig unter Feuer stand. Drittens konnte man dadurch den Feind daran hindern, seinen Dienst vollständig auszuführen und sich frei zu bewegen. Ganz sicher hat es viele Fälle gegeben, in denen die Scharfschützen vorbeigeschossen haben. Aber auch in diesen Fällen dürfte der unter Feuer genommene gegnerische Soldat den Schuss bemerkt haben und dürfte froh gewesen sein, dass er daneben gegangen war. Ein tödlicher Schuss dagegen, der ja immer zum Verlust eines Kameraden führte, dürfte sich in die Erinnerung der anderen Soldaten fest eingebrannt haben, ihnen war klar, dass dieser tödliche Schuss das Werk eines gegnerischen Scharfschützen war. Am wichtigsten war aber die Tatsache, dass die unter Feuer genommenen Soldaten wussten, dass man ganz bewusst auf sie geschossen hatte. So lag also das Leben und die Entscheidung, wer weiterleben durfte und wer sterben musste, im Ermessen des gegnerischen Scharfschützen und dessen Finger am Abzug.

Da die Deutschen ihre Schützengräben in Zickzackform angelegt hatten, konnten sie ihre Gegner aus einer Vielzahl von verschiedenen Winkeln unter Feuer nehmen. Sie konnten sich gegenseitig Feuerschutz geben, sie konnten auf den Gegner aus Richtungen schiessen, aus denen dieser das überhaupt nicht erwartet hatte, und sie konnten dabei sehr gut in Deckung bleiben. Sie verwendeten zu ihrem Schutz Panzerplatten, so dass es für die britischen und französischen Truppen sehr schwierig war, Gegenmassnahmen gegen sie zu ergreifen. Bis 1915 wurde von alliierter Seite nur sehr wenig getan, um die hervorragend organisierten deutschen Scharfschützen zu bekämpfen.

Major H. Hesketh-Pritchard war ein britischer Abwehroffizier und ein begeisterter Grosswildjäger. Er hatte sehr schnell erkannt, welche dominierende Rolle die deutschen Scharfschützen im Schützengrabenkrieg Anfang 1915 spielten. Nach einem kurzen Urlaub in Grossbritannien kehrte er nach Nordfrankreich zurück und brachte mehrere Jagdgewehre mit Zielfernrohren mit. Aufgrund seines dienstlichen Auftrags konnte er verschiedene Abschnitte der britischen Linien besuchen und dabei die Einsatztaktiken der deutschen Scharfschützen studieren. Bei allen Einsätzen trug er immer ein Zielfernrohrgewehr bei sich. Diese Waffe verlieh er dann an verschiedene Einheiten, die besonders unter den deutschen Scharfschützen zu leiden hatten. Nach einer Weile kamen auch dienstlich gelieferte Zielfernrohrgewehre an die britische Front, allerdings nur in sehr geringer Stückzahl. Vor 1915 war das in aller Regel das normale Dienstgewehr SMLE mit einem Zielfernrohr, das von einer Reihe von britischen Herstellern stammen konnte. Bei den Zielfernrohrmontagen gab es noch viel mehr verschiedene Hersteller. Nach 1915 kam es allmählich zu einer Vereinheitlichung bei den Zielfernrohrgewehren. Das SMLE mit Zielfernrohr war jetzt bereits eingeschossen, wenn es an die Front geliefert wurde. Der Streukreis dieser Waffen lag bei maximal 5 cm auf 90 m Entfernung. Die meisten der jetzt gelieferten Zielfernrohre (über 8'000 Stück) stammten von zwei grossen Herstellern, nämlich der Firma Aldis Brothers aus Birmingham und der Firma Periscopic Prism Company aus London. Ausserdem wurden aus den USA fast 1'000 Stück des Zielfernrohrs Winchester A5 beschafft. Alle diese offiziell beschafften Scharfschützengewehre hatten aber einen konstruktiven Mangel, denn bei ihnen war das Zielfernrohr an die linke Seite der Waffe gesetzt. Der Grund dafür war das Laden des Gewehrs mit Ladestreifen von oben durch den Verschluss, obwohl das Magazin des SMLE abnehmbar war und ohne weiteres ausserhalb der Waffe mit Ladestreifen geladen werden konnte. Frühere Versionen dieser Waffe hatten sogar noch eine Magazinsperre, diese Gewehre konnten als Einzellader verwendet werden, im Notfall wurde dann die Magazinsperre herausgezogen, und dann stand das volle Magazin zur Verfügung.

Hesketh-Pritchard war sich schnell im Klaren darüber, dass diese Waffen mit ihren nach links versetzten Zielfernrohren so gut wie wertlos waren, wenn der Schütze nicht eine Spezialausbildung daran erhalten hatte. Noch schlimmer war aber die Tatsache, dass die Soldaten während ihrer Ausbildung nicht erfahren hatten, wie man eine Deckung gut ausnutzt, und so waren sie für die deutschen Scharfschützen sehr leichte Opfer.

Nachdem er die obere militärische Führung davon überzeugt hatte, dass es eine vernünftige Scharfschützenausbildung geben musste, durfte Hesketh-Pritchard als Scharfschützen-Spezialist diese Ausbildung bei der Dritten Armee leiten. Mit der Hilfe von John Buchan (damals ein bekannter Autor und Korrespondent der britischen Tageszeitung «Times») richtete Major Hesketh-Pritchard eine Scharfschützenschule ein, die aber zum Teil sogar noch privat finanziert werden musste. Dort konnte er die Männer für ihre Aufgabe richtig ausbilden. Ausserdem sorgte er dafür, dass Ge-

Amerikanisches Dienstgewehr Springfield Modell 1903. Die Waffe ist mit «US SPRINGFIELD ARMORY MODEL 1903» und der Seriennummer bestempelt, der Lauf trägt den Stempel 7-18. Die gezeigte Waffe ist mit einem Zielfernrohr Warner & Swasey Modell 1913 versehen, das die Seriennummer 3580 trägt. Waffe und ZF wurden während des 1. Weltkrieges entwickelt und von der amerikanischen Armee an der Westfront in Frankreich eingesetzt. (AWM REL/19554)

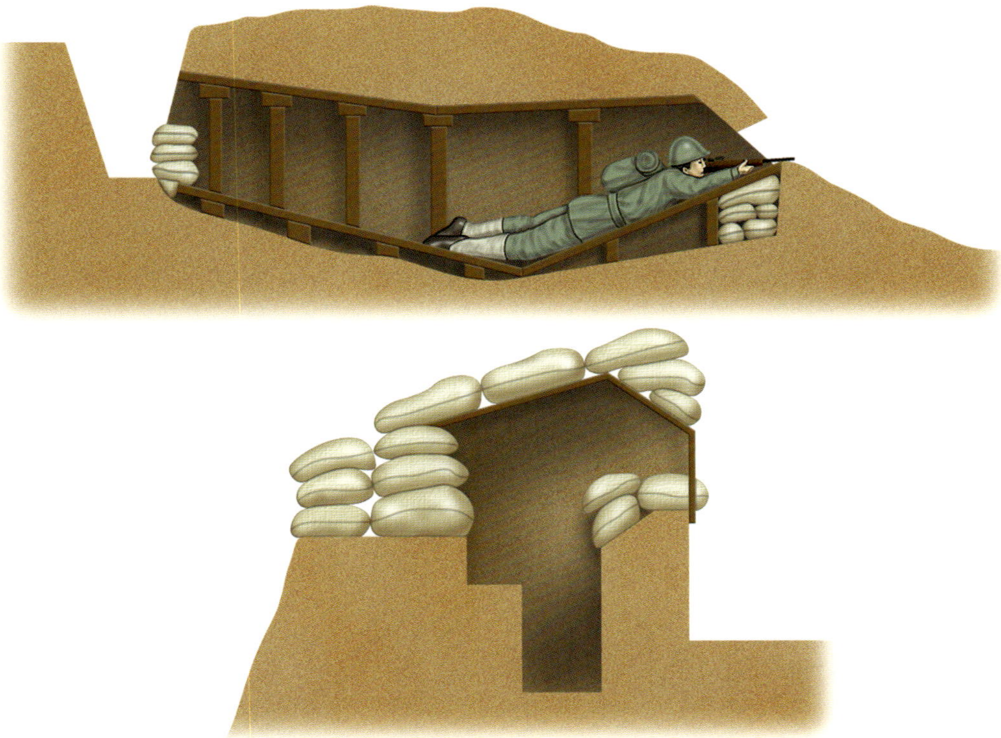

Zwei Beispiele für Scharfschützenstellungen, die entweder in den Boden gegraben oder am Schützengraben aufgebaut wurden. Es wurde jeweils darauf geachtet, dass der Scharfschütze die Stellung ungesehen von hinten einnehmen und verlassen konnte. In der Stellung selbst nahm der Schütze eine Schiessstellung ein, bei der sein Körper tiefer als die Schiessscharte für sein Gewehr war. Auf diese Weise bot er einem gegnerischen Scharfschützen das geringstmögliche Ziel.

Kanadische Soldaten üben mit einem Periskopgewehr die Abwehr feindlicher Scharfschützen.

wehre und Zielfernrohre richtig aufeinander abgestimmt und eingeschossen wurden, und er suchte nach Wegen zur Scharfschützen-Abwehr. Er hatte auch erkannt, dass für einen erfolgreichen Einsatz der britische Scharfschütze von einem Beobachter mit einem leistungsstarken Teleskop begleitet werden muss, damit die Ziele zuverlässig ausgesucht und bekämpft werden konnten. Diese ständige Beobachtung der feindlichen Linien sollte sich als überaus wertvoll erweisen, und die auf diese Weise gesammelten Informationen waren viel mehr als nur einfache Massnahmen zur Scharfschützen-Abwehr.

Bei seiner Ausbildung liess Hesketh-Pritchard seine Männer einen in 540 m Entfernung ablaufenden Vorgang genau beobachten und beschreiben. Unter anderem verwendete er eine Auswahl von Zielobjekten, zu denen auch aus Pappe gefertigte Köpfe von deutschen, britischen und französischen Soldaten gehörten. Sie wurden an der zu beobachtenden Linie für jeweils ca. 15 Sekunden in die Höhe gehalten. Dann mussten die Beobachter genau aufschreiben, was sie gesehen hatten. Bei einer anderen Übung wurde eine Reihe von Objekten im Gelände aufgestellt, dazu gehörten auch halb verborgene Scharfschützenstelllungen, und auch hier mussten die Beobachter wieder genau berichten, was sie gesehen hatten. Diese Methoden erwiesen sich als äusserst wirksam, und selbst heute werden eine Reihe von ihnen in leicht abgeänderter Form noch angewandt.

Hesketh-Pritchard zog jetzt von Bataillon zu Bataillon und verbrachte jeweils einen Tag bei der entsprechenden Scharfschützengruppe. Er zeigte ihnen, wie man ein Zielfernrohr richtig einstellte, wie man sich verdeckt hält und in Sicherheit bleibt und wie man Ziele findet. Dazu vermittelte er ihnen alle weiteren Fähigkeiten, die sie brauchten, um die deutschen Scharfschützen zu bekämpfen und nach Möglichkeit auszuschalten. An der Front wurden unter anderem die von ihm entwickelten Pappköpfe dazu eingesetzt, gegnerische Scharfschützen zum Schuss auf einen solchen Kopf zu verleiten, damit ihre Stellung erkannt werden konnte. Ausserdem entwickelte er eine Art von versetzt angebrachten Schiessscharten, die von den eigenen Schützen benutzt werden konnten, die aber vom Gegner nicht durchschossen werden konnten. Eine weitere von ihm entwickelte neue Methode bestand darin, dass er ein Gewehr fest auf einer Auflage montieren und so einrichten liess, dass es auf die bekannte Stellung eines gegnerischen Scharfschützen zielte. Wenn sich der Feind dann zeigte, konnte man ohne weitere Vorbereitung auf ihn schiessen. Dieses Verfahren wandte er mit grossem Erfolg gegen vorgeschobene Artilleriebeobachter an. Diese waren mittlerweile zu einem der Hauptziele der Scharfschützen geworden, denn die Artillerie befand sich schon lange ausserhalb der Reichweite von Gewehren, oftmals waren die Stellungen von den Schützengräben aus nicht einmal mehr zu sehen.

Andere fortschrittlich denkende britische Truppenkommandeure mit Kenntnissen über Zielfernrohre begannen ebenfalls mit der Einrichtung von inoffiziellen «Schulen». Einige dieser Ausbildungsstätten befanden sich sogar direkt in den Schützengräben. Es dauerte aber bis 1916, bis die Scharfschützenschule «SOS» (Scouting, Observation and Sniping) offiziell eingerichtet wurde. Zuerst befand sie sich hinter der Front in

Unten links: Amerikanische Soldaten geraten im 1. Weltkrieg in Frankreich unter Scharfschützenfeuer. (NA)

Unten rechts: Der amerikanische Scharfschütze Private Leo R Hahn im Einsatz mit einem Scharfschützengewehr Springfield M1903A3 und einem Zielfernrohr Warner & Swasey. (AP)

Frankreich, später wurde sie nach England verlegt.
Die kanadischen Streitkräfte hingegen bildeten ihre Schützen sorgfältiger aus, ehe sie von Kanada nach Frankreich verlegt wurden. Im Camp Borden in Ontario gab es sehr umfangreiche Scharfschützenkurse, und jedes kanadische Infanteriebataillon bekam einen eigenen speziellen Scharfschützen- und Beobachtungszug. Auch diesmal stellten die Commonwealth-Länder einige der bemerkenswertesten Scharfschützen. Es waren zum grossen Teil Männer, die buchstäblich für diese Aufgabe geboren wurden. Einer davon war Francis Pegahmagabow, ein Indianer vom Stamm der Ojibwa, dem 378 Abschüsse zugeschrieben wurden. Das war wahrscheinlich die höchste Trefferzahl, die ein Scharfschütze im Ersten Weltkrieg erzielte. Die kanadische Armee hatte noch viele andere gute Scharfschützen in ihren Reihen, und vor allen Dingen hatte sie eine ausgezeichnete Waffe für diese Aufgabe, nämlich das Ross-Gewehr. Zwar war diese Waffe für den allgemeinen Militärdienst nicht gut geeignet, aber sie schoss

Francis «Peggy» Pegahmagabow (1891 – 1952)

Korporal Francis Pegahmagabow war ein kanadischer Scharfschütze, und sehr wahrscheinlich war er der erfolgreichste kanadische Scharfschütze im Ersten Weltkrieg. Über seine Abschüsse gibt es keine genauen Belege, man nimmt an, dass es ungefähr 378 waren. Ausserdem nahm er weitere 300 Mann gefangen. Er gehörte zum Indianerstamm der Ojibwa aus dem Indianerreservat Parry Island in Ontario, Kanada. Korporal Francis Pegahmagabow war der am höchsten dekorierte kanadische Soldat, er hatte die Militärmedaille mit zwei Spangen erhalten. Als Scharfschütze schoss er tödlich genau, und er wusste genau, wie er das von Granattrichtern zerpflügte Gelände im Niemandsland am besten ausnutzen konnte, um wirksame Treffer zu erzielen.
Francis Pegahmagabow wurde 1914 beim 23. Regiment (Northern Pioneers) Soldat und diente als Scharfschütze, Melder und Beobachter an der Westfront. Dort nahm er an der zweiten Schlacht von Ypres teil, ausserdem an den Kämpfen von Amiens, Passchendaele und Mount Sorrel. Am letztgenannten Ort konnte er eine grössere Zahl deutscher Soldaten gefangen nehmen. Pegahmagabow diente den gesamten Krieg über und konnte trotz einer Verletzung durch einen Gasangriff und einer Verwundung überleben.
Zu den anderen berühmten eingeborenen kanadischen Scharfschützen gehörten Henry Norwest (1884-1918), ein Angehöriger des Indianerstammes der Métis (französische Cree), der 115 bestätigte Abschüsse vorweisen konnte und der mit der Militärmedaille mit einer Spange ausgezeichnet wurde. Der Obergefreite (Lance Corporal) Johnson Paudash gehörte ebenfalls zu den Ojibwa, und John Shiwak oder Sikoak (1889-1917) war ein Eskimo (Inuit).

Zielfernrohr Warner & Swasey mit sechsfacher Vergrösserung (rechte Seitenansicht), ausserdem ist der Geradezugverschluss des Ross-Gewehres gut zu sehen. (Sammlung Steve Broadbent)

Zielfernrohr Warner & Swasey mit sechsfacher Vergrösserung (linke Seitenansicht). (Sammlung Steve Broadbent)

Zielfernrohr Warner & Swasey mit sechsfacher Vergrösserung (Draufsicht), hier ist gut zu sehen, dass das Zielfernrohr nach links versetzt montiert war. (Sammlung Steve Broadbent)

Kanadisches Scharfschützengewehr Ross Modell 1910 Mk III (T). Das in Kanada gefertigte Ross-Gewehr schoss überaus präzise, aber viele Soldaten mochten dieses Gewehr aufgrund seines Geradezugverschlusses nicht. Man hatte Angst, dass dieser Verschluss nicht so stark wie ein Zylinderverschluss war. Die Waffe wurde 1916 aus dem kanadischen Militärdienst zurückgezogen, bei den Scharfschützen blieb sie aber weiter im Einsatz. Das hier gezeigte Gewehr ist mit einem Zielfernrohr Warner & Swasey mit sechsfacher Vergrösserung versehen. Allerdings schossen viele kanadische Scharfschützen lieber mit der offenen Visierung, und das war auch bei Korporal Francis Pegahmagabow der Fall.

Korporal Francis Pegahmagabow war ein kanadischer Indianer und der erfolgreichste Scharfschütze im Ersten Weltkrieg. (Ausschnitt aus einem Portrait von Irma Coucil, mit freundlicher Genehmigung The Indian Hall of Fame, Woodland Cultural Center, Ontario.)

überaus genau, und das sogar mit der normalen offenen Visierung. Noch besser konnte man natürlich mit einem Diopter oder natürlich mit einem Zielfernrohr schiessen, in diesem Fall normalerweise ein ZF von Warner & Swasey mit sechsfacher Vergrösserung.
Als die amerikanische Armee im Jahre 1917 in den Ersten Weltkrieg eintrat, wurde ebenfalls das Zielfernrohr von Warner & Swasey für die Scharfschützenversion des normalen Dienstgewehrs Springfield M1903 verwendet. Später kam das ZF A5 von Winchester mit fünffacher Vergrösserung zum Einsatz.
Das amerikanische Dienstgewehr U.S. Model P17 war eine für die Patrone .30-06 (7,62 x 63 mm) eingerichtete Version des britischen Enfield P. 14. Diese Waffe hatte einen Zylinderverschluss der Bauart Mauser und wurde während des Ersten Weltkriegs in grosser Zahl bei den amerikanischen Truppen eingesetzt. Das Gewehr erwies sich als überaus präzise schiessend und zuverlässig. Im Ausbildungslager der amerikanischen Armee gab es eine hervorragende Schiessausbildung. Besonders zu nennen sind hier Camp Perry, Ohio, und die Ausbildungseinrichtung des Marinekorps in Quantico, Virginia. Natürlich waren auch hier viele Rekruten von Haus aus schon gute Jäger oder Sportschützen. Aber es reichte nicht, ein guter Schütze zu sein, wenn man einem feindlichen Scharfschützen im Schützengraben gegenüberlag. Deswegen halfen die britischen Unteroffiziere und Offiziere, die von Major Hesketh-Pritchard ausgebildet worden waren, den Amerikanern bei der weiteren Ausbildung ihrer Scharfschützen sowohl in den USA als auch in den SOS-Schulen. Das Ergebnis waren einige der besten Scharfschützen des Krieges.
Gute Schützen kamen auch aus Südafrika und aus Rhodesien (eine frühere britische Kolonie, die jetzt Zimbabwe heisst). Bemerkenswert in diesem Zusammenhang waren die Scharfschützen von Sir Abe Bailey, die 1916 in Frankreich eintrafen. Diese 24 Mann starke Gruppe wurde von dem südafrikanischen Millionär Sir Abe Bailey finanziert, der während des Burenkrieges loyal zu Grossbritannien gestanden hatte. Der berühmteste Schütze aus dieser Gruppe war Oberleutnant Neville Methven, der es persönlich auf über 100 Abschüsse brachte. Die Scharfschützen dienten bis zum Ende des Krieges bei der britischen Armee und nahmen an allen grossen Schlachten einschliesslich Passchendaele und der Somme teil. Sechs von ihnen fielen im Kampf und mehrere wurden verwundet. Man geht aber davon aus, dass die ursprünglich zwei Dutzend Mann starke Gruppe bei den Deutschen mehr als 3'000 Gefallene und Verwundete verursachte.

Links: Sturmgepäck, Helm und andere Ausrüstung eines amerikanischen Scharfschützen des USMC im Ersten Weltkrieg. (Carsten Edler)

Rechts: Mitglied einer Darstellungsgruppe, der hier einen Scharfschützen des amerikanischen Marinekorps (USMC) aus dem Jahre 1917 darstellt. Sein Gewehr ist ein Springfield 1903 im Kaliber .30-06 mit einem Zielfernrohr Winchester 4x18. (Carsten Edler)

Türken und Australier in Gallipolo

Die alliierten Soldaten mussten sich nicht nur an der Westfront vor feindlichen Scharfschützen in Acht nehmen. Beim Feldzug an den Dardanellen in der nordwestlichen Türkei setzten die Türken (die damals mit Deutschland verbündet waren) Scharfschützen gegen die französischen und britischen Streitkräfte ein. Nachdem Truppenkontingente aus Australien und Neuseeland hinzugestossen waren, sprach man hier von den «Anzacs». In Gallipoli an der türkischen Küste gelang es keiner der beiden Seiten, bei den Kämpfen die Oberhand zu bekommen. Die Fronten erstarrten, und es kam wieder einmal zu einem lang anhaltenden Schützengrabenkrieg.

Die Türken verwendeten Mauser-Gewehre mit der normalen offenen Visierung. Sie hatten aber den taktischen Vorteil, dass sie in erhöhten Stellungen lagen, und so konnten sie auf die Alliierten hinunterschiessen. Die Anzac-Truppen lagen eingekeilt auf einem breiten Landstreifen zwischen der Front und dem Meer. Zuerst konnten die Türken auf alles feuern, was sich bei den Alliierten bewegte. Nachdem sich die alliierten Truppen aber eingegraben hatten, fielen den türkischen Scharfschützen nur noch die Naiven und die Neugierigen zum Opfer, die so dumm waren, über die Deckung hinauszuschauen.

Bei den Anzac-Truppen gab es viele Soldaten, die von Haus aus gute Schützen waren. Sie kamen von den grossen Farmen im australischen Outback und von den riesigen Schaffarmen in Neuseeland. Sie warteten nur auf eine Gelegenheit, ihre Schiesskunst zu beweisen. Das aber war aufgrund der ungünstigen alliierten Stellungen ziemlich schwierig. Um dieses Problem zu beseitigen, entwickelten sie ihre eigenen Methoden.

Genau wie an der Westfront verwandten die australischen Beobachter Grabenperiskope, um den Feind zu

Alvin C. York (1887 – 1964)

Der berühmteste Scharfschütze auf alliierter Seite im Ersten Weltkrieg war sehr wahrscheinlich der amerikanische Feldwebel (Sergeant) Alvin Cullum York. Bei ihm handelte es sich um einen Scharfschützen im alten Sinne des Wortes. Er wurde in Tennessee geboren und hatte schon als Kind Umgang mit Gewehren. Lange bevor er zum Militär kam, war er schon ein erfahrener Gewehrschütze mit einer natürlichen Begabung. Als junger Mann war er ein «Hallodri», aber nachdem sein bester Freund in einer Schlägerei unter Betrunkenen ums Leben kam, änderte er sein Verhalten und wurde gläubiger Christ. Nachdem er sich freiwillig zum Militär gemeldet hatte, kam er in Gewissensnot, aber trotzdem wurde er einer der grössten Kriegshelden der amerikanischen Streitkräfte.

Als der amerikanische Angriff im Argonnerwald von den deutschen Maschinengewehren zum Halten gebracht wurde, wurde ein Zug mit 17 Soldaten, zu denen auch York gehörte (er war damals Korporal) in Marsch gesetzt, um den Feind von der Flanke her anzugreifen. Es gelang dieser Gruppe, hinter die Maschinengewehrstellungen zu kommen, und dabei konnten sie einen deutschen Gefechtsstand gefangennehmen. Während sie die grosse Gruppe von Kriegsgefangenen abführen wollten, bemerkte einer der Soldaten in der Maschinengewehrstellung, die sie umgangen hatten, was hinter ihnen vorging. Sie schwenkten ihr MG herum und schossen dann auf die Amerikaner und auf ihre eigenen Kameraden. Sechs Amerikaner fielen, andere wurden verwundet, und so musste Sgt. York den Befehl übernehmen. Während die verbliebenen Amerikaner und ihre deutschen Gefangenen in Deckung gingen, pirschte sich York an die Maschinengewehrstellung heran, dort versuchte man gerade, alle Waffen in die neue Richtung zu schwenken. York schoss aus der Bewegung heraus, wobei er ein normales Infanteriegewehr verwendete, um die Maschinengewehrschützen an seiner Flanke zu bekämpfen, damit sie nicht alle auf einmal auf ihn schiessen konnten. Später schrieb er darüber in seinem Tagebuch: «Zuerst schoss ich aus der liegenden Stellung, so schiessen wir auch bei den Schiesswettkämpfen in Tennessee, und die Entfernung war auch ungefähr dieselbe. Aber hier waren die Ziele grösser, so dass ich weder Kopf noch Körper des Feindes auf diese Entfernung verfehlen konnte. Ich habe auch niemanden verfehlt. Ausserdem gab es gar keine Zeit, um vorbeizuschiessen. Ich wusste, dass die Deutschen ihren Kopf heben mussten, um auf mich zu schiessen und um zu sehen, wo ich lag, und ich wusste auch, dass ich ihre Köpfe unten halten musste. Und das habe ich auch gemacht. Ich habe sie mit Feuer eingedeckt und habe jedes Mal geschossen, wenn ich ein Ziel sah. Jedes Mal, wenn ein Kopf hochkam, habe ich ihn wieder nach unten gebracht. Dann war ein Augenblick Ruhe, und bald kam wieder ein Kopf hoch, und den habe ich auch wieder nach unten gebracht. Ich habe mein Bestes getan.»

Dann wurde er von fünf oder sechs deutschen Soldaten angegriffen, gegen die er sich mit seiner Selbstladepistole Colt 1911 wehrte, wobei er zuerst auf den letzten Mann schoss. Darüber berichtete York: «Plötzlich mitten im Kampf sprangen ein deutscher Offizier und fünf Mann aus dem Schützengraben und griffen mich mit gefällten Bajonetten an. Sie waren noch ungefähr 20 m von mir entfernt und kamen immer schneller näher. Ich hatte nur noch zwei oder drei Patronen in meinem Gewehr, aber meine Pistole war geladen. Ich zog sie heraus und erledigte die Angreifer auch.»

«Zuerst schoss sich auf den sechsten Mann, dann auf den fünften, dann auf den vierten, dann auf den dritten und so weiter. Auf diese Weise schiessen wir zuhause auf wilde Truthähne. Der Trick dabei ist, dass der vorderste Mann nicht sehen darf, was hinter ihm vorgeht, und dann macht man weiter, bis man fertig ist. Natürlich konnte ich hier nicht darüber nachdenken. Ich denke mal, dass ich das einfach so gemacht habe.» Schliesslich forderte einer der gefangen genommenen deutschen Offiziere den Rest der Maschinengewehrschützen auf, sich zu ergeben, und das taten sie auch. Alvin York und seine sieben Soldaten hatten insgesamt 132 deutsche Soldaten gefangen genommen. Am nächsten Tag fand man 28 gefallene Deutsche. Genauso viele Patronen hatte York verschossen. Ausserdem fand man 35 aufgegebene Maschinengewehre. Für seine Taten wurde York mit dem französischen Orden «Croix de Guerre» ausgezeichnet, aus Italien erhielt er die Auszeichnung «Croce di Guerra» und aus Amerika das «Distinguished Service Cross», aber die amerikanische Auszeichnung wurde später nachgebessert, dann erhielt er die «Medal of Honor».

Sergeant Alvin Cullum York war ein Schütze mit einer hervorragenden natürlichen Begabung, ein Scharfschütze im strengeren Sinne des Wortes war er eigentlich nicht.

beobachten. Natürlich versuchte der Feind sofort, auf diese Periskope zu schiessen. Dadurch wurde niemand ernsthaft verwundet, aber es zeigte sich auf diese Weise, dass die gegnerischen Scharfschützen allgegenwärtig waren und dass es klug war, den Kopf unten zu halten. Die Australier verbesserten jetzt das Verfahren beim Scharfschützeneinsatz. Der Scharfschütze wurde immer zusammen mit einem Beobachter eingesetzt. Der Beobachter konzentrierte sich auf einen Zielbereich, in dem ein Feind erschienen war. Dann gab er die Zielangaben an den Scharfschützen weiter, der sich für einen Schuss auf dieses Ziel fertigmachte. Wenn das Zielobjekt dann wieder in diesem Bereich erschien, forderte der Beobachter den Schuss an, woraufhin der Scharfschütze einen Schnappschuss auf das vorher genau bestimmte Ziel abgab. Die genaue Visiereinstellung und Entfernungsmessung hatte er bereits vorher vorgenommen. Das war eine sehr wirksame Methode zur Abwehr von türkischen Scharfschützen, denn diese mussten jetzt erfahren, dass auf sie zurückgeschossen wurde. Dadurch gerieten sie unter Druck und wurden erheblich vorsichtiger.

Die australischen Scharfschützen setzten normale Repetiergewehre SMLE ein, allerdings verwendeten einige von ihnen wie der berühmte Billy Sing ihre Waffe mit einem Diopter, den sie von zuhause mitgebracht hatten. Die Australier spielten aber nicht nur bei der Bekämpfung der türkischen Scharfschützen eine grosse Rolle, sondern sie entwickelten auch ein sehr wichtiges Gerät, nämlich das Gewehr mit Periskop. Zwar behaupten auch andere alliierte Truppen, dass sie dieses Gerät entwickelt hatten, und das ist auch verständlich, denn dieses Gerät wurde aus der Not heraus geboren. Auch bei der deutschen Armee wurde ein ähnliches Gerät entwickelt.

Das Periskopgewehr war im Grunde genommen ein hölzerner Rahmen, auf dem oben ein Gewehr angebracht war. Unten am Rahmen befand sich ein weiterer Gewehrkolben und ein mit dem Gewehrabzug verbundener Abzug. Das Ziel wurde durch ein Periskop aufgenommen. Selbst bei den heutigen hochmodernen Pullpup-Gewehren ist die Übertragung des Abzugs ein Problem, die meisten Lösungen lassen zu wünschen übrig. Jetzt kann man sich vorstellen, wie mühsam es gewesen sein muss, einen solchen handgefertigten übersetzten Abzug zu betätigen, der zudem noch mit einem ohnehin recht harten Militärabzug verbunden war. Abzüge an Militärgewehren sind meist nicht besonders präzise, oftmals stehen sie viel zu hart. Wahrscheinlich wurden mit diesem Gerät nicht allzu viele Treffer erzielt, aber zumindest gaben sie dem einfachen Soldaten die Möglichkeit, ein paar Schuss zu erwidern, wenn er unter Feuer geraten war. In einem Nervenkrieg ist so etwas durchaus wertvoll.

In Gallipoli wurden auch britische Scharfschützen eingesetzt, und zwar waren es die Lovat's Scouts (schon vorher beschrieben). Sie gingen im September 1915 an die türkische Front und dienten dann auch als Kundschafter und Scharfschützen in Ägypten und Mazedonien und später in Frankreich. Dort kämpften sie zwischen 1916 und dem Ende des Krieges.

Die Männer waren Spezialisten in Bezug auf verdeckten Kampf und Beobachtung, bei ihnen zählten Intelligenz und Erfahrung mehr als Jugend, und das konnte man an den damaligen Werbeplakaten gut erkennen. Dort hiess es nämlich: «100 Jäger und Waldläufer im Alter zwischen 41 und 45 Jahren gesucht – sie sollen pirschen: auf Deutsche!»

Der grösste taktische Vorteil bei den britischen Scharfschützen war die Einführung des Zwei-Mann-Teams.

Amerikanische Infanteristen gehen bei ihrem Vormarsch gegen einen feindlichen Scharfschützen vor.

Britisches Scharfschützengewehr No. 4 Mk I (T) mit Zielfernrohr No. 32 und Beobachtungsteleskop mit Lederetui. Die britische Scharfschützen arbeiteten in Gruppen von zwei Mann, wobei der Beobachter das leistungsstarke Teleskop verwendete. Dieses Teleskop hat eine Vergrösserung von zwanzigfach oder noch mehr. Damit lassen sich hervorragend Ziele erkennen, die dann dem Scharfschützen zugewiesen werden.

Deutsche Scharfschützen waren während des gesamten Krieges eine ständige Bedrohung. Nachdem aber ausgebildete britische Scharfschützen und Scharfschützen aus den Commonwealthländern in grösserer Zahl auf dem Kriegsschauplatz erschienen, die später noch durch amerikanische Scharfschützen ergänzt wurden, begann sich das Blatt allmählich zu wenden.
(John Pearce/Inf.Regt. von Goeben (2. Rhein.) Nr. 28, 1900-1919)

Gallipoli, 1915-1918. Eine australische Scharfschützengruppe im Schützengraben. Der Beobachter sucht mit seinem Periskop Ziele, der Schütze wartet, das Gewehr mit der Periskopvisierung ist schussbereit. Diese Art des Scharfschützeneinsatzes wurde von den Australiern in Gallipoli entwickelt. Beachten Sie die Mütze des Schützen auf der rechten Seite, die zu seiner Tarnung beiträgt. Die Periskope waren im Feld entstandene Eigenbauten aus Holz, Draht und Spiegeln. Damit konnte man ungefährdet über den Rand des Schützengrabens sehen, ohne sich feindlichem Feuer auszusetzen. Als Erfinder dieser Vorrichtung gilt der australische Sergeant William Beech. Auch die Briten und die Deutschen verwendeten an der Westfront Periskope. (AWM. A05767

How the Elusive Sniper Hides Himself from Foes

With a fern dressing and a face made up with yellow and black grease-paint this sniper was able to elude the enemy for many hours.

THE art of concealment in warfare is synonymous with the instinct of self-preservation. In no branch of the Service, however, s this so important as in sniping. Snipers, to surprise their quarry, ave to advance to within visible distance of the foe and wait for ours in order to get a bull's-eye.

Thus it behoves them to be as wary as human wits can possibly ake them. The photographs on this page give some idea of the genuity exercised by men under command of Colonel Ashley, who has given them a series of lessons in the art of concealment. The tree disguise is perhaps the most effective. The idea, of course, s to break up masses of light-showing material by sewing pieces f a different coloured cloth on to the uniform. The face is made p with grease-paint. Such a disguised sniper, ensconced among he thick foliage of a tree, would be rendered practically invisible.

Human water-weed. A sniper who successfully hid in marshy land by disguising himself with bundles of rushes.

In der zeitgenössischen Presse konnte man damals recht merkwürdige Artikel über die Tarnung lesen. Dieser Artikel stammt aus «War Illustrated» vom November 1916.

Tarnwesen im 1. Weltkrieg

Bis 1914 hatten die meisten modernen Armeen Uniformen in gedeckten Farben eingeführt. Um die Truppen so unauffällig wie möglich zu machen, wurden Farben wie Grau, Braun und andere Erdfarbtöne verwendet. Es war das genaue Gegenteil der Uniformen des 18. Jahrhunderts. Damals trugen die Truppen möglichst bunte Uniformen, damit ihre Führer sie auf dem Getümmel des Schlachtfeldes sofort erkennen konnten, während sie ihre Soldaten auf dem Schlachtfeld wie auf einem Schachbrett herumschoben. Trotz der jetzt üblichen Kleidung in gedeckten Farben brauchte der Scharfschütze noch mehr Tarnung, denn sein Gegner war ein Mann, der genauso gut bewaffnet war wie er und der auch genauso schnell auf ihn schoss. Deswegen begannen die Scharfschützen im 1. Weltkrieg in grossem Umfang mit Experimenten mit Tarnkleidung. Man ging dabei verschiedene Wege, von denen uns heute einige etwas bizarr erscheinen mögen. Es wurden alle möglichen gemalten Muster, unterbrochene Muster und ausgestopfte Tierkörper als Deckungen verwendet, und die Deutschen fertigten sogar künstliche Bäume aus Gusseisen an. Aber es gab auch eine Reihe von durchaus brauchbaren Entwicklungen, so z.B. dunkle Farben für die Tarnung des hellen Gesichtes. Zur Tarnung der Kleidung verwendete man auch Matsch und Dreck, um die gleichmässige Farbe zu unterbrechen. Wichtig war in jedem Fall, dass die Formen des menschlichen Körpers verwischt wurden, denn ein Körper ist von seiner Form her unverwechselbar und wird deswegen sehr leicht erkannt. Dazu verwendete man Overalls und andere weit geschnittene Arbeitsanzüge. Jeder Soldat konnte sich mit diesen Anzügen schnell tarnen. Ausserdem verwendete man Ponchos und Gesichtsmasken sowie Handschuhe, um Gesicht und Hände zu tarnen. Ab 1916 wurden beim deutschen Heer getarnte Stahlhelme an eine Reihe von Einheiten ausgegeben. Später folgten die Franzosen und Briten mit der Einrichtung von speziellen Tarnabteilungen, in denen Künstler und Grafiker sich mit der Entwicklung von Tarnmustern beschäftigten. Ab 1917 folgten andere europäische Länder und die Vereinigten Staaten von Amerika. Der von den britischen «Lovat Scouts» entwickelte Tarnanzug «ghillie suit» war und ist immer noch die erste Wahl bei der persönlichen Tarnkleidung. Eigentlich stammt dieser Anzug von den Wildhütern im schottischen Hochland, denn die heissen «ghillie». Ein weit geschnittener Anzug wird mit Streifen aus Segeltuch oder Sackleinen bedeckt, und diese Stoffstreifen haben verschiedene Grüntöne, Brauntöne und Erdtöne sowie Schwarz. Das Gesicht des Trägers wird mit einer Maske abgedeckt. Bei richtiger farblicher Abstimmung auf die umgebende Vegetation kann man den Träger eines solchen Anzuges schon auf geringe Entfernung kaum noch erkennen, wenn er auf dem Boden liegt. Um die Tarnung zu vollenden, trägt der Scharfschütze zusätzlich noch einen Gesichtsschleier und Handschuhe. Ausserdem wird er sein Gewehr mit Sackleinenstreifen oder Stoffstreifen umwickeln, um dessen Farbe und Form zu ändern.

Gegen Ende des Krieges wurden die Scharfschützen allgemein in der Kunst des Tarnens und Verbergens ausgebildet. Zu Anfang des Zweiten Weltkriegs waren einige dieser Ausbildungsgegenstände und Erkenntnisse schon in die allgemeine Ausbildung der normalen Soldaten eingeflossen.

Amerikanische Scharfschützen des USMC in Tarnanzügen, Badenville, ca. 1918. (AF)

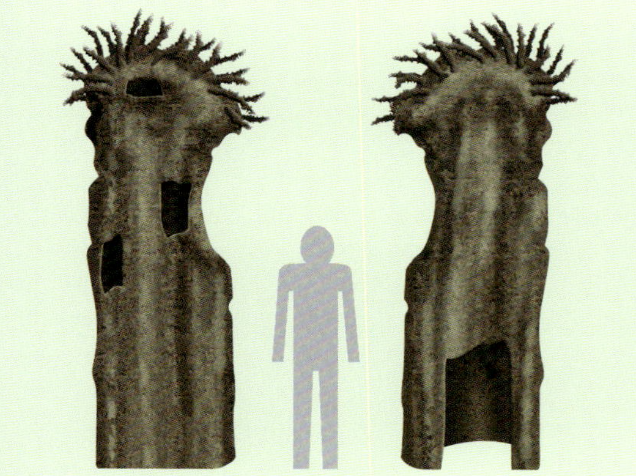

Links: Die Deutschen stellten Baumattrappen aus Gusseisen her, die als Scharfschützenstellung und Beobachtungsposten dienen sollten. Die Abbildung zeigt die Rück- und Vorderseite mit Sehschlitzen und Schiessscharte. Hinten ist der verdeckte Eingang zu sehen. Die menschliche Silhouette dient als Grössenvergleich. Das Gewicht des «Baumes» dürfte beträchtlich gewesen sein.

Rechts: Dieser amerikanische Scharfschütze hat sein Gewehr mit einem unregelmässigen Tarnmuster versehen. (AJ)

Links: Britische Scharfschützen trugen manchmal weit geschnittene Kleidung, mit der sie ihre Körpersilhouette auflockerten. Das waren meist Kleidungsstücke aus Segeltuch oder Sackleinen nach Art von Overalls oder einfachen Arbeitsanzügen, so wie das hier auf der Abbildung gezeigt wird. Diese Tarnanzüge konnten einfarbig oder mit einem Tarnmuster versehen sein.

Rechts: Experimentelles Tarnmuster für den Einsatz in Bäumen. Es dürfte allerdings zweifelhaft sein, ob das wirklich funktioniert hat! (LoC)

Links: Zwei Scharfschützen des amerikanischen Marinekorps USMC mit selbstgemachten Tarnanzügen «ghillie suits». (AB)

Rechts: Mit seinem Tarnanzug «ghillie suit» kann sich der Schütze gut seiner Umgebung anpassen.

Links. Ein Mitglied einer Darstellergruppe des USMC aus der Zeit des 1. Weltkriegs stellt sich einen Tarnanzug her. (Carsten Edler)

Rechts: Selbst locker aufgehängtes Sackleinen kann eine Scharfschützenstellung schon recht gut tarnen. (John Pearce/Inf. Regt. von Goeben (2. Rhein.) Nr. 28, 1900-1919)

Billy Sing (1886 – 1943)

Private William Edward (Billy) Sing, DCM, 31st Battalion, aus Clermont in Queensland, Australien. Er war Australiens berühmtester Scharfschütze während des Ersten Weltkriegs. (AWM.P0366.006)

Während seines Einsatzes beim 5th Light Horse Regiment in Gallipoli erwarb sich der australische Soldat Billy Sing einen überaus guten Ruf als präziser Scharfschütze. Zwischen Juni und September konnte er in Gallipoli über 150 türkische Soldaten von seiner Stellung am «Chatham's Post» ausschalten.
Allerdings ist seine tatsächliche Abschussbilanz mit 201 Treffern noch deutlich höher, aber es wurden nur 150 Abschüsse offiziell bestätigt. Der Unterschied beruhte auf der Art und Weise, wie solche Treffer bestätigt werden mussten, denn dazu musste der Beobachter den Treffer bestätigen. Am 23. Oktober 1915 gab der australische General Birdwood einen Tagesbefehl heraus, in dem er Sing für seine 201 erzielten Treffer gratulierte. Nachdem er durch einen feindlichen Scharfschützen verwundet worden war, erholte sich Sing so weit, dass er vor Morgengrauen wieder seine Stellung beziehen konnte. Erst bei Einfall der Dunkelheit zog er sich in seinen Schützengraben zurück, so dass seine Bewegungen von der Dunkelheit gedeckt wurden. Sing war schon vor dem Krieg ein sehr guter Schütze gewesen, er arbeitete in der australischen Wildnis als Rinderhirte und Kängurujäger. Ausserdem war er Mitglied eines örtlichen Schützenvereins. Sing verwendete wahrscheinlich ein ganz normales Repetiergewehr SMLE Mk III im Kaliber .303 British. Wir wissen heute nicht mehr, ob er mit der offenen Visierung der Waffe oder mit einem Zielfernrohr schoss. Im Jahr 1916 erhielt der Soldat Sing die hohe Auszeichnung «Distinguished Conduct Medal» für seine hervorragenden Einsätze als Scharfschütze in Gallipoli. 1918 wurde er ausserdem mit dem belgischen «Croix de Guerre» ausgezeichnet, wahrscheinlich weil er im September 1917 bei der Abwehr von deutschen Scharfschützen im Wald von Polygon geholfen hatte. Im Verlauf seiner Dienstzeit war er zweimal verwundet worden, und zwar an beiden Beinen und am Rücken, ausserdem war er einem Gasangriff zum Opfer gefallen, und das führte schliesslich zu seiner Entlassung aus dem Militärdienst. Man kann ihn ohne Zweifel als einen sehr zähen und entschlossenen Mann bezeichnen.

Das Repetiergewehr Mosin-Nagant M1891/1930 und das Zielfernrohr PU
Das hauptsächlich bei der Roten Armee im Zweiten Weltkrieg verwendete Scharfschützengewehr

Um als Scharfschützengewehr eingesetzt werden zu können, musste das normale Militärgewehr mit Zylinderverschluss Mosin-Nagant M91/30 im Kaliber 7,62 x 54R einer Reihe von geringfügigen Änderungen unterzogen werden. Die grösste Änderung war natürlich das Zielfernrohr, das über der Verschlusshülse angebracht war. Deswegen musste der kurze, gerade Kammerstängel durch eine längere Version ersetzt werden, die nach unten abgebogen war. Die früheren Ausführungen des Scharfschützengewehrs waren mit einem Zielfernrohr auf der Grundlage eines deutschen Zeiss-Zielfernrohres PE oder PEM (vierfacher Vergrösserung) ausgestattet. Die späteren Versionen erhielten das in Grossserie gefertigte kürzere Zielfernrohr PU mit einer 3,5-fachen Vergrösserung. Obwohl dieses Zielfernrohr relativ billig herzustellen war, erwies es sich als robust und brauchbar. Das Fadenkreuz bestand aus drei Balken. Der senkrechte Balken in der Mitte hatte eine Spitze und ging bis zur Mitte der Optik, die beiden waagerechten Balken hörten kurz vor der Mitte auf und hatten ebenfalls eine Spitze. Am Zielfernrohr waren zwei Türme zur Höhenverstellung (bis ungefähr 1300 m) und Seitenverstellung (von eins bis 10 nach beiden Seiten) vorhanden. Ein Parallaxenausgleich war an diesem ZF nicht vorhanden.

Nahansicht der linken Seite, das ZF ist mit Lederkappen abgedeckt. (Sammlung Steve Broadbent)

Nahansicht des Verschlusses, beachten Sie den nach unten abgebogenen Kammerstängel. (Sammlung Steve Broadbent)

Draufsicht auf das Zielfernrohr PU und die Zielfernrohrmontage. (Sammlung Steve Broadbent)

Das Repetiergewehr Mosin-Nagant M1891/1930 mit Zielfernrohr PU. (AWM.REL-10150)

Es bestand aus einem geübten Beobachter mit einem leistungsfähigen Teleskop mit vierfachem Auszug, dessen Vergrösserung meist zwanzigfach oder noch höher war. Damit wurden die Ziele für den zweiten Mann ausgesucht, und das war der Scharfschütze.

Diese Teleskope waren erheblich leistungsfähiger als die damaligen Zielfernrohre, die meist nur eine Vergrösserung zwischen dreifach oder sechsfach hatten, und damit konnte man das Ziel ganz erheblich besser ansprechen. Zusätzlich konnte sich der Beobachter mit dem Schützen abwechseln, oder es wurde ein zweiter Beobachter eingesetzt, damit das Team ständig aufmerksam beobachten konnte, ohne dass die Augen dabei ermüdeten oder die Konzentration nachliess. Das passierte nämlich regelmässig, wenn zu lange beobachtet werden musste. Der deutsche Scharfschütze auf der Gegenseite operierte üblicherweise allein in seinem Grabenabschnitt, er benutzte sein Zielfernrohr sowohl zur Beobachtung als auch zum Zielen.

2. Weltkrieg: Scharfschützen an der Ostfront

Beim Ausbruch des Zweiten Weltkriegs in Europa im Jahre 1939 hatte nur die sowjetische Armee ihre Streitkräfte in grossem Umfang mit Scharfschützenausrüstungen und Scharfschützen versehen. Bei der deutschen Wehrmacht hatte man alle Teilstreitkräfte neu bewaffnet, und mittlerweile war das normale Infanteriegewehr der handliche Karabiner Mauser 98k. Diese Waffe basierte auf dem bewährten langen Gewehr 98, das zum Teil auch noch während des Zweiten Weltkrieges eingesetzt wurde. Die von der deutschen Wehrmacht verwendeten Zielfernrohre waren mittlerweile auch noch weiter verbessert worden. Sie stammten von so berühmten Herstellern wie Zeiss, Kahles, Hensoldt und anderen durch ihre gute Qualität bekannten Herstellern. Eine Schwäche des deutschen Systems war ganz sicher die Vielfalt der Modelle, denn sie benötigten zum Teil unterschiedliche Montagen, und es gab keine standardisierten Kombinationen von

Ein finnischer Scharfschütze nimmt während des Winterkrieges mit seinem Gewehr über die offene Visierung ein Ziel auf.

Ein russischer Scharfschütze mit seinem Gewehr Mosin-Nagant mit aufgesetztem Zielfernrohr PEM. (Cody)

Bei Ausbruch des Zweiten Weltkriegs hatte die Rote Armee der Sowjetunion Tausende von Scharfschützen in ihren Reihen. (Corbis)

Der finnische Scharfschütze Simo Häyhä war sehr wahrscheinlich einer der besten Scharfschützen aller Zeiten.

Waffen, Zielfernrohren und Montagen. Bei der Roten Armee wurde immer noch das alte Repetiergewehr Mosin-Nagant M1891/30 verwendet. Es war ein Repetiergewehr mit Zylinderverschluss und fest eingebautem Kastenmagazin, das schon im vergangenen Jahrhundert eingeführt worden war. In den dreissiger Jahren des 20. Jahrhunderts war es in geringem Umfang modernisiert worden. Im 1. Weltkrieg hatten die Russen nur sehr wenige Zielfernrohrgewehre eingesetzt, aber sie hatten genau beobachtet, welche Auswirkungen der Scharfschützeneinsatz auf die Kämpfe hatte. Als dann unter Stalin der Umfang der Streitkräfte vergrössert wurde, experimentierte man mit einer Reihe von Zielfernrohren, die speziell für das Scharfschützenwesen entwickelt worden waren. Dazu gehörten das PE mit vierfacher Vergrösserung und ein verbessertes, seitlich montiertes PEM.

Mittlerweile hatte man auch das Selbstladegewehr Tokarev SVT38 entwickelt, und diese Waffe wurde auch als Scharfschützengewehr in Dienst gestellt. Es wurde aber nie im selben Umfang wie das alte Repetiergewehr Mosin M91/30 eingesetzt. Zum einen war der Selbstlader nicht so präzise wie das Repetiergewehr (das bestätigen Scharfschützen heute noch), und vor allen Dingen wird ein Scharfschütze immer Wert darauf legen, dass er den Verschluss dann betätigt, wenn er es für richtig hält. Das aber geht bei einem Selbstlader nicht. Ein weiteres Problem war die Zielfernrohrmontage mit dem PEM, deswegen musste ein neues, kürzeres Zielfernrohr eingeführt werden. Es trug die Bezeichnung PU (3,5-fache Vergrösserung), und dieses Zielfernrohr war dann während des gesamten Zweiten Weltkriegs das Standard-Zielfernrohr der sowjetischen Streitkräfte.

Das Repetiergewehr M91/30 in Kombination mit dem Zielfernrohr PU war berühmt für seine Robustheit, Zuverlässigkeit und Präzision, und es war einfach zu warten. Dieses Scharfschützengewehr wurde sogar vom Feind eingesetzt, wenn er es erbeuten konnte. Man geht davon aus, dass zur Zeit des sogenannten «Winterkriegs» – als die Sowjets im Jahre 1939 Finnland überfielen – bei der Roten Armee 60'000 Scharfschützen im Einsatz waren. Sie kämpften gegen einen Gegner, der ebenfalls Scharfschützen einsetzte, und diese Soldaten waren sehr gut an den eiskalten finnischen Winter mit seinen tief verschneiten Wäldern gewöhnt. Die Finnen erwiesen sich als mächtige Gegner, bei den finnischen Streitkräften gab es zwei der berühmtesten Scharfschützen aller Zeiten, nämlich Suko Kolkka und Simo Häyhä.

Von Suko (oder Sulo) Kolkka wird berichtet, dass er während des Winterkrieges über 400 Gegner getötet hatte. Aber selbst diese bereits sehr erstaunliche Zahl wurde noch durch die Leistungen vom Gefreiten Simo Häyhä (sein Spitzname lautete: Weisser Tod) übertroffen. In ungefähr 100 Tagen – vom Dienstantritt bis zu seiner Verwundung durch einen Kopfschuss, von dem er wunderbarerweise genesen konnte – hatte Simo Häyhä 542 sowjetische Soldaten mit seinem Scharfschützengewehr getötet. Dazu kamen noch über 200 weitere Gegner, die er im Nahkampf mit seiner Maschinenpistole ausschalten konnte. Das aber bedeutete, dass er pro Tag ungefähr fünf Gegner tötete, und das war eine ganz erstaunliche Schiessleistung.

Der körperlich recht kleine Häyhä schoss mit einem Gewehr Modell 28 (die finnische Version des russischen Mosin-Nagant), wobei er zeitgenössischen Berichten zufolge am liebsten mit der offenen Visierung

Rechts: Sowjetische Scharfschützen mit Selbstladegewehren Tokarev SVT40. (Cody)

Unten: Ein sowjetischer Scharfschütze in Wintertarnkleidung. Die Rote Armee setzte Tausende von Scharfschützen ein, die der deutschen Wehrmacht sowohl beim Vormarsch als auch beim Rückzug grosse Probleme bereiteten.

schoss. Das bei der finnischen Armee ausgegebene Zielfernrohr Oy Physica nahm er nur ungern. Viele finnische Scharfschützen verwendeten auch erbeutete russische Zielfernrohre der Typen PEM und PU.

Der Winterkrieg endete im März 1940 mit dem Frieden von Moskau, im Rahmen dieses Vertrags erhielten die Finnen ihre Selbstständigkeit. Die Sowjets hatten einen kleinen Streifen von Finnland erobern können, aber zu einem fürchterlichen Preis. Die finnischen Streitkräfte verloren 25'000 Mann, das war für die kleine Nation sehr viel. Die Rote Armee dagegen verlor bei diesem Aggressionsakt ungefähr eine Million Soldaten. Das kommentierte ein sowjetischer General wie folgt: «Wir haben gerade genug Boden gewonnen, um unsere Toten darin zu begraben.» Ein guter Teil dieser Toten war das Ergebnis des Einsatzes von finnischen Scharfschützen.

Als die deutsche Wehrmacht im Jahre 1941 die Sowjetunion angriff, waren die Sowjets besser vorbereitet. Bei der Roten Armee gab es Scharfschützenschulen in grossem Umfang, und die dort erlernten Einsatztaktiken wurden von den Scharfschützen sofort umgesetzt, um den deutschen Aufmarsch aufzuhalten. In der Zwischenzeit zog sich die Rote Armee zurück und stellte sich vor den kommenden entscheidenden Schlachten neu auf. Eine Handvoll von erfahrenen und gut getarnten Scharfschützen konnten den Vormarsch einer ganzen Kolonne aufhalten, allerdings gab es auf beiden Seiten viele Opfer, denn auch die deutsche Wehrmacht verfügte über hervorragend ausgebildete und erfahrene Scharfschützen.

Die versteckt kämpfenden russischen Scharfschützen wandten Taktiken an, die eigentlich schon aus dem Burenkrieg stammten und über 50 Jahre alt waren. Sie

Sowjetische Scharfschützen am Stadtrand von Leningrad.

Deutscher Scharfschütze in Stalingrad. (Cody)

Die deutschen Scharfschützen waren bei ihren Einsätzen auf allen Kriegsschauplätzen sehr erfolgreich. (Andy Colborn/SBG)

Mitglieder einer Darstellungsgruppe stellen deutsche Scharfschützen während des Ostfeldzugs nach. (Andy Colborn/SBG)

Deutsche Scharfschützengewehre im Zweiten Weltkrieg

Die Hauptwaffe der deutschen Scharfschützen im Zweiten Weltkrieg war der Karabiner 98k, ein Repetiergewehr mit Zylinderverschluss, das aufgrund seiner Präzision und seiner Reichweite einen guten Ruf hatte. Von dieser Waffe wurden Zehntausende von Exemplaren ausgegeben, und sie fand auf jedem Kriegsschauplatz Verwendung, auf dem deutsche Scharfschützen eingesetzt wurden. Es fanden auch einige Selbstladegewehre G43 Verwendung, allerdings in deutlich geringeren Stückzahlen als der K98k. Das G43 war ein Gasdrucklader, bei dem das Verschlussgehäuse so gefräst geworden war, dass eine Zielfernrohrmontage zusätzlich zu der offenen Visierung angebracht werden konnte. Die Munitionszufuhr erfolgte aus einem abnehmbaren Kastenmagazin für 10 Patronen. Bis auf mittlere Entfernungen hatte das G43 eine gute Präzision, aber bei Entfernungen von über 350 m war es als Scharfschützengewehr nicht mehr sonderlich brauchbar. Vorteile brachte die Waffe allerdings im Nahkampf, denn ihre Feuergeschwindigkeit war deutlich höher. Zusammen mit den Schiessfähigkeiten eines gut geübten Scharfschützen konnte die Waffe bei der Abwehr von feindlichen Angriffen hervorragende Dienste leisten. Auch die bei der deutschen Wehrmacht verwendete Maschinenpistole MP44 konnte mit einem Zielfernrohr versehen werden, aber diese Fälle waren relativ selten. Zwar wurde die Waffe offiziell als Maschinenpistole eingestuft, aber in Wirklichkeit war es das erste Sturmgewehr der Welt. Es bestand im Wesentlichen aus Stahlprägeteilen, und mit seinem Magazin mit 30 Patronen und einer Feuergeschwindigkeit von über 500 Schuss pro Minute war diese Waffe ein deutlicher Fortschritt im Vergleich zum bisher ausgegebenen Repetiergewehr. Allerdings waren nie genügend Waffen dieses Typs vorhanden, um die gesamte Truppe damit auszustatten. Obwohl das Gewehr mit einem Zielfernrohr ausgestattet werden konnte, gibt es keine Belege dafür, dass die Waffe auch als Scharfschützengewehr eingesetzt wurde.

Für das Gewehr 98 beziehungsweise den Karabiner 98k wurden eine Vielzahl von Zielfernrohrmontagen und Zielfernrohre verwendet. Dazu gehörten auch viele Zivilausführungen von Zielfernrohren von Ajak, Hensoldt, Kahles, Zeiss und anderen Herstellern. Alle diese Zielfernrohre waren von hervorragender optischer Qualität, es waren mit grosser Sicherheit die besten Zieloptiken ihrer Zeit. Sie hatten üblicherweise eine vierfache Vergrösserung, aber es gab auch Modelle mit sechsfacher Vergrösserung. Die Modellbezeichnung bestand normalerweise aus den Buchstaben ZF (für Zielfernrohre) und dem Jahr der Einführung, also zum Beispiel ZF39 usw. Einzige Ausnahme war das ZF4, hier stand die Zahl 4 für die vierfache Vergrösserung. Das ZF4 war ursprünglich für das Selbstladegewehr G43 entwickelt worden.

Beim ZF-41 war der Augenabstand vergrössert worden, dieses Zielfernrohr hatte nur eine 1,5-fache Vergrösserung und war eigentlich mehr für das Flüchtigschiessen vorgesehen, ein richtiges Zielfernrohr im eigentlichen Sinn war es nicht. Es wurde auf einen normalen Karabiner montiert und an Soldaten ausgegeben, die wir heutzutage eigentlich nur als gute Schützen bezeichnen würden. Es handelte sich bei ihnen nicht um ausgebildete Scharfschützen, allerdings wurde eine gewisse Kampferfahrung vorausgesetzt, und ausserdem lernten sie im Einsatz dann sehr schnell, mit der Waffe richtig umzugehen. Das ZF-41 war weit vor dem Verschluss der Waffe montiert, der Schütze konnte das Ziel direkt aufnehmen, ohne durch das Zielfernrohr zu schauen, und danach benutzte er das Zielfernrohr zum genauen Zielen. Dieses Verfahren funktionierte besonders im Nahkampf sehr gut und ermöglichte es auch den einfachen Soldaten, mit der Waffe genauer zu schiessen.

Die meisten verwendeten Zielfernrohrmontagen liessen sich leicht aufsetzen und abnehmen, es waren Seitenmontagen. Die vor dem Krieg hergestellten Versionen waren kurz und wurden in einer Schwalbenschwanzführung an der linken Seite des Verschlussgehäuses des K98k angesetzt. Die nach 1943 gefertigten Montagen waren länger und wurden mittig auf das Verschlussgehäuse aufgesetzt. Es gab auch Einhakmontagen und hohe Montagen.

Nahansicht der linken Seite eines Karabiners 98k mit einem Zielfernrohr Dialytan mit vierfacher Vergrösserung, darunter ein Ladestreifen mit fünf Patronen. (Sammlung Steve Broadbent)

Nahansicht der rechten Seite eines Karabiners 98k in Scharfschützenausführung, hier ist der Verschluss mit dem Kammerstängel gut zu sehen. (Sammlung Steve Broadbent)

Karabiner 98k mit einem Zielfernrohr Kahles mit vierfacher Vergrösserung und Einhakmontage. (Sammlung Graham Mitchell/SBG)

Karabiner 98k mit einem Zielfernrohr CAD mit vierfacher Vergrösserung auf einer hohen Montage.

Karabiner 98k mit einer Seitenmontage und einem Zielfernrohr Zeiss Zielvier. (Sammlung Graham Mitchell/SBG)

Karabiner 98k von Mauser mit Schichtholzschaft und Zielfernrohr ZF41 mit verlängertem Augenabstand. Beim ZF41 handelte es sich nicht um ein Zielfernrohr für den Scharfschützeneinsatz, es war für das Flüchtigschiessen mit grösserer Präzision vorgesehen. (AWM.REL-01142)

Der Karabiner K98k mit Zielfernrohr war das am meisten verwendete Scharfschützengewehr der deutschen Wehrmacht im Zweiten Weltkrieg. (Sammlung Steve Broadbent)

Mit dem ZF-4 wollte man die Fertigung der Zielfernrohre vereinheitlichen und für die Massenfertigung geeignet machen. Ursprünglich war dieses Zielfernrohr für das Selbstladegewehr G43 vorgesehen, aber es wurde später auch für den Karabiner 98 und andere Gewehre verwendet. Eigentlich war es von guter Qualität, aber im Verlauf der Fertigung musste die Qualität leiden, weil die Herstellerwerke dauernd von den Alliierten aus der Luft angegriffen wurden, ausserdem fehlten erfahrene Arbeiter, und die Materialversorgung wurde auch immer schlechter. Im Gegensatz zu den meisten anderen Zielfernrohren seiner Zeit hatte das ZF-4 die Höhenverstellung an der rechten Seite, während sich die Seitenverstellung oben auf dem Zielfernrohr befand. Das Fadenkreuz befand sich nicht in der Mitte der Optik; genau wie beim russischen Zielfernrohr PU bewegte sich das Fadenkreuz, wenn es verstellt wurde.

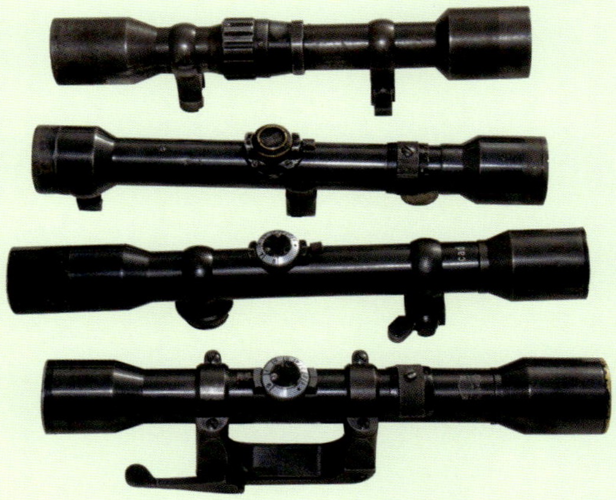

Einige der von der deutschen Wehrmacht im Zweiten Weltkrieg verwendeten Zielfernrohre für Scharfschützen (von oben nach unten): ZF39 DOW (beachten Sie den Ring für die Entfernungsverstellung am Tubus), Kahles 4x, CAD 4x und Zeiss Zielvier 4x. (Sammlung Graham Mitchell/SBG)

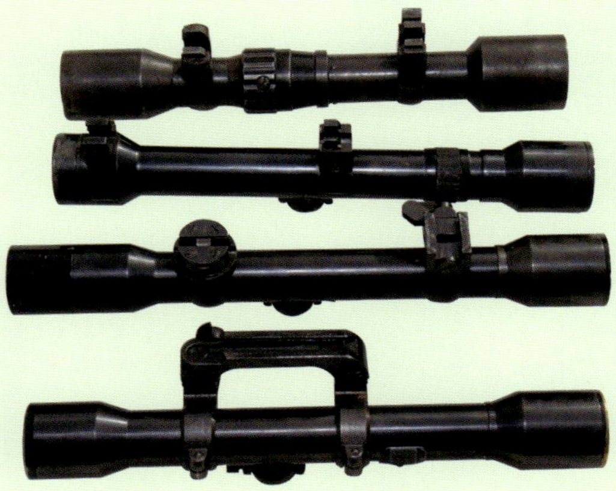

Darunter dieselben Zielfernrohre in umgekehrter Reihenfolge (Sammlung Graham Mitchell/SBG)

Links: Mitglied einer Darstellungsgruppe mit einem Scharfschützengewehr Karabiner 98k. (Andy Colborn/SBG)

Ganz links: Einige deutsche Scharfschützen wurden mit dem Selbstladegewehr G43 und dem Zielfernrohr ZF4 ausgerüstet. Allerdings erklärten drei der besten deutschen Scharfschützen (Matthias Hetzenauer, Sepp Allerberger und Helmut Wirnsberger) übereinstimmend, dass sie das Repetiergewehr mit Zylinderverschluss vorzogen. (Andy Colborn/SBG)

Links: Das Sturmgewehr 44 war zwar für die Aufnahme eines Zielfernrohrs vorgesehen, aber es dürfte in dieser Kombination kaum jemals eingesetzt worden sein. (Andy Colborn/SBG)

Oben: Die Hauptaufgabe von Scharfschützen war es nicht unbedingt, so viele Gegner wie möglich zu töten, viel wichtiger war, dass sie für den Feind wichtiges Führungspersonal ausschalten konnten.

Unten: Bei der sowjetischen Armee wurden im Zweiten Weltkrieg viele weibliche Scharfschützen eingesetzt, und einige von ihnen erbrachten hervorragende Leistungen. (John Norris)

schossen zunächst einmal auf Fahrer, Reifen und Motoren der führenden Fahrzeuge und des letzten Fahrzeugs in der Kolonne. Dadurch brachten sie den Vormarsch der Kolonne sicher zum Stehen. Dann suchten sie sich lohnende Ziele aus, während der Feind versuchte, die Strasse wieder freizubekommen und den Konvoi wieder in Marsch zu setzen. Daraufhin zogen sich die Scharfschützen erst einmal gut eineinhalb Kilometer auf der Strasse zurück, ehe die Deutschen sie mit Maschinengewehren, Mörsern oder leichter Artillerie unter Feuer nehmen konnten. Dann bezogen sie neue Verstecke und warteten, bis die Kolonne wieder vorbeikam. Dann begann der Angriff auf dieselbe Weise wie vorher. Im späteren Verlauf des Kriegs wurden diese Rollen allerdings umgetauscht. Als die Deutschen sich auf dem Rückzug befanden, setzten sie jeweils vier bis sechs Scharfschützen ein, die den Rückzug decken mussten.

Eine weitere übliche Taktik zum Aufhalten von Vormärschen wird von dem zweitbesten deutschen Scharfschützen Josef «Sepp» Allerberger wie folgt beschrieben: «Ich wartete ruhig ab, bis die nächsten vier Angriffswellen sich auf unsere Linien zubewegten. Dann feuerte ich schnell auf die zwei hinteren Wellen, wobei ich jeweils auf den Magenbereich zielte. Diese unerwarteten Opfer im hinteren Angriffsbereich und die fürchterlichen Schreie der Verwundeten brachten den Angriff in den hinteren Reihen schon bald zum Stehen. Das wiederum verursachte Unruhe in den beiden führenden Angriffsreihen, so dass der ganze Angriff zu stocken begann. Jetzt konnte ich mich auf Ziele in den beiden ersten Reihen konzentrieren. Ich schoss dabei auf alle sowjetischen Soldaten, die sich weniger als 50 m vor meiner Stellung befanden. Als Ziel wählte ich das Herz oder den Kopf aus. Wenn sich feindliche Soldaten umdrehten und wegliefen, dann sorgte ich mit einem Schuss in die Nieren dafür, dass sie schreiend zusammenbrachen. Zu diesem Zeitpunkt war der Angriff dann schon vollkommen zusammengebrochen.»

Eigentlich entspricht diese Beschreibung nicht dem Ethos der modernen Scharfschützen, die immer Wert darauf legen, dass ihre Treffer sofort tödlich sind. Ich denke aber, dass wir uns den Luxus nicht leisten können, uns bequem zurückzulehnen und über diesen Abschnitt der Geschichte zu urteilen. Der Krieg an der Ostfront wurde auf beiden Seiten mit extremer Heftigkeit geführt, es wurden schreckliche Taktiken angewandt, um einen Vorteil zu bekommen. Die Sowjets zum Beispiel schossen mit Explosivgeschossen auf menschliche Ziele. Das hatten sie auch schon während des russisch-finnischen Winterkrieges getan. Allerdings gibt es auch Berichte darüber, dass die Deutschen mit Explosivgeschossen gegen russische Scharfschützen vorgingen. Sowohl Sowjets als auch Deutsche töteten manchmal Gefangene, und gegenüber Gefangenen gegnerischen Scharfschützen verhielten sie sich besonders brutal. Das musste unter anderem auch Sepp Allerberger erfahren, und deswegen hörte er schon bald damit auf, für jeden Treffer eine Kerbe in den Kolben seines Gewehres zu schnitzen. An seiner Uniform trug er allerdings am linken Ärmel eine Reihe von dünnen Silberstreifen, die ihm für jeweils 10 anerkannte Treffer verliehen wurden. Nach den Vorschriften der deutschen Wehrmacht musste ein Offizier oder Unteroffizier das Schiessbuch des Scharfschützen gegenzeichnen, um einen Abschuss zu bestätigen. Allerdings weigerten sich viele Artilleriebeobachter, eine solche Bestätigung zu geben, denn in ihren Augen waren Scharfschützen einfach Mörder, und es machte für sie keinen Unterschied, ob es sich um deutsche oder sowjetische Scharfschützen handelte. Bei der Abwehr von feindlichen Scharfschützen wurden manchmal Attrappen von Artilleriebeobachtern eingesetzt, mit denen man feindliches Scharfschützenfeuer anlocken wollte, und dieses Verfahren mochten die Artilleristen auch nicht leiden. Um die sowjetischen Scharfschützen abzuwehren, richteten die Deutschen Scharfschützenschulen ein, deren Ausbildung überaus erfolgreich war. Das Vorbild dieser Ausbildungseinrichtungen waren die britischen Scharfschützenschulen im Ersten Weltkrieg. Allerdings hatten die Deutschen die Ausbildungsthemen der derzeitigen Kriegsituation angepasst. Jedes deutsche Infanteriebataillon hatte 21 Soldaten, die als Scharfschützen eingeteilt worden waren. Viele dieser Soldaten hatten bereits reichlich Kriegserfahrung. Sie wurden üblicherweise zu den Scharfschützenschulen geschickt, nachdem sie im Feld bewiesen hatten, dass sie überdurchschnittlich gute Schützen im Kampf waren.

An der Ostfront konnten sich im Verlauf der Zeit viele deutsche Soldaten als hervorragende Scharfschützen auszeichnen. Abgesehen von Allerberger (257 bestätigte Abschüsse) war da noch Matthias Hetzenauer (345 bestätigte Abschüsse), beide Soldaten erhielten das Ritterkreuz als Auszeichnung. Die tatsächlichen Abschusszahlen beider Scharfschützen waren wahrscheinlich noch ganz erheblich höher, denn es gab genaue Vorschriften für das Bestätigen von Abschüssen. Beide Männer stammten eigentlich aus Österreich, und das ist eine recht interessante Tatsache, denn aus Österreich sind im Verlauf der Geschichte viele Scharfschützen gekommen, einschliesslich der vielen berühmten Jäger.

In einem Interview für die österreichische Militärzeitung «Truppendienst» im Jahre 1967 wurden die berühmten Scharfschützen Hetzenauer, Allerberger und Helmut Wirnsberger (ein weiterer deutscher Scharfschütze, der an der Ostfront gedient hatte) zu ihren Waffen und Methoden befragt. Alle drei hatten mit einem Karabiner 98k mit Zielfernrohr geschossen, und sie sagten übereinstimmend, dass sie bis auf 400 m Entfernung sichere Kopftreffer erzielen konnten. Bis auf 600 m konnten sie bei einem stehenden Mann einen Körpertreffer erzielen. Die Erfolgsrate lag bei 65% bis 80% auf 400 m und 20% bis 30% auf 600 m. Die meisten erfolgreichen Treffer fanden auf Entfernungen unter 400 m statt. Hetzenauer und Wirnsberger hatten auch mit dem Selbstladegewehr G43 und einem Zielfernrohr mit vierfacher Vergrösserung geschossen, aber sie sagten beide, dass diese Waffe nicht so präzise oder zuverlässig wie der Karabiner 98k war.

Als sie nach den erfolgreichen Einsatztaktiken für Scharfschützen gefragt wurden, gab Hetzenauer zur Antwort, dass nicht die Zahl der Treffer so wichtig war, viel wichtiger waren die Schäden, die beim Feind verursacht wurden, wenn Kommandeure oder andere wichtige Soldaten getroffen wurden. Diese vernünftige Einstellung fand sich eigentlich bei allen deutschen Scharfschützen. Sie schossen vorzugsweise auf Offiziere und Unteroffiziere und beraubten so die sowjetischen Streitkräfte ihrer Führungsebene. Das konnte ganz besonders wirksam sein, wenn viele der sowjetischen Soldaten junge, unerfahrene Rekruten waren, die in vielen Fällen sogar von Politkommissaren in den Kampf getrieben wurden. Alle drei Befragten sagten ausserdem übereinstimmend, dass Verteidigung die beste Kampfesweise der Scharfschützen war. Als sie gefragt wurden, welche Qualitäten neben guten Schiessfertigkeiten ein Scharfschütze mit sich bringen muss, antworteten alle drei auf verschiedene Weise. Grundsätzlich stimmten sie aber darin überein, dass Geduld, Ausdauer, Beobachtungsgabe und gute taktische Einschätzung besonders wichtig waren.

Zwar hatten die sowjetischen Streitkräfte Scharfschützen in grosser Zahl, aber hier war Quantität nicht immer gleich Qualität. Natürlich waren auch diese Män-

Oben: Viele der berühmtesten Berichte über den Scharfschützeneinsatz kamen von der russischen Front, und hier ganz besonders von der Belagerung von Stalingrad. (Cody)

Unten: Ein deutscher Scharfschütze mit einem Selbstladegewehr G43 und ZF 4, im Vordergrund liegt ein Maschinengewehr MG42. (Andy Colborn/SBG)

ner ausgebildet, aber viele der neu ausgebildeten russischen Scharfschützen waren unerfahren in wirklichen Kampftaktiken. Es war sogar so, dass das Ausbildungswesen von einem bestimmten Grad an Naivität geprägt war. Wie so oft im Leben war es auch hier so, dass diejenigen, die ihre erste Feuertaufe als Scharfschütze überlebten, dann im Feld genauso schnell lernten wie vorher im Lehrsaal. Zu ihrer Ausbildung gehörten auch Training im Nahkampf und im Häuserkampf. Dieser Teil der Ausbildung war überaus wichtig beim Kampf um die russischen Städte. Das zeigte sich ganz besonders bei der festgefahrenen militärischen Situation in den Ruinen von Stalingrad. Hier konnten die sowjetischen Scharfschützen reiche Beute machen, und hier fanden auch einige der berühmtesten Duelle zwischen gegnerischen Scharfschützen statt. Vasily Grigorevich Zaitsev war einer der berühmtesten Scharfschützen der Roten Armee. Er wurde schon zu Lebzeiten ein gefeierter Held der Sowjetunion, und über sein Leben und seine Kämpfe wurde später sogar ein Film mit dem Titel «Enemy at the Gate» gedreht, indem der britische Schauspieler Jude Law die

Lyudmila Pavlichenko wurde ziemlich berühmt und bereiste die ganze Welt (hier ist sie in den USA). Sie warb überall für die sowjetische Sache. (NA)

Sergeant Pdozhive, der hier bei der Beobachtung mit einem Doppelfernrohr gezeigt wird, hatte in Leningrad 181 bestätigte feindliche Abschüsse. (NA)

Eine der berühmtesten russischen Scharfschützinnen war Lyudmila Pavlichenko. Sie konnte über 300 feindliche Soldaten töten.

Helden des grossen vaterländischen Krieges – russische Scharfschützen und sowjetische Propaganda

Schon 1924 hatten sowjetische Militärfachleute erkannt, dass Scharfschützen ein wirksames und kostengünstiges taktisches Mittel waren. Deswegen hatten sie mit der Einrichtung von speziellen Scharfschützenschulen begonnen. Mit der richtigen Ausbildung und der richtigen Ausrüstung – und natürlich der richtigen politischen Einstellung – konnte eine Elitetruppe von Scharfschützen beim Feind verheerende Wirkung haben. Wie gross war erst ihre Wirkung, wenn Zehntausende von ihnen eingesetzt würden?

Sowjetische Scharfschützen wurden nicht nur an ihrer Waffe und ihrem Zielfernrohr ausgebildet, sondern sie erhielten auch Ausbildung im Tarnen, in defensiven und offensiven Taktiken, im Scharfschützeneinsatz im offenen Gelände oder im Wald oder in der Stadt, im Einsatz von Handgranaten und selbst im Nahkampf. Einige dieser Scharfschützenkurse waren kurz, dort bildete man mit den Kursteilnehmern und erfahrenen Scharfschützen Zweimanngruppen. Das Ergebnis all dieser Massnahmen war, dass im Jahre 1939 ungefähr 60'000 ausgebildete Scharfschützen zur Verfügung standen. Während des grossen vaterländischen Krieges – wie die Russen allgemein den Zweiten Weltkrieg nennen – tat die sowjetische Propaganda alles, um die Scharfschützen «snayperskya» als nationale Helden darzustellen. So wurden aus zweifelsohne braven Soldaten fast mythische Krieger. Berühmte Scharfschützen wie Mikhail Ilyich Surkov, Ivan Sidorenko, Fyodor Matveyevich Okhlopkov und natürlich Vasily Grogoryevich Zaitsev wurden in der gesamten Presse gefeiert, unter anderem deswegen, um die Moral im Land hochzuhalten. Einige der angeblichen Abschusszahlen sind vielleicht durch die Propaganda etwas geschönt worden, aber es gibt auch Fälle, in denen die Zahlen überhaupt nicht aufgezeichnet wurden. Einzigartig bei den sowjetischen Streitkräften war der Einsatz von Frauen als Scharfschützen. Bis 1943 dienten über 1'000 Frauen in dieser Rolle. Dazu gehörten Lyudmila Pavlichenko, Yekaterina Zuranova, Tatiana Igantovna Kostyrina und Nina Alexeyevna Lokoskaya. Die letztgenannte Soldatin kommandierte eine ganze Kompanie von weiblichen Scharfschützen. Lyudmila Pavlichenko wurde eine Art Botschafterin für die russischen Kriegsbemühungen, und nach ihrer Verwundung wurde sie weltweit bekannt. Bei der Verteidigung von Odessa und Sewastopol hatte sie 309 deutsche Soldaten ausgeschaltet. Nataly V. Kovshova und Maria Polivanova konnten zusammen über 300 Abschüsse verzeichnen, sie kämpften zusammen im Team. Sie wurden zu Heldinnen der Sowjetunion erklärt, nachdem ihnen die Munition ausgegangen war und sie um ihr Leben kämpfen mussten. Sie zogen es vor, sich mit Handgranaten umzubrin-

Hauptrolle spielte. Er stammte aus dem Ural und war dort Jäger. Deswegen war er auch schon vor seinem Militärdienst bei der sowjetischen Marineinfanterie ein guter Schütze. Nachdem er mehr als 30 deutsche Soldaten mit seinem normalen Dienstgewehr im Kampf besiegt hatte, bekam er ein Scharfschützengewehr mit Zielfernrohr und wurde als Scharfschütze eingesetzt. Schliesslich wurden ihm über 400 bestätigte Abschüsse zuerkannt. Sein berühmtester Kampf fand gegen einen deutschen Scharfschützen statt, diese Szene wurde auch in dem vorher erwähnten Film beschrieben. Der Name des deutschen Scharfschützen war vermutlich Konings oder Heinz Thorwald, aber hierüber gibt es erhebliche Zweifel. Aus Zaitsevs Biografie geht allerdings hervor, dass er in Stalingrad gegen einen sehr erfahrenen deutschen Scharfschützen kämpfen musste, aber dessen Name taucht hier nirgendwo auf. In der Schlacht von Stalingrad (1942 bis 1943) konnte Zaitsev allein 225 deutsche Soldaten aller Dienstgrade als bestätigte Abschüsse verbuchen, davon waren zumindest 11 Scharfschützen.

gen, anstatt in Gefangenschaft zu gehen. Angesichts des Umgangs mit gefangen genommenen Scharfschützen ist ihre Entscheidung wahrscheinlich verständlich.

Die Abschusszahlen russischer Scharfschützen

Die nachfolgend aufgeführten Abschusszahlen der sowjetischen Scharfschützen stammen aus verschiedenen Quellen, deswegen kann ihre Genauigkeit nicht garantiert werden. Aber selbst wenn diese Zahlen um bis zu 50% abweichen würden (darauf gibt es allerdings überhaupt keine Hinweise), sind sie immer noch ein Beweis dafür, wie wirkungsvoll der Scharfschützeneinsatz sein kann. Einige moderne Studien geben an, dass im Kampf nur sehr wenige Soldaten ihre Waffen tatsächlich genau auf den Feind zielen. Man muss auch davon ausgehen, dass ein Teil der unten angegebenen Zahlen durch Maschinengewehrfeuer beziehungsweise Maschinenpistolenfeuer zustande kam.

(Bei dem finnischen Scharfschützen Simo Häyha wurden zwei separate Register für seine Abschüsse geführt, das eine für seinen Einsatz mit dem Gewehr und das andere mit der Maschinenpistole.)

(Mit «w» sind weibliche Scharfschützen gekennzeichnet)

Mikhail Ilyich Surkov	700+
Vasiliy Shalvovich Kvachantiradze	534
Ivan Sidorenko	500
Nikolay Yakovlevich Ilyin	496
Kulbertinov	487
V.N. Pchelintsev	456
Mikhail Budenkov	437
Fyodor Djachenko	425
Vasilij Ivanovich Golosov	422
Afanasy Gordienko	412
Stepan Petrenko	412
Fyodor Matveyevich Okhlopkov	400+
Vasily Grigoryevich Zaitsev	400
Semen D. Nomokonov	367
Abdukhani Idrisov	349
Philip Yakovlevich Rubaho	346
Victor Ivanovich Medvedev	331
E. Nicolaev	324
Leonid Yakovlevich Butkevich	315
Nikolai Ilyin	315
Lyudmila Mikhailovna Pavlichenko	309 (w)
Alexander Pavlovich Lebedev	307
Ivan Pavlovich Gorelikov	305
Ivan Petrovich Antonov	302
Gennadij Iosifovich Velichko	300
Moiseij Timofeyevich Usik	300
Nataly V. Kovshova & Maria Polivanova	300 (w)
Ivan Filippovich Abdulov	298
Yakov Mikhajlovich Smetnev	279
Liba Rugova	274
Anatolij Chekhov	265
Zhambyl Evscheyevich Tulaev	262
Fyodor Kuzmich Chegodaev	250
Ivan Ivanovich Bocharov	248
Mikhail Ignatievich Belousov	245
Maxim Passar	237
David Teboevich Doev	226
N.F. Semyonnov	218
Vasilij Shalvovich Kvachantiradze	215
Mikhail Stepanovich Sokhin	202
Noj Petrovich Adamia	200
M.A. Abbasov	200
Yekaterina Zuranova	155 (w)
Vladimir Ptchelinzev	152
Inna Semyonovna Mudretsova	143
Feodosy Smeljachkov	125
H. Andruhaev	125
I. Merkulov	125
Tatiana Igantovna Kostyrina	120 (w)
Janis Roze	116
N.P. Petrova	107 (w)
V.N. Pchelintsev	102
Yelizaveta Mironova	100+ (w)
Aliya Moldagulova	91 (w)
Nina Lobkovskaya	89 (w)
Lidiya Gudovantseva	76 (w)
Alexandra Shlyakhova	63 (w)
P. Grjaznov	57
Roza Yegorovna Shanina	54 (w)
A.P. Medvedeva-Nazarkina	43 (w)
Tatiana Nikolaevna Baramzina	36 (w)
Marie Ljalkova (CSSR)	30 (w)

Abschusszahlen deutscher Scharfschützen

Über die Abschusszahlen deutscher Scharfschützen ist wenig bekannt, wahrscheinlich weil viele deutsche Unterlagen bei Kriegsende zerstört wurden.

Matthias Hetzenauer	345
Sepp Allerberger	257
Bruno Sutkus	209
Friedrich Pein	200+
Gefr. Meier	180
Oleh Dir	120
Helmut Wirnsberger	64

Die sowjetische Post gab sogar eine Sondermarke zur Erinnerung an die Verdienste der Scharfschützen im Krieg heraus.

Einige russische Scharfschützinnen wie zum Beispiel Roza Shanina wurden in der sowjetischen Presse sehr hoch gelobt und auf vorteilhafte Weise abgebildet.

Oben: Angeblich setzte die deutsche Wehrmacht ihre besten Scharfschützen ein, um den russischen Scharfschützenhelden Vasily Zaitsev auszuschalten. Es lässt sich heute nicht mehr belegen, ob das stimmt. (Andy Colborn/SBG)

Unten: Die Briten richteten während des Zweiten Weltkrieges eine Reihe von speziellen Scharfschützenschulen ein. Hier wird eine Gruppe von Scharfschützen der Kommandos der Marineinfanterie bei Lehrgangsende gezeigt. Beachten Sie die Scharfschützengewehre mit Zielfernrohren und die Teleskope für die Beobachtung im Vordergrund. (Leonard Chalk, Scharfschütze bei den Kommandos No 45 und 46 RM)

Scharfschützen in Westeuropa

Der erste Teil des Zweiten Weltkriegs in Westeuropa wird oft auch als der Blitzkrieg bezeichnet. Damals überrannten die hochmobilen Einheiten der Wehrmacht jeden Widerstand. Allerdings setzten die deutschen Streitkräfte auch damals schon Scharfschützen gegen die nach Dünkirchen flüchtenden Briten im Jahre 1940 ein. Auch auf britischer Seite wurden Scharfschützen mit einigem Erfolg eingesetzt. Diese Soldaten benutzten üblicherweise Gewehre des Typs P14 No. 3 (T) mit Zielfernrohren. Damit konnte der deutsche Druck auf die in Dünkirchen auf ihre Evakuierung wartenden britischen Truppen ein wenig genommen werden. Die Briten mussten bei ihrer Flucht einen grossen Teil ihrer Scharfschützengewehre zurücklassen. Allerdings hatte die britische Militärführung aus dieser Niederlage gelernt, denn jetzt wurden spezielle Scharfschützenschulen eingerichtet.

Als Ersatz für die verschlissenen Scharfschützengewehre, die bekanntlich noch aus dem letzten Krieg stammten, wurde das Gewehr No. 4 Mk I (T) mit dem Zielfernrohr No. 32 ausgegeben. Diese Waffe wurde bei den britischen und kanadischen Scharfschützen in Europa, Nordafrika und dem Fernen Osten eingesetzt. Auch bei den sogenannten Anzac-Truppen kam dieser Gewehrtyp in geringerem Umfang zum Einsatz.

Das Gewehr No. 4 verschoss die normale Dienstmunition im Kaliber. 303 British (eine veraltete Randpatrone, die für Repetierer eigentlich gar nicht gut geeignet war), das Zielfernrohr No. 32 wurde üblicherweise auf 275 Yards (ca. 250 m) fest eingeschossen. Auf diese Entfernung wurde auf den Kopf gezielt, und aufgrund der Flugbahn war ein tödlicher Körpertreffer bei Entfernungen zwischen 25 bis 300 Yards fast sicher. Bei Schüssen über grössere Entfernungen musste entsprechend durch Vorhalten korrigiert werden. Die feste Einstellung des Zielfernrohrs brachte für den Schützen durchaus Vorteile, denn er brauchte das Zielfernrohr nicht zu verstellen und danach stets neu einzuschiessen, zumal sich das ZF No. 32 in seiner frühen Version nicht sehr einfach justieren liess. Erstaunlicherweise stammen diese Erkenntnisse eigentlich von deutschen Scharfschützen aus dem Ersten Weltkrieg, denn dort galt die Regel, auf die Zähne des Feindes zu zielen. Auch hier änderte man eigentlich die Einstellung der Zielfernrohre nicht sehr häufig.

Der erste grössere Einsatz von britischen und kanadischen Scharfschützen fand bei dem Überfall auf die Hafenstadt Dieppe in Nordfrankreich im Jahre 1942 statt. Dort mussten die Alliierten eine heftige Niederlage hinnehmen, aber es zeigte sich zumindest, dass die Scharfschützen wertvolle Dienste im Kampf leisten konnten. Ein Teil der dort eingesetzten Truppen bestand aus 300 Angehörigen der britischen Kommandos, ausserdem waren amerikanische Ranger beteiligt. Ihr Auftrag bestand darin, eine deutsche Artilleriestellung auszuschalten, und das gelang ihnen auch. Zu dieser Gruppe gehörten 20 Scharfschützen, und zwei davon, nämlich der Lancer Corporal Richard Mann und der amerikanische Ranger Sergeant Frank Koons waren so erfolgreich beim Ausschalten der Artilleristen und Maschinengewehrbedienungen, dass sie beide danach mit der «Military Medal» ausgezeichnet wurden.

Für die Kanadier und für die Briten hatte das Desaster von Dieppe aber auch eine positive Seite, denn man hatte jetzt eindeutig erkannt, wie wichtig Scharfschützen waren. Jedem kanadischen Infanteriebataillon wurde jetzt ein Scharfschützen- und Beobachterzug zugeteilt, der ausserdem für die Aufklärung eingesetzt wurde. Diese Männer wurden genau so ausgebildet wie vorher die Lovat Scouts bei den Briten. Ausbildungsthemen waren Tarnung, Einsatz im Verborgenen, Beobachtung und Präzisionsschiessen. Sie waren die Vorläufer der heutigen Fernspäher.

Auch in Nordafrika zeigte sich sehr bald, wie wichtig Scharfschützen waren. Dort konnte man sich im sandigen Gelände gut tarnen und dadurch sehr dicht an die italienischen und deutschen Soldaten herankommen und das Feuer auf sie eröffnen. Bei der alliierten Invasion in Italien im September 1943 standen den Scharfschützen der Wehrmacht erstmals amerikanische Soldaten gegenüber. In einem Fall gelang es drei deutschen Scharfschützen, den gesamten Vormarsch der Alliierten so lange aufzuhalten, bis sie durch einen heftigen Artillerieschlag ausgeschaltet wurden. Artilleriefeuer ist das klassische Gegenmittel gegen Scharfschützen. Im Verlauf des gesamten Italienfeldzuges kam es immer wieder zu Zweikämpfen zwischen gegnerischen Scharfschützen, hier ist ganz besonders Monte Cassino zu nennen. Die Kämpfe um dieses Kloster gehörten zu den härtesten Schlachten des Krieges. Dort mussten britische, amerikanische und Commonwealthtruppen viele Opfer durch deutsche Scharfschützen und durch gut getarnte Maschinengewehrstellungen in den Berghängen hinnehmen.

Nach der alliierten Landung in der Normandie in Frankreich am 6.6.1944 mussten die Landungstruppen um jeden Zentimeter Boden heftig kämpfen. Neben der Artillerie und den Maschinengewehren standen ihnen auch überall deutsche Scharfschützen entgegen. Bei den meisten dieser Scharfschützen handelte es sich um sehr erfahrene und kampferprobte Veteranen. Aber auch die Alliierten setzten Scharfschützen ein, so zum Beispiel den zur amerikanischen Armee gehörenden Sgt. Frank Kwaitek, der bis Ende Juni 1944 insgesamt 22 bestätigte Abschüsse verzeichnen konnte, zu denen auch einige gegnerische Scharfschützen gehörten. Der berühmte amerikanische Kriegsberichterstatter Ernie Pyle schrieb damals darüber: «Hier in der Normandie gibt es überall Scharfschützen. Die Scharfschützen sitzen in den Bäumen, in Gebäuden, in Ruinen und im Gras. Hauptsächlich verstecken sie sich aber in den hohen Heckenreihen, mit denen die Felder hier in der Normandie eingegrenzt werden und die sich neben jeder Strasse und neben jedem Weg befinden.»

Wenn sich die Gelegenheit ergab, dann schossen die deutschen Scharfschützen zuerst auf die alliierten Offiziere. Diese erkannten sie meist an ihren Ferngläsern, ihren

Erkundungsgruppen arbeiteten oft mit Scharfschützen zusammen, ausserdem wurden sie für die Aufklärung eingesetzt. (Oberleutnant Ken Bell/Kanada, Dept. of National Defense/Library and Archives Canada/PA-211643)

Kanadischer Scharfschütze mit einem Scharfschützengewehr P14. (Oberleutnant Frederick G. Whitcombe/Kanada, Dept. of National Defense/Library and Archives Canada/PA-211643)

Das Gewehr No. 3 (T) (Enfield P14) wurde zu Beginn des Zweiten Weltkriegs noch eingesetzt. (Sergeant Al W. Grayston/Kanada, Dept. of National Defense/Library and Archives Canada/PA-213632)

Links: Ein alliierter Scharfschütze überprüft sein Zielfernrohr. (Oberleutnant Frederick G. Whitcombe/Kanada, Dept. of National Defense/Library and Archives Canada/PA-211643)

Ganz links: Infanteristen vom Infanterieregiment «The Queen's Own Rifles of Canada» machen während ihrer Scharfschützenausbildung in England am 21.4.1944 eine Pause. (Oberleutnant Frank L. Dubervil 178/Kanada, Dept. of National Defense/Library and Archives Canada/PA-211817)

Zwei Angehörige einer Darstellergruppe in einer gestellten Szene, bei der ein Einsatz der Scharfschützen der Lovat Scouts von der britischen Armee nachgestellt wird. Zu sehen sind Scharfschütze und Beobachter, das Scharfschützengewehr (No. 4 Mk I (T)) und das leistungsstarke Teleskop. Die Lovat Scouts waren die erste offizielle Scharfschützeneinheit der britischen Armee. (John Norris)

Ein Mitglied einer Darstellungsgruppe stellt hier einen britischen Scharfschützen aus der Zeit des Zweiten Weltkriegs nach, er ist mit einem Scharfschützengewehr Lee-Enfield No. 4 Mk I (T) mit ZF No. 32 bewaffnet. (John Norris)

Scharfschützengewehr Lee-Enfield No. 4 Mk I (T) mit aufgesetztem Zielfernrohr No. 32. (Sammlung Steve Broadbent)

Draufsicht auf das Zielfernrohr, gut zu sehen sind die beiden Rändelschrauben der Montage. (Sammlung Steve Broadbent)

Das britische Scharfschützengewehr No. 4 Mk I (T)

Das normale Scharfschützengewehr der britischen und kanadischen Streitkräfte während des Zweiten Weltkriegs war das Gewehr No. 4 Mk I (T). Um die besten Waffen aus der Serie auszuwählen, wurden sie schon im Werk auf ihre Präzision hin überprüft. Die besten Exemplare wurden dann umgebaut. Sie bekamen eine abnehmbare Zielfernrohrmontage, die links am Verschlussgehäuse angebracht wurde. Diese Montage war für das Zielfernrohr No. 32 eingerichtet. Der Kolben wurde mit einer Wangenauflage versehen, damit das Auge des Schützen im richtigen Winkel zum Zielfernrohrstandpunkt stand. Bei dieser Zielfernrohrmontage konnte die offene Visierung der Waffe im Notfall weiterverwendet werden, und das Gewehr konnte weiterhin mit Ladestreifen geladen werden.
Die meisten Scharfschützengewehre wurden in Grossbritannien entweder von der berühmten Büchsenmacherfirma Holland und Holland oder von BSA umgebaut, aber einige Exemplare wurden auch im Arsenal in Kanada konvertiert. Das Zielfernrohr Nummer 32 hatte eine 3,5-fache Vergrösserung und war sehr robust gefertigt. Eigentlich war es damals für das leichte Maschinengewehr Bren vorgesehen. Der Tubus hatte einen Durchmesser von einem Zoll (25,4 mm), die Länge des ZF betrug 280 mm, zusammen mit der Stahlmontage wog es fast 1,2 kg. Die frühen Modelle hatten Türme für die Absehenverstellung, die Verstellung geschah in Schritten von 45 m bis 900 m. Bei späteren Modellen wurde die Absehenverstellung geändert, jetzt konnte es in beide Richtungen um jeweils 16 MOA korrigiert werden. Das Fadenkreuz bestand aus einer dichten senkrechten Linie, die von unten bis zur Mitte ging, die dünne horizontale Linie ging über den gesamten Bildausschnitt.

Ansicht des Zielfernrohrs No. 32 mit 3,5-facher Vergrösserung und dem System des Gewehrs. (Sammlung Steve Broadbent)

Das abgenommene Zielfernrohr mit seiner Montage, hier kann man gut erkennen, wie einfach die Montage anzubringen ist. (Sammlung Steve Broadbent)

Einzigartig bei den zeitgenössischen Scharfschützengewehren war die Wangenauflage des Scharfschützengewehres No. 4 Mk I (T). Damit wurde das Auge des Schützen in die richtige Stellung zum Zielfernrohr gebracht. (Sammlung Steve Broadbent)

*Linke Seitenansicht des Gewehrs mit abgenommenem Zielfernrohr. Gut zu sehen sind die beiden Montagefüsse des ZF am Verschlussgehäuse.
(Sammlung Steve Broadbent)*

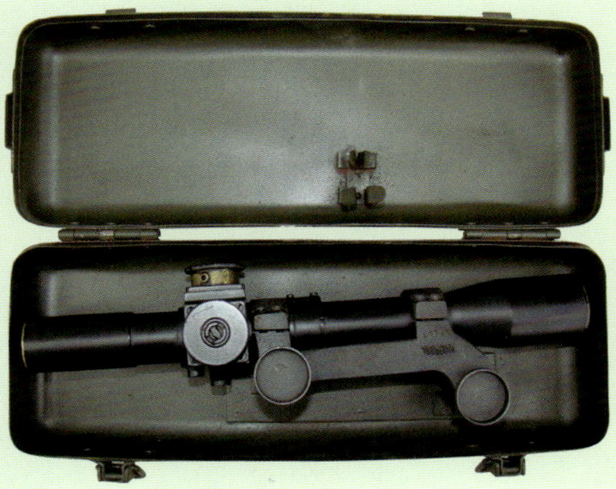

Linke Seite des Scharfschützengewehrs mit aufgesetzter Zielfernrohrmontage. (Sammlung Steve Broadbent)

Ganz links: Beim Transport wurde das Zielfernrohr in diesem Metallkasten eingesetzt und verschraubt. (Sammlung Steve Broadbent)

Links: Alliierte Scharfschützen spielten bei der Abwehr deutscher Scharfschützen in Nordafrika und später in Italien eine wichtige Rolle. Hier rückt eine Gruppe von ihnen im Tal des Liri-Flusses in Italien vor. (Olt. W.H. Agnew/Kanada, Dept. of National Defense/Library and Archives Canada/PA-117835)

Rechts: Deutsche Scharfschützen deckten den Rückzug ihrer eigenen Truppen und verlangsamten damit den alliierten Vormarsch. Diese Soldaten sind in Campochiaro, Italien, im Jahre 1943 unter Feuer geraten. (Olt. Alexander Mackenzie Stirton/Kanada, Dept. of National Defense/Library and Archives Canada/PA-129774)

Nach der alliierten Invasion in der Normandie im Juni 1944 besetzten deutsche Scharfschützen fast jedes Gebäude und jede Heckenreihe in der Normandie. (Andy Colborn/SBG)

Pistolentaschen oder ihren Landkarten. Ausserdem schossen sie auf Männer mit Schnurrbärten, denn das waren höchstwahrscheinlich entweder Offiziere oder ranghöhere Unteroffiziere. Manchmal achteten sie auch nur darauf, wer beim Gegner Befehle gab. Andere bevorzugte Ziele waren Fahrzeugkommandanten, Fernmelder, Geschützbedienungen usw. Hin und wieder wurde auch auf Sanitäter geschossen, obwohl sie eindeutig mit einem roten Kreuz am Stahlhelm gekennzeichnet waren.

In der Normandie hatten die deutschen Scharfschützen ihre Stellungen oftmals in der Nähe von Kreuzungen, Brücken und schmalen Feldwegen sowie in der Nähe von Heckenreihen, die in der Normandie als «Bocage» bezeichnet werden. An solchen Stellen kam der alliierte Vormarsch sehr oft zeitweilig zum Stehen, und hier konnten sie dann gut aus der Deckung heraus schiessen. Weitere bevorzugte Stellungen befanden sich unter Hecken, in verlassenen Gebäuden oder in deren Nähe, auf Kirchtürmen und auf allen anderen Arten von Türmen. Jede irgendwie geeignete Stellung wurde bezogen. Der Kampf gegen diese Scharfschützen in ihren gut verdeckten Stellungen war schwierig. Aufgrund der Geländebeschaffenheit konnte man nur wenige hundert Meter weit sehen und schiessen, und das Zurückschiessen ist natürlich schwierig, wenn man den Gegner nicht sehen kann. Auf eine entdeckte Scharfschützenstellung wurde dann aber massiert mit Handwaffen geschossen, und bei Bedarf griff die eigene Artillerie dann auch noch mit ein. Auf jeden Fall war es ein langer und schwieriger Kampf, bis man einen gegnerischen Scharfschützen ausgeschaltet hatte.

Im Verlauf des alliierten Vormarsches durch Frankreich traf man aber immer öfter auf Scharfschützen, die nicht so viele Vorsichtsmassnahmen ergriffen hatten wie ihre kampferfahrenen Kameraden. Diese Scharfschützen kämpften allerdings bis zum bitteren Ende,

Regeln für deutsche Scharfschützen, 1944

1. Kämpfe fanatisch.
2. Schiesse ruhig und gefasst; Schnellschüsse führen zu nichts; konzentriere Dich auf den Treffer.
3. Dein grösster Feind ist der gegnerische Scharfschütze, überliste ihn.
4. Gib immer nur einen Schuss aus einer Stellung ab, denn sonst wirst Du entdeckt.
5. Der Spaten verlängert Dein Leben.
6. Übe ständig das Schätzen von Entfernungen.
7. Werde Meister der Tarnung und der Geländeausnutzung.
8. Übe ständig Deine Schiessfertigkeit, sowohl hinter der Front als auch in der Heimat.
9. Gib niemals Dein Scharfschützengewehr aus der Hand.
10. Dein Überleben beruht zehnmal auf der Tarnung und einmal auf Deinem Schiessen.

Oben links: Die Alliierten hatten sehr schnell gelernt, wie sie ihre eigenen Scharfschützen wirksam einsetzen mussten.

Oben rechts: Beim alliierten Vormarsch durch Frankreich trafen die Soldaten überall auf deutsche Scharfschützen; zu ihrer Abwehr wurden eigene Scharfschützen eingesetzt.

Unten: Mit nur 17 Jahren meldete sich Leonard Chalk freiwillig bei den Kommandos der britischen Marineinfanterie (Royal Marines). Dort wurde er zum Scharfschützen ausgebildet. Obwohl er in Caen an der Schulter und am Hals verwundet wurde, kehrte er einige Monate später nach Frankreich zurück.

Rechte Seite: Selbst wenn eine von den Deutschen besetzte Stadt von den Alliierten befreit worden war, geschah es oft, dass deutsche Scharfschützen noch hinter den eigenen Linien blieben, um Unruhe zu stiften. (LoC)

Rechts: Ein britischer Scharfschütze beobachtet die Bewegungen des Feindes in Caen, Frankreich, im Jahre 1944. (AWM.128643)

Unten: Ein Mitglied einer Darstellungsgruppe stellt hier den Einsatz eines deutschen Scharfschützen im Winter 1944 nach. (Andy Colborn/SBG)

Deutscher Soldat in Tarnkleidung mit Eichenlaubmuster «B». (John Norris)

Deutscher Soldat in Tarnkleidung mit verschwommenem Muster. (John Norris)

Tarnung im Zweiten Weltkrieg

Bei Ausbruch des Zweiten Weltkriegs wurden Tarnuniformen mit unterbrochenen Tarnmustern bei einer ganzen Reihe von Armeen in unterschiedlichem Umfang getragen. Sie traten an die Stelle der normalen dunkelgrünen, grauen oder braunen einfarbigen Uniformen, wurden aber meist nur von Elitetruppen wie zum Beispiel den Fallschirmjägern, Kommandos und natürlich den Scharfschützen getragen. Bei Tarnmustern mit unterbrochenen Mustern werden merkwürdigerweise sehr gegensätzliche Farben (Brauntöne, Grüntöne, Grautöne und Schwarz) in unregelmässigen Mustern aufgebracht, das können Streifen, Punkte oder anders geformte Muster sein. Sie befinden sich üblicherweise auf einem neutralen Farbhintergrund und haben die Aufgabe, die Silhouette des Trägers aufzubrechen.

Bei der deutschen Wehrmacht wurde schon seit den dreissiger Jahren mit den unterschiedlichsten Tarnmustern experimentiert. Die deutsche Textilindustrie war damals sehr fortschrittlich und schuf eine ganze Reihe von modernen Tarnstoffen, die den verschiedensten Landschaften angepasst waren. Man ging sogar in einigen Fällen so weit, dass man die Tarnmuster der Jahreszeit anpasste. Einige Tarnuniformen konnten sogar gewendet werden, so dass man das Tarnmuster dem Frühjahr oder Herbst anpassen konnte.

Bei den Russen und vielen anderen nordeuropäischen und skandinavischen Ländern mit kalten Wintern wurden weisse Tarnanzüge eingeführt, mit denen man sich in der schneebedeckten Landschaft gut tarnen konnte. Die Gewehre wurden meist mit weissen Streifen versehen, um deren regelmässige Formen aufzubrechen.

Nach dem Ersten Weltkrieg wurden in Grossbritannien die Versuche mit Tarnmustern eingestellt und erst 1940 wieder aufgenommen. Dazu wurde eine eigene Dienststelle namens «Camouflage Development and Training Centre» eingerichtet. Interessanterweise wurde bei dieser Dienststelle sogar ein Berufszauberer namens Jasper Maskelyne eingestellt, der illusionäre Tarnungsarten entwickeln sollte. Die erste britische Tarnuniform im Zweiten Weltkrieg war der Denison-Smock, eine weit geschnittene knielange Jacke mit einem grünen, braunen und schwarzen unregelmässigen Tarnmuster. Diese Tarnjacke war für die Fallschirmjäger entwickelt worden, aber sie wurde auch bei anderen Spezialeinheiten einschliesslich der Scharfschützen verwendet, hauptsächlich aufgrund ihrer guten Tarneigenschaften und ihrer Wetterfestigkeit.

Bei der amerikanischen Armee begann man im Jahre 1940 mit Tarnexperimenten. Dabei entstand das Umkehrmuster «Froschhaut/Leopardenflecken», das man für die amphibische Kriegführung und den Dschungelkampf entwickelt hatte und das an die Marineinfanteristen im pazifischen Operationsraum ausgegeben wurde.

Einige Armeen experimentierten auch mit Tarnmustern an den Stahlhelmen, aber meist wurde der Helm einfach mit einem Stoffüberzug oder einem Tarnnetz versehen, an das man natürliches Tarnmaterial anstecken konnte.

Die Japaner und die Australier waren Meister bei der Verwendung von Gras, Zweigen und Palmwedeln zum Zwecke der Tarnung. In Wongabel und anderen australischen Ausbildungseinrichtungen wurden die Scharfschützen darin unterrichtet, wie man Bambus und Grasmatten zur Tarnung verwenden konnte, damit konnten sich die Scharfschützen in ihrem Schützenloch gut verstecken. Diesen Trick hatten sie von den Japanern gelernt. Die Australier verwendeten auch Tarnnetze und Sackleinen in grossem Umfang, um sich im Dschungel zu tarnen.

Die fünf Tarnregeln für alliierte Scharfschützen

Äussere Form: Jeder Hinweis auf eine menschliche Gestalt oder gerade Linien (wie z.B. bei einem Gewehr) sollten durch Tarnmaterial, Tarnfarbe, Tarnstoffe oder Tarnnetze oder natürliche Vegetation aufgebrochen werden.

Glänzende oder helle Gegenstände: Alle glänzenden oder hellen Gegenstände wie unbedeckte Gesichter, Hände, Gewehrläufe, Gewehrverschlüsse, Zielfernrohre oder Ferngläser usw. müssen entweder bedeckt oder getarnt werden.

Schatten: Bleibe nach Möglichkeit immer im Schatten, achte aber darauf, dass du selbst keinen Schatten wirfst.

Silhouette: Achte darauf, dass sich Deine Silhouette nie vor dem Himmel, vor Wasserflächen oder hellem Hintergrund abzeichnet.

Abstände: In der Natur gibt es keine regelmässigen Abstände, also achte darauf, dass Du zu Deinem Partner einen vernünftig grossen Abstand hältst.

Eigentlich sollte es noch eine sechste Regel geben: Man sollte sich immer langsam und vorsichtig bewegen. Das menschliche Auge nimmt nämlich rasche Bewegungen besonders gut war.

Russischer Scharfschütze in Stalingrad mit einem Tarnüberzug über seiner Tarnuniform.

Bei der deutschen Wehrmacht gab es verschiedene Tarnmuster. Viele Tarnjacken konnten deshalb gewendet werden.

Deutscher Soldat in Tarnkleidung mit einfachem Blattmuster.(John Norris)

Oben: Der kanadische Scharfschütze Sergeant Marshall von der Einheit «Calgary Highlanders' Scouts and Sniper Platoon» im Zweiten Weltkrieg. Er trägt eine Tarnjacke «Denison smock» und einen Tarnschleier als Kopfbedeckung.

Unten: Scharfschützen bei der Ausbildung, sie haben ihre Gesichter bemalt und ihre Waffen mit Sackleinen und Netzen getarnt. (Olt. Dwight E. Dolan/Kanada, Dept. of National Defense/ Library and Archives Canada/PA-177141)

An diesem Scharfschützen kann man die Wirkung des unterbrochenen Tarnmusters sehr gut erkennen. (AWM.083462)

Deutscher Soldat in Tarnkleidung mit Eichenlaubmuster «A». (John Norris)

Unten: Alliierte Soldaten in britischer Wintertarnkleidung im Zweiten Weltkrieg.

Amerikanische Marineinfanteristen kämpfen sich vom Brückenkopf am Strand vor, dabei werden sie sowohl von schweren Waffen als auch von japanischen Scharfschützen unter Feuer genommen. Die Amerikaner bezeichneten die japanischen Scharfschützen meistens als «lästig», allerdings waren diese japanischen Soldaten im gesamten pazifischen Raum wild entschlossen, bis in den Tod zu kämpfen. (NA)

Hier kann man sich ein gutes Bild von den Verhältnissen im Dschungel im Fernen Osten machen. Scharfschützen konnten sich unter diesen Verhältnissen sehr gut verbergen. (LoC)

Deutscher Scharfschütze mit Beobachter. Aufgrund der fanatischen Propaganda kämpften viele deutsche Scharfschützen bis zum bitteren Ende. (Cody)

ausser wenn es gelang, sie zu verwunden oder gefangen zun ehmen. In aller Regel handelte es sich um fanatische junge Männer, die aus der Hitlerjugend stammten. Man hatte sie für ihren fanatischen Kampf um ihr Vaterland regelrecht indoktriniert. Selbst nachdem offensichtlich war, dass der Krieg für Deutschland verloren war, kämpften einige dieser deutschen Scharfschützen bis zum bitteren Ende weiter.

Der Krieg im Pazifikraum und Südostasien

Auf den Inseln im Pazifik, in Burma und auf dem asiatischen Festland wurden die alliierten Truppen überall von japanischen Scharfschützen bedroht. Im Gegensatz zu bei Scharfschützen anderer Streitkräfte üblichen Taktiken wandten die Japaner eine Art Präzisionsschiessen auf kurze Entfernungen an. Sie warteten dazu Stunden oder sogar Tage in versteckten Stellungen, bis sie buchstäblich «das Weisse im Auge des Gegners» sehen konnten, ehe sie das Feuer eröffneten. Sehr häufig kam der Scharfschütze dabei selbst ums Leben, da üblicherweise weitergeschossen wurde und so die eigene Stellung verraten wurde. Dieser fanatische und schliesslich selbstmörderische Eifer, bis zum Heldentod für den Kaiser weiterzukämpfen, wurde den japanischen Infanteristen genauso wie den berüchtigten Kamikaze-Piloten von Anfang an eingeimpft. Oftmals handelte es sich bei den japanischen «Scharfschützen» um einfache Infanteristen, die ihr normales Dienstgewehr verwendeten. Da sie ohnehin nur auf kurze Entfernungen schossen, machte es keinen Unterschied, ob sie ein Zielfernrohrgewehr oder ein einfaches Gewehr mit offener Visierung verwendeten. Gefährlich machte sie allein die Tatsache, dass sie sich versteckt hielten, bis sich die Gelegenheit zur Eröffnung des Feuers bot. Auf diese Weise wurde jeder Strand, jeder Berg und jede Handbreit Dschungel für die Amerikaner zu einem überaus gefährlichen Terrain.

In einem Artikel in der Zeitschrift «Time» aus dem Jahre 1943 kann man nachlesen, dass die aus dem Südpazifik zurückkehrenden Heeressoldaten und Marineinfanteristen übereinstimmend der Meinung waren, dass die japanischen Soldaten vom Kampfwert her gesehen den Amerikanern unterlegen waren. Wenn es aber um Dinge wie Verstecken, Kampf im Verborgenen und Listenreichtum ging, dann musste man zähneknirschend eingestehen, dass die Japaner hier überlegen waren.

«Sie graben sich tiefe Fuchslöcher, in denen sie stehen können. Damit haben sie Schutz vor direktem Artilleriefeuer. Diese Art von Deckungslöchern ist besser als die beim amerikanischen Heer üblichen Schützengräben. Bei der Verteidigung bedecken sie ihre Schützenlöcher mit Palmenstämmen, und in diesen Stellungen kämpfen sie, bis sie die letzte Patrone verschossen haben. Der Mythos von den japanischen Scharfschützen

Amerikanischer Scharfschütze auf der Insel Tarawa im Jahre 1943. (Cody)

Arisaka Typ 99 in Scharfschützenausführung, circa 1940. Die Waffe wurde im kaiserlichen Arsenal von Nagoya gefertigt. Sie ist mit einem Zielfernrohr mit vierfacher Vergrösserung versehen. Das Gewehr wurde aus dem früheren Typ 97 entwickelt, es war kürzer und hatte ein grösseres Kaliber. Dieser Waffentyp wurde von den Japanern während des gesamten Pazifikkrieges eingesetzt. (AWM.REL/07214)

Arisaka Typ 97 in Scharfschützenausführung, circa 1937. Die Waffe wurde im kaiserlichen Arsenal von Kokura gefertigt. Das hier gezeigte Gewehr hat am Vorderschaft eine Drahtstütze. Waffen dieses Typs wurden von den japanischen Streitkräften in den dreissiger Jahren in der Mandschurei und in der Anfangsphase des Zweiten Weltkriegs in Neuguinea eingesetzt. (AWM.REL/07061.001)

Japanische Scharfschützengewehre im Zweiten Weltkrieg

Die Hauptwaffe der japanischen Scharfschützen war das Repetiergewehr mit Zylinderverschluss Arisaka Typ 99 im Kaliber 7,7 x 58 mm, aber auch das ältere Modell Arisaka Typ 97 im Kaliber 6,5 x 50 mm war noch im Einsatz.

Das Gewehr Typ 97 basierte auf dem Typ 38, der schon lange Zeit bei den japanischen Streitkräften im Einsatz war und schon beim Feldzug gegen China eingesetzt wurde. Dieser Feldzug begann 1931 und wurde ab 1937 in ernsthafter Weise ausgetragen. Ab 1941 war er Teil des Zweiten Weltkriegs. Die Scharfschützenversion 97 wurde 1937 eingeführt und hatte einen längeren, gebogenen Kammerstängel, damit die Hand des Schützen nicht mit dem Zielfernrohr mit 2,5-facher Vergrösserung in Kontakt kam. Die Waffe hatte ausserdem eine leichtere Schäftung und ein Zweibein aus Metall. Das Problem mit allen Gewehren des Typs 38 war die übergrosse Länge und die Patrone 6,5 x 50 mm, die nicht leistungsfähig genug war. Allerdings konnte man aufgrund dieser Patrone den Scharfschützen meist nur sehr schwer orten, da sie nur ein geringes Mündungsfeuer erzeugte.

Das Gewehr Typ 99 war kürzer und verschoss die weitaus leistungsfähigere Patrone 7,7 x 58 mm. Ausserdem hatte die Waffe ein deutlich brauchbareres Zielfernrohr mit vierfacher Vergrösserung, allerdings wurden auch noch Gewehre mit dem alten Zielfernrohr ausgeliefert. Das Arisaka Typ 38 und seine Abkömmlinge waren für ihre damalige Zeit durchaus respektable Waffen. Die Finnen hätten diesen Typ beinahe dem russischen Mosin-Nagant vorgezogen. Der Verschluss der Waffe galt als einer der robustesten der damaligen Zeit.

wird von zurückkehrenden amerikanischen Offizieren auf ein normales Niveau zurückgebracht. Ihrer Meinung nach sind die japanischen Scharfschützen höchstens eine Belästigung, nicht viel mehr. Sie können sich zwar hervorragend verstecken, aber gut zielen können sie nicht. Sie machen eigentlich nur denjenigen Angst, die nicht genug Nerven haben, um sie zu ignorieren. Das grösste Handikap der Japaner ist aber ihr Mangel an Vorstellungskraft. Sie führen ihre Befehle buchstabengetreu aus und gehen dabei sogar in den Tod. Aber wenn etwas schief geht, können sie ihre Taktik nicht ändern. Wenn Japaner beim Angriff auf Widerstand stossen, dann greifen sie weiter an. Das ist genau der Grund dafür, warum es in solchen Fällen zu einem fürchterlichen Gemetzel kommt.»

Natürlich gab es auch in der japanischen Armee speziell ausgebildete Scharfschützen, die eine Ausbildung im Schiessen über grosse Entfernungen erhalten hatten. Sie verstanden sich auf Tarnung und alle anderen Fähigkeiten, die der Scharfschütze beherrschen muss. Ihre Hauptwaffe war das Repetiergewehr mit Zylinderverschluss Arisaka Typ 99 in Scharfschützenausführung, ausserdem wurde das ältere Modell Arisaka Typ 97 im Kaliber 6,5 x 50 mm in Scharfschützenausführung verwendet. Die speziell ausgebildeten japanischen Scharfschützen nutzten die vorhandene Vegetation gut aus, mit der sie ihre Schützenlöcher und sich selbst tarnten. Bekannt waren sie für ihre Geduld und für ihre

Scharfschützengewehr Springfield M1903A3. Die Verschlusshülse trägt die Beschriftung US REMINGTON MODEL 03-A3. Diese Waffe ist mit einem Zielfernrohr Weaver Modell 73B auf einer Redfield-Montage versehen. Das Zielfernrohr hat die Nummer 3419601, die mit weisser Farbe auf dem Tubus steht. Das Gewehr ist mit einem zweiteiligen Gewehrriemen aus Leder und Messingbeschlägen versehen.

Amerikanische Scharfschützengewehre im Zweiten Weltkrieg

Bis 1940 war bei der amerikanischen Armee das halbautomatische M1 Garand als Infanteriegewehr weitgehend eingeführt worden. Da diese Waffe aber mit einem Laderahmen direkt von oben in den geöffneten Verschluss geladen werden musste, konnte man kein Zielfernrohr darauf montieren. Man unternahm eine ganze Reihe von Experimenten und führte dann Ende 1944 seitlich montierte Systeme mit Lyman-Zielfernrohren ein, welche die Bezeichnungen M81 und M82 trugen. Inzwischen hatte die Firma Remington Arms 28'000 Scharfschützengewehre Springfield M1903A4 im Kaliber .30-06 gefertigt, die während des ganzen Krieges im Einsatz blieben. Die Scharfschützen bevorzugten auf jeden Fall das Repetiergewehr, selbst nachdem die Scharfschützenversion des Garand eingeführt worden war. Das Scharfschützengewehr A4 hatte keine offene Visierung, und die Schäftung wurde oft mit einem Pistolengriff ausgeliefert. Als Zielfernrohrmontage wurde eine Redfield–Montage mit Ringen mit einem Durchmesser von ¾-Zoll verwendet, das Zielfernrohr war ein Weaver 330C mit 2,5-facher Vergrösserung. Wenn das Zielfernrohr auf das Gewehr M1903A4 aufgesetzt war, konnte die Waffe nicht mehr mit einem Ladestreifen geladen werden. Die fünf Patronen mussten einzeln in das fest eingebaute Magazin eingebracht werden. Das normale Scharfschützengewehr des amerikanischen Marinekorps bei Kriegsbeginn war das Springfield M1903A1 mit einem Zielfernrohr Lyman 5A mit fünffacher Vergrösserung. Später setzte man ein Zielfernrohr von Unertl mit achtfacher Vergrösserung ein. Beide Versionen dienten während des gesamten Zweiten Weltkriegs.

Mitglied einer Darstellergruppe als Soldat des amerikanischen Marinekorps USMC mit einem Scharfschützengewehr Springfield M1903A3 und einem Unertl-Zielfernrohr mit achtfacher Vergrösserung.

Links: Papua-Neuguinea. Ein japanischer Scharfschütze liegt tot unter dem Baum, in dem er sich versteckt hatte. Rechts in der Hand hält er noch die Reste seines zerbrochenen Gewehres. Sowohl die Australier als auch die Amerikaner hatten zur Bekämpfung von Scharfschützen in Bäumen eine sehr einfache Methode – sie beschossen die Baumwipfel so lange mit Maschinengewehren und Maschinenpistolen, bis der feindliche Scharfschütze herausfiel. (AWM.013937)

Oben rechts: Die Amerikaner setzten Flammenwerfer ein, mit denen sie in Schützenlöchern oder Bunkern verschanzte japanische Scharfschützen unschädlich machten.

Australien, Nördliches Territorium, 1942. Oberleutnant R.W. Wilson vom 23./21. australischen Infanteriebataillon erklärt seinen Lehrgangsteilnehmern die Grundlagen des Scharfschützeneinsatzes. Der Scharfschütze im Baum hat einen Tarnanzug angelegt, den er aus Sackleinen hergestellt und mit grüner Farbe angemalt hat.

Fähigkeit, selbst harte Umweltbedingungen klaglos zu ertragen. Da sie aber üblicherweise meist mehr als einen Schuss abgaben, konnte man ihre Stellung gut feststellen, und dann sahen sie sich den hervorragend ausgebildeten Scharfschützen des Marinekorps und der australischen Armee gegenüber, gegen die sie keine Chance hatten. Wenn ein japanischer Scharfschütze geortet worden war, dann versuchten seine alliierten Gegner, ihn mit einem gezielten Schuss unschädlich zu machen. Es gab aber noch andere Techniken zur Abwehr von Scharfschützen, die genauso wirksam waren. Wenn der japanische Scharfschütze irgendwo oben im Baumwipfel sass, «sprühte» man ihn ganz einfach heraus, indem man den Baum so lange mit Maschinengewehren oder halbautomatischen Waffen beharkte, bis der Schütze herunterfiel. Wenn sich der Scharfschütze in einem Schützengraben oder einer Höhle verborgen hielt, setzte man Flammenwerfer oder Sprengkörper

Beaufort, Borneo, 1945. Der australische Gefreite I. Tonks kämpft hier als Scharfschütze mit zwei Beobachtern gegen japanische Scharfschützen. Seine Waffe ist ein SMLE mit Zielfernrohr. (AWM, 114097)

ein, um ihn unschädlich zu machen. Da selbst die japanischen Scharfschützen mit der grössten Kampferfahrung schliesslich entweder getötet oder gefangen genommen wurden, waren die Soldaten, die sie ersetzen mussten, weniger erfahren. So ging allmählich das Leistungsniveau der japanischen Scharfschützen, denen die Alliierten entgegenstanden, immer weiter herunter. Während des 2. Weltkrieges hatten die meisten alliierten Länder Massnahmen zur Einrichtung von Scharfschützenschulen ergriffen, zumindest aber hatten sie die Ausbildung für diese spezielle Kampfweise im Rahmen von Sonderlehrgängen durchgeführt. Das hatte sich ganz sicherlich ausgezahlt. Umso erstaunlicher war es, dass sowohl das amerikanische Heer als auch die Marineinfanterie nach Kriegsende ihre Scharfschützenausbildung einstellten.

Pazifikinsel Bougainville, 1944. Der Gefreite T. Hall vom 25. (australischen) Infanteriebataillon schiesst hier während des australischen Vormarsches auf einen in einem Baum verborgenen japanischen Scharfschützen. (AWM, 078022)

Diese drei japanischen Scharfschützen wurden von amerikanischen Soldaten während des sogenannten Inselspringens im Pazifik durch massiertes Feuer getötet.

Rechte Seite: Die Scharfschützen beim amerikanischen Marinecorps führten als Scharfschützengewehr das Springfield Modell 1903 A4, das entweder mit einem Lyman-Zielfernrohr oder einem Unertl-Zielfernrohr versehen war. Die gezeigte Waffe hat ein Unertl-Zielfernrohr. (John Norris)

Repetiergewehr Pattern 1914 Enfield No. 3 Mk I (T) in Scharfschützenausführung mit einem Zielfernrohr Pattern 1918. Diese Waffe wurde von der australischen Armee im Zweiten Weltkrieg eingesetzt. (AWM.REL-06068-001)*

Nahansicht eines Zielfernrohrs Pattern 1918, Hersteller war die Firma Australian Optical Company. Das hier gezeigte ZF wurde 1944 gefertigt. (AWM.RELAWM37030.002)

Australische Scharfschützengewehre im Zweiten Weltkrieg

Die bei der australischen Armee während des Zweiten Weltkriegs verwendeten normalen Scharfschützengewehre stammten alle von Waffen aus dem Ersten Weltkrieg ab. Besonders zu nennen sind hier das Pattern 1914 Enfield No. 3 Mk I* (T) mit einem Zielfernrohr Pattern 1918 und das im Arsenal von Lithgow gefertigte und abgeänderte SMLE No. 1 Mk III*, das dort mit einem schwereren Lauf und einer Wangenauflage am Kolben versehen wurde. Auch diese Waffe erhielt das Zielfernrohr Pattern 1918, die Modellbezeichnung lautete jetzt SMLE No. 1 Mk III* (HT).

Die Zielfernrohrmontagen waren üblicherweise Einhakmontagen. Es gab eine niedrige Montage für den Einsatz der Waffe als reines Scharfschützengewehr und eine etwas höhere Montage, unter der man die normale Visierung sehen konnte. Das damit ausgerüstete Gewehr konnte auch für den schnellen Schuss im Nahkampf eingesetzt werden. Das war im Dschungelkampf sehr wichtig, denn die Australier hatten schnell herausgefunden, dass es oftmals notwendig war, mehrere Schüsse schnell hintereinander auf kurze Entfernung (unter 90 m) abzugeben.

Obwohl die Australier im Grunde genommen keine moderne Scharfschützenausrüstung hatten, waren die meisten von ihnen sehr geübte Sportschützen oder berufsmässige Kängurujäger, und so zählten sie zu den besten Scharfschützen des Krieges.

Angehöriger einer Darstellungsgruppe (U.S. Ranger) mit einem Scharfschützengewehr Springfield 1903 A4.

Endlich Frieden?

Der Korporal der amerikanischen Marineinfanterie Danny Rodriguez nimmt hier durch das Zielfernrohr seines Scharfschützengewehres in Nordkorea (ca. 1950) sein Ziel auf, er zielt auf vier nordkoreanische Soldaten. Im Koreakrieg zeigte sich sehr schnell, wie wertvoll das Scharfschützenwesen war. (USMC)

Nach dem Ende des 2. Weltkriegs war man auf der ganzen Welt verzweifelt bemüht, so schnell wie möglich zurück zur Normalität zu kommen und alles zu vermeiden, was irgendwie mit Krieg und Konflikt zusammenhing. In der Gesellschaft gibt es die ständig wiederkehrende Tendenz zu glauben, dass es nie wieder einen Krieg geben wird, und es gibt immer die Hoffnung, dass die Menschheit endlich erkennt, wie abscheulich Krieg ist. Leider wird das aber nie wirklich eintreffen. Ausserdem neigen die Menschen dazu, alle Lektionen schnell wieder zu vergessen, die sie während des letzten Krieges bitter erlernen mussten. Eine der Lektionen, die immer wieder schnell vergessen werden, betrifft die Scharfschützen.

Nach der Einstellung der Feindseligkeiten zum Ende des 1. Weltkriegs gaben die Armeen auf der ganzen Welt ziemlich rasch das Scharfschützenwesen wieder auf, die Scharfschützenkompanien und -züge wurden aufgelöst, und die erfahrenen Männer wurden wieder in den routinemässigen Dienstbetrieb der normalen Einheiten eingegliedert. Während des Krieges hatten sie noch sehr schwierige und verantwortungsvolle Einsätze durchgeführt, aber jetzt mussten diese Männer ihre Scharfschützenausrüstung zurückgeben. Sie wurden wieder zur normalen Infanterie abgestellt oder mussten andere Aufträge ausführen. Manchmal wurden dabei sogar ihre Erfahrungen genutzt, so zum Beispiel bei der Abwehr. Andere hatten Glück und kamen zu bestimmten Behörden, wo man auf ihre Erfahrungen zurückgriff, aber die grosse Mehrheit ging schlicht und einfach im normalen militärischen Dienstbetrieb unter. Ihre Erfahrungen und ihr Wissen gingen verloren.

Schuld an dieser Situation war ziemlich oft die finanzielle Lage der jeweiligen Armee, denn ein Krieg verursacht einem Land immense Kosten. Nach dem Krieg mussten sich die jeweiligen Regierungen natürlich bemühen, Kosten einzusparen, und die wenigen noch vorhandenen Mittel mussten hauptsächlich in den zivilen Sektor geleitet werden. Obendrein versuchte natürlich jeder General, Admiral oder Luftwaffenchef, so viele seiner Panzer, Schiffe oder Flugzeuge wie möglich zu behalten. Nebensächliche Dinge wie Scharfschützenausrüstung wurde da gern geopfert. Und da man die Scharfschützen ohnehin meist als einfache Männer mit Gewehren betrachtete, wurden sie für unwichtig gehalten und wurden zuerst geopfert.

In den vergangenen 90 Jahren war eine ganze Reihe von Kriegen und Konflikten erforderlich, bis man endlich einsah, dass der Scharfschütze ein wichtiges und unverzichtbares Einsatzinstrument in der Kriegführung war. Mittlerweile haben die Streitkräfte einiger Länder die Zahl ihrer Scharfschützen verdreifacht.

Als nach dem 2. Weltkrieg die Stärken der Streitkräfte drastisch verringert wurden, standen auch die Scharfschützen wieder zur Disposition. So wurde zum Beispiel bei der britischen Armee die Scharfschützenausbildung sehr rasch eingestellt, dann wurden die Scharfschützeneinheiten aufgelöst. Nur bei der Marineinfanterie (Royal Marines) war man weitsichtig genug und pflegte das Scharfschützenwesen weiter. Sonst wären wertvolle Erfahrungen verlorengegangen.

Die Royal Marines übernahmen nach dem Krieg die Spezialtruppe «Commandos», nachdem das Heer diese Sondereinheit aufgelöst hatte. Die Angehörigen der Kommandotruppen wurden entweder zur Marineinfanterie versetzt oder an normale Einheiten abgegeben. Aufgrund der speziellen Kampfweise der Kommandos ist es im Einsatz oft der Fall, dass eine relativ kleine Kampfgruppe die Oberhand über eine viel grössere gegnerische Einheit gewinnt. In dieses Einsatzspektrum passt das Scharfschützenwesen hervorragend hinein.

Im Grunde genommen ist das Scharfschützenwesen eine Kombination von infanteristischen Fähigkeiten auf sehr hohem Niveau, und dafür werden ausgesuchte Spezialisten benötigt. Die hier eingesetzten Soldaten sind eine Klasse für sich. In einer kleinen Einheit, so wie sie bei den Kommandos üblich ist, werden die Fähigkeiten des Scharfschützen sehr hoch bewertet und geschätzt. Bei den Royal Marines wurde und wird Professionalität überaus hoch bewertet, und das gilt auch für ihr amerikanisches Gegenstück, das U.S. Marine Corps. Bei beiden Teilstreitkräften gilt die eiserne Regel, dass jeder Angehörige zunächst einmal Infanterist ist, egal in welcher Rolle er eingesetzt wird, sei es als Sanitäter oder als Pilot. Die britischen Royal Marines können mit Stolz behaupten, dass sowohl das britische als auch das amerikanische Scharfschützenwesen ihre Wurzeln in den Scharfschützenschulen und den Ausbildungsmethoden der britischen Marineinfanterie haben. Als der nächste Krieg kam, waren die Royal Marines die einzige Teilstreitkraft, die das Scharfschützenwesen nicht nur beibehalten, sondern sogar gefördert und weiterentwickelt hatte. Vielleicht ist es ja das Grundprinzip des Einsatzes von leicht bewaffneten Kampfgruppen, das dazu geführt hat, dass die Marineinfanterie zu beiden Seiten des Atlantiks genau wusste, wie wertvoll das Scharfschützenwesen ist. In späteren Konflikten kam dann bei den Führungen der grossen konventionellen Streitkräfte die Einsicht, dass man auf das Scharfschützenwesen nicht verzichten durfte, und man begann damit, die Versäumnisse der Vergangenheit aufzuholen.

Der Koreakrieg

Der Frieden ist ein überaus kostbares Gut. Aufgrund der menschlichen Natur wird es immer wieder Konflikte geben, entweder aus wirtschaftlichen oder aus religiösen Gründen. Als im Jahre 1950 der Koreakrieg ausbrach, war das eigentlich keine grosse Überraschung. Nach dem Ende des Zweiten Weltkrieges gab es auf der Welt noch zwei Supermächte, nämlich die Sowjetunion und die Vereinigten Staaten. In beiden Systemen herrschten sehr unterschiedliche Ansichten, und das führte unweigerlich zu Spannungen zwischen den beiden Staaten. Korea war schon damals ein geteiltes Land, und es sollte dann die Bühne für eine Konfrontation zwischen den beiden Supermächten bilden. Die Sowjetunion unterstützte Nordkorea, während die Vereinigten Staaten Südkorea unterstützten. Die Spannungen eskalierten im Juni 1950 zum Krieg, als die kommunistischen Streitkräfte aus dem Norden über die Demarkationslinie in den Süden einmarschierten.

Nach dem Zweiten Weltkrieg war Grossbritannien noch in eine Reihe von weiteren kleineren Konflikten verwickelt. Einer davon war der Kampf gegen die Haganah (der Vorläufer der israelischen Streitkräfte) im Mandatsgebiet von Palästina im Jahre 1948. Hier sehen wir am 21.5.1948 zwei Scharfschützen (ein Mann und eine Frau) der Haganah, die auf einen Baum geklettert sind und von dort aus britische Truppen unter Feuer nehmen. (Hulton-Deutsch/Corbis)

Zwei britische Marineinfanteristen beobachten von einem Berghang herunter die Sprengung einer Eisenbahnlinie bei einem Einsatz gegen die Kommunisten in Sonjin, Korea. Die Royal Marines führten nach dem Zweiten Weltkrieg die Kommandoeinsätze durch, das galt auch für Scharfschützeneinsätze. (Bettmann/Corbis)

Im Verlauf dieses Konfliktes wurden die Streitkräfte der beteiligten Länder und ihre Kampfkraft deutlich verstärkt. Es dauerte dann auch nicht lange, bis das Scharfschützenwesen wieder eine grössere Rolle spielte. Wie bei allen grösseren Konflikten vorher kam es auch diesmal wieder bei den westlichen Armeen zu einem Umdenken, nachdem die durch gegnerische Scharfschützen verursachten Opfer immer zahlreicher geworden waren. Jetzt wurde das Scharfschützenwesen hastig wieder in grösserem Umfang eingeführt.

Während des Koreakrieges kam es zur Einführung von Düsenjägern und anderen technisch fortschrittlichen Waffen. Aber auch hier bewies der eigentlich recht einfach ausgerüstete Scharfschütze trotz der auf anderen Gebieten fortschrittlichen Technologien sehr anschaulich, dass er durchaus erfolgreich operieren und dem Gegner erhebliche Verluste zufügen konnte. Aufgrund des Geländes und des Klimas auf der koreanischen Halbinsel ist dieses Land sehr gut für den infanteristischen Einsatz geeignet, und die Infanterie spielte in den Kämpfen dieses Krieges eine herausragende Rolle. Hier kämpften Männer mit Gewehren und Maschinengewehren gegeneinander, und bei einem solchen Einsatzszenario ist das Eingreifen von Scharfschützen für den Gegner ein schlimmer Albtraum.

Die Scharfschützen auf beiden Seiten waren zu Beginn des Konfliktes genau so uniformiert und ausgestattet wie ihre Vorgänger während des Zweiten Weltkriegs. In der Zwischenzeit hatte man ihre Gewehre zusammen mit den Zielfernrohren und Beobachtungsteleskopen eingezogen und eingelagert. Diese Waffen und Ausrüstungsteile wurden jetzt wieder ausgegeben. Ausserdem suchte man Scharfschützen mit Weltkriegserfahrung, und wenn man ihrer habhaft werden konnte, wurden sie hastig wieder in die Streitkräfte eingegliedert.

Aufgrund der harschen Wetterverhältnisse und der

Geländebedingungen auf der koreanischen Halbinsel lagen die Truppen oft in Schützengräbern fest. Damit glich der Koreakrieg zu Anfang in bestimmter Weise der Lage in Westeuropa während des Ersten Weltkrieges. Es fanden höchstens Artillerieduelle über grosse Entfernung hin statt, und Scharfschützen griffen nur dann in die Kämpfe ein, wenn jemand in den gegenüberliegenden Schützengräben seinen Kopf hob.

Viele alliierte Offiziere mussten in niedrigster Gangart auf dem Bauch rutschen und sich so im Gelände bewegen, um zu beobachten, was drüben beim Feind geschah. Auch in diesem Konflikt war es wieder einmal so, dass erst dann etwas geschah, nachdem höhere Offiziere auf die Missstände aufmerksam geworden waren. Dann ging alles schnell.

Scharfschützen haben die einzigartige Gabe, sich in die Denkweise ihres Feindes versetzen zu können, somit können Sie die Moral des Feindes ernsthaft beeinträchtigen. Es hat einen gehörigen Einfluss auf die Moral der Truppe, wenn man nicht weiss, wo der Scharfschütze sich befindet, wer von ihm gesehen werden kann und wo man deswegen in Deckung gehen muss. Wenn alliierte Soldaten nach dem Krieg über ihren Einsatz durch die Medien befragt wurden, erklärten sie oft, dass die nordkoreanischen Scharfschützen sich überall befanden. Das war zwar eine gehörige Übertreibung, aber man konnte gut daran erkennen, wie der einfache Soldat dachte. Wenn man jetzt bedenkt, wie viele Einheiten dort im Einsatz waren und wie viele Soldaten derselben Meinung waren, kann man sehen, wie ein Scharfschütze Vertrauen und Moral in einem weiten Bereich ernsthaft beeinträchtigen kann.

Die alliierten Scharfschützen erinnerten sich schon bald an eine Fähigkeit, die sie während des Zweiten Weltkriegs bis zur Perfektion erlernt und ausgeübt hatten. Es war die Kontrolle des indirekten Feuers. Scharfschützen werden dazu ausgebildet, das vor ihnen liegende Gelände sehr sorgfältig zu beobachten. Die

In den vierziger Jahren begann man damit, Nachtsichtgeräte für den Scharfschützeneinsatz zu entwickeln. Hier demonstriert ein amerikanischer Marineinfanterist einen Karabiner T-3 mit einem Scharfschützen-Fernrohr M2. Der Scheinwerfer vor dem Handgriff beleuchtet das Ziel mit Infrarot, das mit blossem Auge nicht zu sehen ist. Durch das spezielle Zielfernrohr hingegen kann man das beleuchtete Ziel sehen und selbst bei völliger Dunkelheit einen präzisen Schuss abgeben. (NA)

Aus heutiger Sicht war die Kombination des Karabiners T-3 und des Zielfernrohrs M2 (hier bei einer Vorführung Ende der vierziger Jahre) ohne Zweifel unhandlich, aber gegen die Japaner im Südpazifik wurde dieses System mit grossem Erfolg gegen Ende des Zweiten Weltkriegs eingesetzt. (NA)

meisten normalen Soldaten werfen nur ab und zu einen Blick dorthin. Damit möchte ich sagen, dass Scharfschützen auch auf geringfügige Einzelheiten achten, auf leichte Veränderungen im Gelände oder auf minimale Änderungen bei der Dienstausübung des Feindes. Hier kann es sich natürlich auch um zufällige Änderungen handeln, aber alles dient dazu, präzise Informationen zu bekommen. Als Ergebnis dieser sorgfältigen Beobachtungen kann ein Scharfschütze genau bestimmen, wo der Feind liegt, in welche Richtung er marschieren wird oder was er vorhat. Dann kann er Feuerunterstützung anfordern, zum Beispiel durch Panzer, Artillerie, Mörser oder Maschinengewehre. Damit wird der Feind dann sehr präzise eingedeckt, so dass er starke Verluste erleidet und sein Vorhaben nicht mehr ausführen kann.

Veraltete Ausrüstung

In den späten 40er Jahren herrschte in den Führungsriegen der verschiedenen Streitkräfte die Meinung vor, dass man das Scharfschützenwesen nicht mehr länger brauchen würde. Es war angeblich durch moderne Technologien überflüssig geworden. Deswegen hatte man auch keine Weiterentwicklungen auf dem Gebiet der Scharfschützenausrüstung betrieben. Wenn jetzt ein Zielfernrohrgewehr an einen Scharfschützen ausgegeben wurde, konnte es gut sein, dass diese Waffe erheblich älter und kampferprobter als der Schütze selber war. Allerdings war es im Koreakrieg so, dass die britischen und amerikanischen Soldaten gegen einen Gegner kämpften, der hauptsächlich mit russischen Waffen aus dem 2. Weltkrieg ausgerüstet war.

Britische, australische und kanadische Scharfschützenwaffen

Ganz ohne Zweifel war das britische Scharfschützengewehr (Lee-Enfield) No. 4 T im Zweiten Weltkrieg eine gute Waffe. Deswegen verfügten die britischen Scharfschützen in Korea von Anfang an über ein Gewehr, dessen Präzision und Zuverlässigkeit bekannt war. Gewehre des Typs Lee-Enfield (das Gewehr No. 4 wurde mit Ausnahme der Prototypen überhaupt nicht in Enfield gefertigt, und deswegen ist die Bezeichnung Lee-Enfield für diese Waffenart eigentlich nicht richtig) leisteten bei der britischen Armee immer ausgezeichnete Dienste, das ging von den Kriegen der viktorianischen Zeit bis zum Koreakrieg. Die damit ausgerüsteten Soldaten konnten ihrer Waffe immer vertrauen.
Die Kanadier hatten die Zwischenzeit genutzt und waren zur Erkenntnis gekommen, dass ihr Gewehr No. 4 ersetzt werden musste. Man hatte sich schon auf die Suche nach einem Nachfolgetypen gemacht. Allerdings waren die abgeänderten kanadischen Modelle mit dem Zielfernrohr No. 67 durchaus noch brauchbar und wurden erfolgreich eingesetzt. Nachdem auch die Australier in den Koreakrieg eingegriffen hatten, wussten sie genau, dass sich hier ein Scharfschützenkrieg entwickeln konnte. Bei der australischen Armee wurden diverse in Lithgow gefertigte Varianten des SMLE geführt. Die australischen Scharfschützen waren sehr gut ausgebildet und wurden bei den Kommunisten aufgrund ihrer präzisen Weitschüsse sehr gefürchtet.
Das SMLE und das No. 4 hatten ein abnehmbares Magazin für 10 Patronen, und so konnte man diese Waffen schneller nachladen als andere Zielfernrohrgeweh-

Der Korporal Lawrence Hawley vom 7th Infantry Regiment, 3rd U.S. Infantry Division kämpft hier im Koreakrieg mit einem Scharfschützengewehr mit Nachtsichtgerät.

re, die mit einem Ladestreifen beladen werden mussten. Da die Konstruktion dieser Gewehre schon viele Jahre zurücklag, hatten sie keine frei schwingenden Läufe, sie waren fast bis zur Mündung geschäftet, ausserdem konnte man ein Bajonett aufpflanzen.

Das Aufpflanzen eines Bajonettes auf ein Scharfschützengewehr gilt aber als Unsinn und wurde deswegen schon viele Jahre lang nicht mehr durchgeführt. Ein Scharfschütze darf gar nicht gesehen werden und operiert normalerweise in Bereichen, die weit ausserhalb der Nahkampfentfernung liegen. Das ist jedenfalls die offizielle Meinung, die ich persönlich aber nicht teile. Ein Scharfschütze kann durchaus vom Feind entdeckt werden, vielleicht wird seine Stellung auch überrannt. Unter diesen Umständen braucht der Soldat auch eine Waffe, die er zu seiner Verteidigung im Nahkampf einsetzen kann. Ganz sicher wird meine Meinung nicht von allen geteilt, aber wenn ich die Wahl hätte, einen aggressiven Feind mit einem Messer oder mit einem Gewehr mit aufgepflanztem Bajonett abwehren zu müssen, dann würde ich mich ganz sicher für Gewehr und Bajonett entscheiden!

Mit dem Zielfernrohr No. 32 hatten die Briten eine solide gefertigte und kampferprobte Zieloptik zur Verfügung. Zusammen mit dem Gewehr No. 4 sollte diese Kombination bei der britischen Armee noch viele Jahre lang eingesetzt werden, denn selbst nach der Einführung der NATO-Patrone wurden die vorhandenen Scharfschützengewehre auf das neue Kaliber umgestellt, das Zielfernrohr No. 32 wurde auf Meter rekalib-

riert und ebenfalls weiterverwendet. Der Beobachter war mit seinem leistungsstarken Teleskop mit 20-facher Vergrösserung sehr gut ausgerüstet, obwohl dieses Gerät so aussah, als hätte es schon Admiral Nelson in der Schlacht von Trafalgar verwendet!

Einer der Vorteile des Beobachtungsfernrohrs der britischen Scharfschützen beim Scout Regiment war der Umstand, dass sich dieses Fernrohr auch im Feld leicht zerlegen liess, so dass man die Linsen jederzeit putzen konnte. Aber das hatte auch einen Nachteil. Obwohl die Scharfschützen darin ausgebildet wurden, wie man dieses Fernrohr zerlegen musste, war es möglich, dass man danach die Linsen falsch wieder einbaute. Das merkte man fatalerweise aber erst, wenn das Fernrohr vollständig wieder zusammengesetzt war!

Bei der britischen Armee wurde ausserdem ein Kompass ausgegeben, der heute noch im Dienst ist. Präzise Navigation war und ist für den Scharfschützen überaus wichtig, denn die Welt sieht ganz anders aus, wenn man sich auf dem Bauch rutschend fortbewegt. Dieser Kompass ist sehr robust und gut gefertigt, und mit ihm konnten und können die britischen Scharfschützen sich mit grosser Präzision im Gelände bewegen.

Obwohl die britische Scharfschützenausrüstung zu grossen Teilen noch aus dem Zweiten Weltkrieg stammte, waren die Scharfschützen in Korea für ihre Aufgabe durchaus gut ausgerüstet. Man könnte diese Ausrüstung meiner Meinung nach sogar an die heute im Irak eingesetzten Soldaten ausgeben, und sie könnten ihre Aufgaben damit gut erfüllen.

Hin und wieder gab es im Koreakrieg auch etwas zu lächeln. Hier werden Offiziere und Soldaten der 23rd Infantry Regiment, 2nd Division der U.S. Army einschliesslich Brigadegeneral Haydon L. Boatner (Bildmitte) neben einem «Scharfschützengewehr» gezeigt. Die Waffe ist ein Eigenbau, der aus dem Lauf eines überschweren Maschinengewehrs im Kaliber .50 BMG und dem Verschluss einer erbeuteten russischen Panzerbüchse entstand. (NA)

Amerikanische Scharfschützenausrüstung

Auch die amerikanischen Soldaten erhielten zu Beginn des Krieges Waffen und Ausrüstung, die schon ihre Vorgänger im 2. Weltkrieg verwendet hatten. Die eingelagerten M1 Garand und M 1903 Springfield wurden wieder ausgegeben, nachdem man sie bei Kriegsende eingemottet hatte. Diese Ausrüstung war für den Einsatz in Korea mehr als ausreichend. Aufgrund des üppigen amerikanischen Verteidigungsbudgets gab es bei den beiden Typen von Scharfschützengewehren eine ganze Reihe von Varianten und Zubehör, während die Briten mit ihrem alten Lee-Enfield zurechtkommen mussten. Es waren unterschiedliche Zielfernrohre vorhanden, es gab verschiedene Schaftformen, und manche Waffen waren mit Mündungsfeuerdämpfern ausgerüstet. Der Grundtyp der beiden Gewehre war allerdings immer derselbe, aber diese Waffen leisteten genauso gute Dienste wie im vorangegangenen Konflikt.

Wenn man nun mit verschiedenen Soldaten sprach, dann hörte man immer wieder die Meinung, dass eines der beiden Gewehre besser als das andere war. Das aber ist eindeutig eine Frage des persönlichen Geschmacks. Der eine kam mit dem Selbstladegewehr besser zurecht, der andere zog den Repetierer vor. Auf jeden Fall waren beide Gewehre präzise und zuverlässige Waffen. Aber der Zank zieht sich bis heute hin, denn es wird immer noch darüber gestritten, ob nun das Selbstladegewehr oder der Repetierer die besser geeignete Waffe für den Scharfschützeneinsatz ist.

Der Krater in Aden

Aden auf der arabischen Halbinsel war eine britische Kolonie, in der es in den 60er Jahren zu Unruhen kam. Dabei kam es auch zu Scharfschützeneinsätzen und zur Scharfschützenabwehr. Die Gegend ist gebirgig und felsig mit einem schmalen Küstenstreifen. In den frühen 60er Jahren stritten sich religiöse Fanatiker und andere politisch motivierte Fraktionen über die Kontrolle des Landes, und so geriet die dort stationierte britische Armee wieder einmal zwischen die Fronten. Das Fallschirmjägerregiment «Parachute Regiment» und die Spezialeinheit «45 Commando» wurden in das Wadi Taym in Marsch gesetzt, um diesen von den Arabern besetzten gebirgigen Bereich wieder unter britische Kontrolle zu bringen. Aufgrund der Geländebeschaffenheit konnte man hier Scharfschützen gut einsetzten, und das taten sowohl die Briten als auch die Araber.

Ein Ort namens «Der Krater» wurde im Verlauf dieses Konfliktes besonders berühmt, wobei es sich hier um ein Wohngebiet handelte. Hier hatte man eine Vielzahl von Häusern und Gassen um den Rand eines Vulkankraters herum gebaut, und hier hausten die Aufständischen.

Nachdem es einen Angriff aus dem Hinterhalt auf britische Truppen und mehrere andere Störaktionen gegeben hatte, entschlossen sich die Briten, dieses Gebiet zu besetzen. Dabei kam das schottische Traditionsregiment «Argyll and Sutherland Highlanders» unter dem Kommando von Oberstleutnant Colin Campbell Mitchell zum Einsatz. Zwar konnte man das Gebiet tatsächlich besetzen, aber das gelang nur mit Hilfe der Scharfschützen von der Einheit «45 Commando». Nachdem die Truppenführung die Scharfschützen angefordert hatte, gingen die Scharfschützen in den Bergen oberhalb der Stadt in Stellung und blieben dort mehrere Tage, wobei sie alle Bewegungen der Aufständischen meldeten. Dieser Einsatz hatte auf die Araber eine ziemlich demoralisierende Wirkung, denn aufgrund der Scharfschützen war es für sie überaus gefährlich, sich in der Stadt zu bewegen. In der Zwischenzeit konnten die Highlander weiter vorrücken und in die Stadt eindringen. Die britischen Scharfschützen waren zu dieser Zeit noch mit Ausrüstung und Waffen aus dem 2. Weltkrieg ausgerüstet.

Diese Soldaten der britischen Marineinfanterie (42 Commando) suchen am 17.11. 1967 Deckung, nachdem sie von einem Hausdach aus von einem Scharfschützen unter Feuer genommen wurden. Beachten Sie die Bewaffnung des Soldaten im Vordergrund, er ist mit einem amerikanischen AR-15 ausgerüstet. Dieser Waffentyp wurde in geringen Stückzahlen an britische Spezialtruppen ausgegeben und dort aufgrund seines geringen Gewichts sehr gern geführt. (Bettmann/Corbis)

Koreanische Scharfschützenausrüstung

Die südkoreanischen Streitkräfte wurden von ihren westlichen Verbündeten ausgerüstet, während die kommunistischen Nordkoreaner ihre Ausrüstung hauptsächlich von den Sowjets und den Chinesen erhielten. Während der japanischen Besetzung von Korea hatten die Alliierten einige Waffen aus der Luft abgeworfen, die auch im Koreakrieg noch benutzt wurden. Das schon in Stalingrad berühmt gewordene russische Mosin-Nagant kam auch wieder zum Vorschein und erwies sich als seinen Rivalen zumindest ebenbürtig, wenn nicht sogar überlegen. Zu Anfang des Krieges kämpften viele in Russland ausgebildete nordkoreanische Scharfschützen gegen die westlichen Streitkräfte, aber später tauchten auch chinesische Scharfschützen in grosser Zahl auf. Die nordkoreanischen Streitkräfte waren auf den Krieg in der eiskalten Witterung weitaus besser vorbereitet als ihre Gegner im Süden. Aufgrund ihrer wattierten Uniformen wurden ihre Konturen ausserdem verwischt, so dass man nordkoreanische Soldaten in grösserer Entfernung nicht mehr gut erkennen konnte. Der nordkoreanische Soldat war genügsam und hatte eine geradezu primitive Einstellung zur Kriegführung. Er achtete auch auf kleine Details und war überaus praktisch veranlagt. Diese Eigenschaften fehlten den westlichen Soldaten im Allgemeinen, sie vertrauten mehr auf ihre Technik.

Es ist allgemein bekannt, dass sogenannte russische «Berater» auf nordkoreanischer Seite als Scharfschützen eingesetzt wurden. In China wurden erfolgreiche

Das Repetiergewehr M1903, bei den amerikanischen Streitkräften üblicherweise einfach als das «Springfield» bezeichnet. Diese Waffe hatte die längste Einsatzzeit aller amerikanischen Dienstgewehre. Hier sehen wir ein Scharfschützengewehr dieses Typs beim Einsatz in Korea. Aufgrund der grossen Kälte und der anderen harschen Wetterbedingungen in Korea waren das Zielen und Schiessen im Einsatz sehr schwierig. (NA)

Hier bekämpft der Sergeant Charles R. Bill der amerikanischen Marineinfanterie mit seinem Zielfernrohrgewehr einen chinesischen Kommunisten, der versucht hatte, den amerikanischen Vormarsch in Korea aufzuhalten. Beachten Sie das aufgepflanzte Bajonett an der Waffe, dieses Seitengewehr war im Nahkampf das letzte Mittel. (NA)

Hauptmann William S. Brophy der U.S. Army führt hier ein neues Scharfschützengewehr im Kaliber .30 (7,62 mm) mit einem sehr leistungsfähigen Zielfernrohr vor. Diese auf dem Jagdgewehr Winchester Modell 70 basierende Waffe war mit einem schweren Präzisionslauf und einem Zielfernrohr des Herstellers Unertl versehen und war eigentlich für den Einsatz im Koreakrieg vorgesehen. Allerdings entschied die Führung der Streitkräfte dann, dass ein bereits eingeführtes Gewehr verwendet werden sollte, in diesem Fall war es das Selbstladegewehr .30 M1 Garand.

Scharfschützen wie Zhang Tao Fang sogar öffentlich belobigt, ihm wurden innerhalb von 32 Tagen insgesamt 214 Abschüsse zugeordnet. Hiermit wurde ganz eindeutig die russische Propaganda aus der Zeit der Belagerung von Stalingrad im Zweiten Weltkrieg nachgeäfft. Allerdings sieht man hieran auch sehr deutlich, dass die Chinesen genau wussten, welchen Schaden ein versteckter Scharfschütze beim Gegner anrichten kann. Bis dahin hatte man diesen Faktor bei den westlichen Streitkräften nur höchst widerwillig in Erwägung gezogen. Aufgrund ihrer Einstellung hatten die nordkoreanischen Scharfschützen zu Beginn des Krieges einen deutlichen Vorteil. Allerdings holten die alliierten Soldaten schon bald auf, denn sie waren sicherlich nicht weniger fähig und zahlten schon bald in gleicher Münze zurück.

Ein Schimmer Hoffnung

Während der verschiedenen Konflikte in den 50er und 60er Jahren des 20. Jahrhunderts begann man bei den Streitkräften der grösseren Nationen allmählich damit, sich genauer mit den Möglichkeiten des Scharfschützenwesens zu befassen. Einer der Auslöser dafür waren sicherlich die Erfolge der gegnerischen Scharfschützen im Verlauf der diversen Konflikte. Dabei befasste man sich auch ausführlich mit den Waffen des Scharfschützen. Während des Koreakrieges hatte der amerikanische Hauptmann William S. Brophy von der 7. Infantry Division ein Scharfschützengewehr Winchester Modell 70 zusammen mit einem Unertl-Zielfernrohr eingesetzt, das er auf eigene Kosten beschafft hatte. Damit wollte er der Streitkräfteführung klarmachen, dass die amerikanischen Streitkräfte ein richtiges Scharfschützengewehr brauchten. Obwohl ihm der Beweis gelang, dass seine Waffe den dienstlich gelieferten Gewehren haushoch überlegen war, konnte er seine Vorgesetzten nicht überzeugen. Sie waren weiterhin der Meinung, dass die dienstlich gelieferten Gewehre völlig ausreichend waren, und spezielle Präzisionsmunition war auch nicht erforderlich.

Brophy stand mit seiner Kampagne aber nicht allein da. Ein weiterer Befürworter für ein spezielles Scharfschützengewehr war der Brigadegeneral Van Orden des USMC, der aus der Reihe tanzte und darauf hinwies, dass die Marineinfanteristen ein spezielles Scharfschützengewehr brauchten. Er unterstützte Hauptmann Brophy mit seinem Vorschlag des Modells 70 von Winchester. Der General ging sogar noch einen Schritt weiter und empfahl die Einführung einer grösseren Patrone mit einem schwereren Geschoss. Eine solche Patrone hätte eine flachere Flugbahn und ein stabileres Geschoss, so dass man weiter damit schiessen könnte. Heutzutage werden bei immer mehr Streitkräften Scharfschützengewehre in den Kalibern .300 Winchester Magnum und .338 Super Magnum eingeführt, so dass man mit Fug und Recht sagen

kann, dass dieser Brigadegeneral damals sehr weitsichtig war. Traurig ist bei dieser ganzen Geschichte die Tatsache, dass seine Kollegen im Beschaffungsamt nicht so klug waren.

Nachdem in den fünfziger Jahren die Patrone 7,62 x 51 mm (.308 Winchester, im Prinzip nichts weiter als eine verkürzte Version der amerikanischen Dienstpatrone .30-06 [7,62x63 mm]) als Standardmunition der NATO eingeführt wurde, gingen die meisten Armeen dazu über, das Konzept des Scharfschützengewehrs neu zu überdenken. Als bei vielen Armeen das in Belgien konstruierte Sturmgewehr FN FAL (das in Grossbritannien als L1A1 mit Zollmassen eingeführt wurde) übernommen wurde, kam man schon bald darauf, dass dieses eigentlich sehr gute und präzise schiessende Gewehr für die Aufnahme eines Zielfernrohrs nicht geeignet war. Der Deckel über dem Verschluss war nämlich aus dünnem Blech gepresst und damit ziemlich unstabil. Da bei der britischen Armee wie bei allen anderen Streitkräften auch die Mittel immer knapp waren, musste das ehrenwerte und betagte Gewehr No. 4 T nach einem Umbau weiterdienen.

Bei der Umstellung auf das neue Kaliber mussten sowohl Lauf als auch Magazin gewechselt werden. Das Zielfernrohr No. 32 sollte auch für die «neue» Waffe wieder verwendet werden, allerdings wurden die Entfernungsangaben auf Meter umgestellt. Der Vorderschaft des Gewehres wurde verkürzt, aber abgesehen vom Magazin und dem Lauf stammten alle anderen Teile der Waffe immer noch aus dem Zweiten Weltkrieg.

In der Zwischenzeit war man bei der amerikanischen Armee immer noch auf der Suche nach einem geeigneten Scharfschützengewehr. Man prüfte die Möglichkeit, das bewährte Garand-System umzubauen. Bei diesem Vorhaben war man sehr erfolgreich, allerdings konnte sich das so entstandene M14 erst in letzter Zeit die Anerkennung erwerben, die es eigentlich von Anfang an verdient gehabt hätte. Mittlerweile versuchen die amerikanischen Streitkräfte sogar, an andere Länder verschenkte M14 wieder zurückzubekommen, um sie nach dem Umbau als Scharfschützengewehre im derzeitigen Krieg gegen den Terror einzusetzen.

Für das Gewehr M14 wurde das System des M1 Garand als Grundlage verwendet. Allerdings hat es ein abnehmbares Magazin für 20 Patronen, und es wurden noch einige kleinere Änderungen vorgenommen. Das Ergebnis war eine sehr brauchbare Waffe. Mittlerweile haben die aus dem M14 entstandenen Scharfschützenvarianten bei vielen NATO-Spezialtruppen einen hervorragenden Ruf. Auch die Patrone 7,62 erlebt mittlerweile ein «Comeback», da sie in vieler Hinsicht erheblich leistungsfähiger als die eingeführte Dienstmunition im Kaliber .223 ist.

So haben zum Beispiel die Streitkräfte von Jordanien ihre von den USA geschenkten M14 mit einem schweren Matchlauf und einer Spezialschäftung McMillan A5

Ein Scharfschütze der D-Kompanie des 1st Battalion, 4th Marines nimmt während der Operation Nanking am 14. Oktober 1968 in Südvietnam ein Ziel auf. Sein Scharfschützengewehr ist ein Repetiergewehr mit Zylinderverschluss M40, das 1966 beim Marinekorps eingeführt wurde. Ursprünglich bestellte die Marineinfanterie 700 Exemplare des Gewehres Remington Modell 40x (die Scheibenversion des Modells 700) für den Einsatz in Vietnam. Die meisten dieser Waffen waren mit einem Zielfernrohr Redfield Accuracy mit verstellbarer Brennweite mit dreifacher bis neunfacher Vergrösserung versehen. Es zeigte sich aber in Vietnam, dass diese Waffen bestimmte Schwächen aufwiesen, so verzog sich unter anderem die Schäftung unter dem Einfluss von Feuchtigkeit. Deswegen bauten die Waffenwarte des Marinekorps die Gewehre in die Version M40A1 um. Unter anderem erhielten sie eine neue Schäftung aus Fiberglas und Unertl-Zielfernrohre. Die Lauflänge betrug 610 mm, die Gesamtlänge der Waffe lag bei 1'116 mm. Das Gewicht betrug 6,57 kg. Die nutzbare Reichweite der Waffe lag bei ungefähr 900 m. Das abnehmbare Magazin fasste fünf Patronen im Kaliber 7,62 x 51 mm NATO. Durch weitere Umbauten entstand die Modellvariante M40A3, die im Jahre 2000 eingeführt wurde.

Rechte Seite oben: Ansicht der linken Seite eines Scharfschützengewehrs Dragunov SVD mit Zielfernrohr PSO-1 4x24. Das Gewehr ist zwar ziemlich lang, aber mit 4,3 kg Gewicht ist es nicht sonderlich schwer, wofür unter anderem der ausgeschnittene Kolben zuständig ist. Die Waffe ist ein halbautomatischer Gasdrucklader. Sie gilt als eine der besten Waffen ihrer Zeit und ist auch heute noch oft im Einsatz. (Cody)

Rechte Seite unten: Dieser zur amerikanischen Marineinfanterie gehörende Scharfschütze schützt seinen Kopf mit einer ziemlich unvorschriftsmässigen Wollmütze gegen die kühle Abendluft in Südvietnam. Sein Einsatz erfolgte bei einer Operation in der Demilitarisierungszone im Jahre 1968. (NA)

Unten: Nahansicht des Verschlusses eines Scharfschützengewehrs, das während des Vietnamkriegs von einem Scharfschützen der amerikanischen Marineinfanterie bei seiner Ausbildung in einer Scharfschützenschule ins Ziel gebracht wird. (NA)

versehen, ausserdem wurde der Abzug überarbeitet. Das Ergebnis ist ein superpräzises Scharfschützengewehr, das zu Ehren des jordanischen Königs das M62 (nach seinem Geburtsjahr) genannt wird.

Nach der Einführung des FN FAL bei den kanadischen Streitkräften hatte man dort das Interesse an einem speziellen Scharfschützengewehr etwas verloren, man versuchte stattdessen, das FN-Gewehr zum Scharfschützengewehr abzuändern. Nach einigen Versuchen entwickelte man einen verstärkten Verschlussdeckel für die Waffe, aber auch danach schoss die Waffe relativ ungenau, und auf Entfernungen von über 540 m war sie überhaupt nicht brauchbar. Das schien aber niemanden sonderlich zu kümmern, denn man war wieder einmal der Meinung, dass Scharfschützen nicht mehr gebraucht würden. In dieser Zeit wurden auf dem privaten Sektor aber eine Reihe von sehr zuverlässigen Scharfschützengewehren als Repetierer mit Zylinderverschluss entwickelt, wobei man auf die Erteilung von militärischen Aufträgen hoffte. Das sollte aber noch eine Weile dauern. Erst mit dem Ausbruch des Krieges in Südostasien kam es zu einer Wiederbelebung des Scharfschützenwesens.

Scharfschützen im Vietnamkrieg

Während des Vietnamkrieges taten die USA alles, um die weitere Ausbreitung des Kommunismus zu verhindern. Deswegen wurden bis 1965 umfangreiche amerikanische Truppenkontingente in Südvietnam eingesetzt, die zusammen mit den südvietnamesischen Streitkräften gegen die reguläre nordvietnamesische Armee und die immer zahlreicher werdenden Vietkong-Rebellen vorgingen. In diesen Kämpfen wurde immer öfter die Guerilla-Taktik des «Zuschlagens und Verbergens» angewendet. Obwohl die Vietcong schlecht ausgerüstet waren und meist auch noch unter Unterernährung litten, hatten sie den Vorteil, dass sie ihre Gegner im eigenen Land bekämpfen konnten. Aus der Geschichte wissen wir, dass so etwas ein grosser Vorteil ist. Auch die Guerillakämpfer waren nicht im Dschungel zuhause, sie litten dort unter Malaria und anderen von Insekten übertragenen Tropenkrankheiten, und ausserdem mussten sie jederzeit mit amerikanischen Luftangriffen rechnen, die einen plötzlichen Tod bringen konnten. Aber sie legten dort ein Netzwerk von unterirdischen Gängen, Tunnels und versteckten Pfaden an, über die man Menschen und Material transportieren konnte, ausserdem waren sie Meister im Tarnen. Damit waren sie den amerikanischen Soldaten oftmals überlegen. Sie beschossen die Amerikaner und verschwanden danach sofort. Danach tauchten sie plötzlich hinter ihren Gegnern wieder auf und griffen von dort erneut an.

Bei diesem Konflikt wurde auch klar, dass die Sowjets das Scharfschützenwesen nicht vernachlässigt hatten. In diesem Krieg wurde erstmals ein Gewehr erbeutet,

0 - 787

Bei diesem aus zwei Mann bestehenden Scharfschützenteam einer amerikanischen Marineinfanteriedivision in Vietnam weist der Beobachter gerade dem Scharfschützen ein Ziel zu. (NA)

von dem man davor im Westen noch nichts gehört hatte. Es war das Scharfschützengewehr SVD Dragunov. Die Russen waren immer für innovative Waffenkonstruktionen bekannt, und das SVD gehörte zu diesen Innovationen. Es verschoss die alte Randpatrone 7,62x54 mm R. Das SVD war ein Selbstladegewehr mit einem abnehmbaren Kastenmagazin und einem Zielfernrohr PSO mit vierfacher Vergrösserung. Der Lauf war mit 622 mm relativ lang. Das Gewehr wurde offensichtlich 1965 bei den sowjetischen Streitkräften eingeführt. Das Zielfernrohr PSO war eine einfache und robuste Konstruktion mit Höhen- und Seitenverstellung, ausserdem war eine einfache Vorrichtung zur Entfernungsschätzung vorhanden. Auf das Gewehr konnte man ein Bajonett aufpflanzen. Das mag zwar manchem etwas rückschrittlich erscheinen, aber der Autor sieht darin einen grossen Vorteil im Nahkampf. Nachdem man dieses Gewehr erbeutet hatte, war auch klar, dass sowjetische «Berater» im Land waren, die dafür sorgten, dass die nordvietnamesischen Scharfschützen nach sowjetischen Vorschriften ausgebildet wurden.

Bei den meisten Streitkräften im Westen hatte man sich in der Zeit nach dem 2. Weltkrieg bis Mitte der 50er Jahre über die Scharfschützenausbildung bzw. über das Fehlen einer solchen Ausbildung gestritten. Bei einigen Streitkräften, und hier sind besonders die USA und Grossbritannien zu nennen, war man der Auffassung, dass die Infanteristen das genaue Schiessen nicht mehr lernen müssten. Schuld an dieser irrigen Auffassung waren die Einführung neuer Schnellfeuerwaffen und der Glaube an vollkommen neue und überlegene Waffensysteme. Der Scharfschütze galt als überflüssig.

Als die Deutschen im Ersten Weltkrieg über das Niemandsland in Flandern vorstürmten, hatten sie oftmals den Eindruck, als würden sie mit Maschinengewehren beschossen. Der Grund dafür war das Handwaffenfeuer in einer Konzentration, wie das die Deutschen nicht kannten. Tatsächlich waren es aber die hervorragend ausgebildeten britischen Soldaten und später die amerikanischen Soldaten, die mit ihren Repetiergewehren überaus schnell schiessen konnten. Heutzutage sind viele Soldaten der Meinung, dass Repetiergewehre mit Zylinderverschlüssen auf dem Schlachtfeld nichts mehr zu suchen haben. Diese Meinung teile ich nicht, aber ich bin mir sicher, dass die Soldaten aus beiden Weltkriegen diese Meinung ebenfalls nicht teilen würden. Sie würden eher den Standpunkt vertreten, dass die heutigen Soldaten

durch ihre Selbstladewaffen verdorben oder sogar faul in Bezug auf ihr Schiesstraining geworden sind. Der Einsatz von Selbstladegewehren hat ganz klar Vorteile und Nachteile. Wie mit jeder militärischen Fähigkeit ist es auch hier so, dass man durch fehlende Übung seine Fähigkeiten langsam verliert. Wenn man vergleicht, wie viele Patronen ein Soldat in Vietnam verfeuerte, um einen Feind zu töten, und wenn man diese Patronenzahl mit derjenigen (weitaus geringeren) aus früheren Konflikten vergleicht, dann versteht man, was ich damit meine, wenn ich sage, dass die Schiesskunst heutzutage ins Hintertreffen gerät.
Da sowohl einfache Soldaten als auch höhere Dienstgrade heutzutage schlechter schiessen als früher, ist der Scharfschütze im Ansehen noch weiter gestiegen, und er wird auch mehr gefürchtet. Der Scharfschütze kann nämlich seine Munition maximal ausnutzen, und da er Munition mit gleichbleibender Präzision verschiesst, kann er auch viel weiter als früher schiessen.
Eigentlich waren die Urwälder von Vietnam keine typische Umgebung für den Einsatz von Scharfschützen. Die amerikanischen Streitkräfte installierten hier aber ein System von Stützpunkten mit einer ganzen Reihe von Vorposten, die oftmals auf erhöhtem Gelände eingerichtet wurden. Die abgeholzten Wälder um diese

Dieser Angehörige der amerikanischen Marineinfanterie im Irak hält ein erbeutetes Scharfschützengewehr Dragunov SVD in Händen. Die Konstruktion der Waffe stammt aus den sechziger Jahren, sie ist also zweimal so alt wie dieser Soldat. Das bei der sowjetischen Armee eingeführte SVD wurde im Vietnam-Krieg erstmals gegen westliche Truppen eingesetzt. Es gelang den Amerikanern, einige dieser Waffen von nordvietnamesischen Scharfschützen zu erbeuten und sie ausführlich zu untersuchen. Seither wird dieser Waffentyp in Lizenz in China, dem Irak und in Rumänien gefertigt. (Cody)

Mit diesem mit einem Zielfernrohr versehenen rückstossfreien Geschütz konnte man in Vietnam hervorragend Scharfschützen der Vietcong bekämpfen. Die hier gezeigte Szene wurde in der Nähe von Da Nang während des Vietnamkriegs aufgenommen. (NA)

Rechte Seite: Ein Scharfschütze der amerikanischen Marineinfanterie nimmt mit seinem Scharfschützengewehr während der Operation «Double Eagle» in Vietnam im Januar 1966 ein Ziel auf. Er schiesst mit einem Selbstladegewehr M1 Garand mit seitlich montiertem Zielfernrohr. (NA)

Stützpunkte herum waren ideales Einsatzgebiet für Scharfschützen. Auch am berühmten Ho-Chi-Minh-Pfad gab es für gut versteckte amerikanische Scharfschützen Gebiete mit freiem Schussfeld. Nachdem die passiven Nachtsichtgeräte zum Einsatz kamen, wurden die amerikanischen Scharfschützen noch mehr als vorher gefürchtet.

Auch die nordvietnamesische Armee und die Vietcong setzten Scharfschützen mit grossem Erfolg ein. Es gelang ihnen in vielen Fällen, den Vormarsch einer ganzen Kompanie aufzuhalten oder schwebende Hubschrauber abzuschiessen. Die Scharfschützen der kommunistischen Streitkräfte mussten an einem acht Wochen dauernden Scharfschützenlehrgang teilnehmen, ehe sie über den Ho-Chi-Minh-Pfad in den Süden einsickern durften. Das taten sie meist bei Nacht, um den amerikanischen Luftangriffen zu entgehen. Wenn sie dann in ihrem Einsatzgebiet waren, suchten sich die kommunistischen Scharfschützen meist südvietnamesische und amerikanischer Offiziere, Fernmeldemittel und die Bedienungen von schweren Waffen als Ziel aus. Ihre freie Zeit verbrachten sie damit, den Vietcong die Grundlagen des Scharfschützenwesens beizubringen.

Nachdem der Krieg heftiger tobte, führten sowohl das amerikanische Heer als auch die Marineinfanterie die eigentlich längst vergessenen Scharfschützenlehrgänge wieder ein. Aus diesen Lehrgängen gingen viele sehr erfolgreiche Scharfschützenmannschaften hervor. Einige von ihnen wie Carlos Hathcock und Chuck Mawhinney sollten später aufgrund ihrer Verdienste zu gefeierten Helden werden.

Hathcock hatte bei der Marineinfanterie schon länger in einer Wettkampfmannschaft geschossen, hier hatte er sich als geübter Schütze über grosse Entfernungen hervorgetan. Deswegen war es für die Hauptleute Robert Russell und Jim Land vollkommen klar, dass er als Scharfschütze übernommen wurde, als die Lehrgänge für die 3. und die 1. Marinedivision eingerichtet wurden. Jim Land richtete seine Scharfschützenschule auf dem Hügel 55 in der Nähe von Da Nang ein. Hathcock wurde von seiner Verwendung bei der Militärpolizei geradezu erlöst und an die Scharfschützenschule versetzt. Eine der ersten Aufgaben dieser Scharfschützenschule war die Beseitigung des dort versteckten Scharfschützen der Vietcong, der die Amerikaner immer wieder unter Feuer nahm. Nachdem Hauptmann Land und Sergeant Don Reinke einen Spähtruppeinsatz durchgeführt hatten, wurde die Stellung des Scharfschützen entdeckt. Nachdem man die Einsatztaktiken dieses Scharfschützen analysiert hatte, kam man zu dem Entschluss, eine rückstossfreie Panzerabwehrkanone im Kaliber 106 mm in Stellung zu bringen und dann zu warten, bis er wieder schoss. Es dauerte

Hier gratuliert Generalleutnant P.K. Van Riper am 12. November 1996 dem Gunnery Sergeant a.D. Carlos Hathcock anlässlich der Verleihung des Ordens «Silver Star». Neben Hathcock steht sein Sohn Staff Sergeant Carlos Hathcock jr. Carlos Hathcock erhielt die Auszeichnung für die Rettung von sieben Kameraden aus ihrem Schützenpanzer, nachdem dieser in Vietnam auf eine Mine gefahren war. Leider starb Hathcock im Jahre 1999 nach langer Krankheit, er litt an multipler Sklerose.

Gunnery Sergeant Carlos N. Hathcock USMC (1942 – 1999)

Im Jahre 1959 meldete sich Carlos N. Hathcock im Alter von 17 Jahren freiwillig bei der amerikanischen Marineinfanterie. Er hatte bis dahin schon eine ganze Reihe von Schiesswettkämpfen gewonnen. Er sollte während des Krieges in Vietnam auf beiden beteiligten Seiten zu einer legendären Gestalt werden. Während seiner zwei Einsatzperioden ab 1966 konnte er 93 bestätigte Abschüsse für sich verbuchen, dabei handelte es sich um bestätigte Treffer. Seine tatsächlichen Erfolgszahlen waren ganz sicherlich noch viel höher, man geht von bis zu 400 Abschüssen aus. Aber auch in Vietnam mussten erfolgreiche Treffer von einem dritten Zeugen bestätigt werden. Das war zwar unter bestimmten Einsatzbedingungen machbar, aber in Vietnam wurden die Scharfschützen üblicherweise in Zweiergruppen eingesetzt, und deswegen war kein dritter Zeuge vorhanden, und so war es schwierig, die Treffer zu bestätigen. Die Nordvietnamesen setzten ein Kopfgeld in Höhe von 30'000 Dollar auf ihn aus, nachdem er viele ihrer Soldaten getötet hatte. Normalerweise war die von der NVA ausgesetzte Belohnung für die Ausschaltung eines amerikanischen Scharfschützen ganz erheblich niedriger, sie lag bei 8 Dollar. Bei den Vietkong und den Nordvietnamesen wurde Hathcock als «Long Trang» bezeichnet, und das heisst «Weisse Feder», denn er trug immer eine weisse Feder an seinem Dschungelhut.

Es gibt eine ganze Reihe von Berichten über die Fähigkeiten von Hathcock als Scharfschütze, von denen aber viele nicht offiziell bestätigt sind. Einer davon handelt von einem Einsatz, in dem er eine ganze Kompanie von Vietcong ausschaltete. Dabei schoss er zuerst auf den ersten Mann der Kolonne, und dann erschoss er den letzten Mann. Die Vietkong wussten nicht, woher das Scharfschützenfeuer kam und mussten mehrere Tage lang in ihrer Deckung liegen bleiben. In dieser Zeit erledigte Hathcock einen nach dem anderen von ihnen. Auf das Konto von Carlos Hathcock geht auch der weiteste Schuss eines Scharfschützen im 20. Jahrhundert. Im Jahre 1967 sah er in einer Entfernung von 2'392 Metern einen feindlichen Soldaten, den er mit einem Schuss aus einem mit einem Zielfernrohr versehenen Einschiessgewehr M8C im Kaliber .50 BMG (12,7 mm) auf einem rückstossfreien 106-mm-Geschütz tötete.

Ansicht der linken Seite eines Repetiergewehrs Remington Modell 700, das bei der amerikanischen Marineinfanterie als Scharfschützengewehr M40A1 eingeführt wurde. Vor dem Abzugsbügel ist der Magazinboden deutlich zu sehen. (Cody)

ein paar Tage, aber dann machte der Scharfschütze der Vietcong den schlimmsten Fehler, den ein Scharfschütze überhaupt begehen kann. Er bezog nämlich eine Stellung, in der er schon einmal gewesen war. Diese Faulheit sollte er bitter bereuen. Nachdem er einen Schuss abgegeben hatte, schossen die Amerikaner mit der Panzerabwehrkanone zurück, und so gab es ihn nicht mehr.

Über die Verdienste von Carlos Hathcock sind viele Bücher geschrieben worden. Deswegen soll es an dieser Stelle ausreichen, wenn ich berichte, dass die Vietcong aufgrund seiner überaus grossen Einsatzerfolge eine Belohnung auf seinen Kopf aussetzten, die derjenige bekommen sollte, dem es gelang, «Long Tra'ng» (Weisse Feder) zu töten. Seinen Spitznamen hatte er bekommen, weil er immer eine weisse Feder an seinem Dschungelhut trug.

Zu Beginn des Krieges hatte man bei der amerikanischen Marineinfanterie kein spezielles Scharfschützengewehr, deswegen setzte man eine nicht sonderlich glückliche Mischung von Gewehren aus dem Zweiten Weltkrieg und einigen zivilen Jagdgewehren ein. Im Verlauf des Krieges wurde dann klar, dass man ein spezielles Scharfschützengewehr benötigte. Mit der Unterstützung des neuen Divisionskommandeurs Generalmajor Herman Nickerson jr. wurde das folgende Lastenheft zusammengestellt:

- Das Gewehr mit aufgesetztem Zielfernrohr muss überdurchschnittlich präzise schiessen.
- Die Konstruktion muss robust, einfach und leicht zu verstehen sein, damit die Ausbildungszeit kurz gehalten werden kann.
- Gewehr und Zielfernrohr müssen auch in Gegenden mit hoher Luftfeuchtigkeit einsatzbereit bleiben.
- Das Gewehr muss im Kaliber 7,62 mm sein.
- Das Zielfernrohr muss bis 900 m verstellbar sein.

Im Jahre 1965 wurden mehrere Kombinationen von Gewehren und Zielfernrohren geprüft, die vom zivilen Markt stammten. Unter anderem wurden das Remington 600, 700 ADL und BDL und das Modell 700-40X erprobt, aber auch das Winchester Modell 70 und eine Reihe von Zielfernrohren. Das Modell 700-40X von Remington erwies sich als Favorit, und so wurden 1966 insgesamt 700 Stück davon bestellt. Diese Waffe hat ein fest eingebautes Magazin für fünf Patronen mit einem aufklappbaren Magazinboden, einen 610 mm langen schweren Lauf, eine Schäftung aus Nussbaumholz und ein Zielfernrohr Redfield Accu-Range 3x9. Im Verlauf einer Reihe von Nachrüstungen einschliesslich einer neuen Schäftung McMillan A5 aus Fiberglas wurde das Gewehr schliesslich das M40 genannt. Es ist auch heute noch bei der Marineinfanterie unter der Bezeichnung M40A4 im Einsatz.

Der Erfolg der Scharfschützen der amerikanischen Marineinfanterie in Vietnam führte direkt zur offiziellen Einführung der Laufbahn des Scharfschützen beim Marinekorps. Im Jahre 1968 erging ein Befehl des Hauptquartiers des USMC an alle Regimenter zur Aufstellung von Scharfschützenzügen. So entstand die Einheit «8541 Scout-Sniper».

Beim amerikanischen Heer sah man die ganze Sache in Bezug auf die Scharfschützeneinsätze etwas anders. Das Heer operierte hauptsächlich im flachen südlichen Teil des Landes, dort konnten die Scharfschützen aufgrund der offenen Reisfelder und anderer landwirtschaftlicher Einrichtungen ziemlich weit schiessen. Die Marineinfanterie hingegen musste meist im dicht bewaldeten Dschungel und im waldreichen Hochland im Norden kämpfen. Als das amerikanische Heer sich im Vietnam-Krieg engagierte, gab es dort weder ein Ausbildungsprogramm für Scharfschützen noch gab es spezielle Scharfschützenzüge.

Bei der 9. Infanteriedivision wurde der Major Willis Powell damit beauftragt, einen Scharfschützenlehrgang durchzuführen, der allerdings nur zwei Tage dauerte. Im Jahre 1969 wurde die Lehrgangsdauer dann auf 18

Das amerikanische Gewehr M1 Garand im Kaliber .30-06 (7,62x63 mm) war das erste Selbstladegewehr, das bei der Infanterie eines grösseren Staates eingeführt wurde. Hier sehen wir die Waffe mit ihrem seitlich montierten Zielfernrohr in der Hand eines Soldaten, der sich bei einer Scharfschützenschule in Korea in der Ausbildung befindet. (Cody)

Im Mai 1968 führte die amerikanische Armee erstmals ein neuartiges Nachtsichtgerät in der Öffentlichkeit vor. Im Gegensatz zu den vorher verwendeten Infrarot-Geräten konnte man dieses neue Gerät im Einsatz nicht orten. Es verstärkte das Restlicht des Mondes, der Sterne oder das Restlicht am Horizont und beleuchtete damit das Zielgebiet. Mit diesem neuen Nachtsichtgerät war man den Vietcong beim Nachtkampf erstmals überlegen. Hier führen zwei amerikanische Soldaten das neue Nachtsichtgerät vor, es verstärkte das Restlicht 40'000 mal.

Anschiessen eines Scharfschützengewehrs M14 im Kaliber .308 NATO (7,62x51 mm). Von diesem Waffentyp gibt es eine ganze Reihe von Varianten, die auch bei Spezialeinheiten eingesetzt werden. Das M14 stammt vom M1 Garand ab, die neuesten Versionen sind die Scharfschützengewehre M24 und M25. (Cody)

Zwei Scharfschützen der amerikanischen Marineinfanterie sprechen während der Operation «Nanking Scotland II» in Vietnam ein Ziel an. (NA)

Tage erhöht. In dieser zusätzlichen Zeit konnten die Lehrgangsteilnehmer natürlich sehr viel mehr lernen. Die als Ausbilder eingesetzten erfahrenen älteren Unteroffiziere konnten zum Teil noch auf Erfahrungen zurückgreifen, die sie im Zweiten Weltkrieg und im Koreakrieg gemacht hatten.

Die Scharfschützenschule von Major Powell deckte alle Lernfelder ab, die es auch in den früheren Scharfschützenschulen schon gegeben hatte. Dazu gehörten das Schätzen von Entfernungen, das Beobachten, das Leben im Felde, die Tarnung und das Präzisionsschiessen. Da es für diese Lehrgänge keine speziellen Schiessstände gab, planierte man einfach ein Feld und stellte entsprechende Schilder dort auf. Als Ziele wurden Hülsen von 105-mm-Artilleriegeschossen verwendet, bis richtige Schiessscheiben beschafft werden konnten.

Nachdem die amerikanische Armee das Selbstladegewehr M14 eingeführt hatte, war eigentlich klar, welches Scharfschützengewehr man verwenden würde. Das M14 erfüllte die Anforderungen an ein Scharf-

Dieser amerikanische Marineinfanterist schiesst in der Nähe von Da Nang im Jahre 1967 mit seinem Maschinengewehr M60 eine Reihe von Feuerstössen in die grobe Richtung eines erkannten Scharfschützen der Vietcong. (Cody)

Scharfschützen des USMC und ihr Ausbilder (kniend) auf einem Schiessstand in Vietnam im Jahre 1969. Die beiden Zielscheiben kann man gerade noch im Hintergrund erkennen. (NA)

Das amerikanische Dienstgewehr M14 wurde in den sechziger Jahren vom kleinkalibrigen M16 abgelöst, danach wurden viele Waffen in die Scharfschützenversion M21 umgebaut. Diese Waffe war bis zur Einführung des verbesserten M24 SWS die Standardwaffe der Scharfschützen des amerikanischen Heers.

schützengewehr: es war robust, man konnte bis 900 Meter weit damit schiessen, und es hatte sich im Einsatz schon gut bewährt. Man brauchte also nur noch ein geeignetes Zielfernrohr. Im Rahmen eines Auswahlverfahrens wurde das Zielfernrohr Redfield 3x9 ausgewählt. Mit Hilfe eines Zusatzgerätes konnte man mit diesem Zielfernrohr auch Entfernungen ziemlich genau schätzen. Das mit diesem Zielfernrohr ausgestattete Scharfschützengewehr wurde als XM-21 eingeführt. Die Kombination von Waffe und Zielfernrohr erwies sich als überaus grosser Erfolg. Die Scharfschützen des amerikanischen Heeres konnten damit zwischen Januar und Juli 1969 über 1'000 feindliche Soldaten töten.

Scharfschützen im Falkland-Krieg

Der Krieg ist schon oft als wirksames Mittel verwendet worden, um die Aufmerksamkeit der Bevölkerung eines Landes von Schwierigkeiten im eigenen Land abzulenken. Das gilt besonders in Fällen, in denen es um Dinge geht, die bei der Bevölkerung grosse Emotionen hervorrufen. Genau das passierte, als sich im Jahre 1982 die Militärjunta in Argentinien dazu entschloss, einen schon lang andauernden Streit mit Grossbritannien um den Besitz der Falkland-Inseln im Südpazifik (die Argentinier nennen sie die Malvinas) mit Gewalt zu lösen. Damit wollte man die Aufmerksamkeit der argentinischen Bevölkerung von den gewaltigen wirtschaftlichen Problemen im Land ablenken.

Die Inselgruppe war schon seit den Zeiten von Admi-

Hier hissen Angehörige der Kommandotruppen der britischen Marineinfanterie am 16.6.1982 nach ihrem Sieg im Falklandkrieg die britische Flagge «Union Jack». Zum Ärger der Briten waren einige der bei den argentinischen Streitkräften eingesetzten Scharfschützen ganz offensichtlich keine Argentinier, sondern es handelte sich wahrscheinlich um amerikanische Söldner. (Bettmann/Corbis)

ral Lord Nelson in britischen Händen, und die Bevölkerung besteht ausschliesslich aus Briten, und deswegen war der Streit eigentlich sinnlos. Allerdings ging es bei dem Streit auch um Rohstoffvorkommen und deren Nutzung. Die argentinische Junta gab der Bevölkerung gezielt falsche Informationen über das Verhalten der Briten und suchte damit eine Rechtfertigung für die eigenen Invasionspläne.

Als Zeitpunkt für die Invasion wählte die Militärjunta eine Periode, in welcher die britische Royal Navy damit beschäftigt war, die Marinepräsenz im Südatlantik zurückzufahren. Ausserdem gab es Ansätze zu Diskussionen über die Zukunft der Inselgruppe. Allerdings begingen die argentinischen Machthaber jetzt einen verhängnisvollen Fehler, denn sie hatten nicht mit der Entschlossenheit der britischen Regierung gerechnet. Man hatte auch nicht damit gerechnet, dass sich die britische Bevölkerung durch die Einnahme der Inseln durch eine fremde Macht gedemütigt fühlen würde.

Nachdem man mehrere Wochen lang Aufklärung betrieben hatte, liess die argentinische Regierung eine Gruppe von Schrottarbeitern auf der vorgelagerten Insel Südgeorgien landen und liess dann diese Insel zu argentinischem Besitz erklären. Das war natürlich nur ein Vorwand für den folgenden Militäreinsatz. Vorher hatte man noch einen Luftnotfall mit einem Transportflugzeug vom Typ C-130 Hercules vorgetäuscht, um herauszufinden, ob der Flugplatz von Fort Stanley für Flugzeuge dieser Grösse geeignet war. Mit diesem Vorgehen wollte man die Situation aufheizen und eine Gelegenheit schaffen, um die Invasion durchführen zu können, ohne die ganze Welt gegen sich aufzubringen.

Die Inselgruppe wurde von einer kleinen Garnison von britischen Marineinfanteristen (Royal Marines) geschützt, es waren insgesamt aber nur ca. 20 Mann. Ihre Bewaffnung bestand lediglich aus Handwaffen und leichten Panzerabwehrwaffen. Zum Zeitpunkt der Invasion war die Garnisonsstärke allerdings doppelt so gross, denn die alte Mannschaft sollte nach sechs Monaten Dienst gerade abgelöst werden. Aber auch jetzt war das Stärkeverhältnis natürlich grotesk verzerrt, die 40 Mann standen einer Invasionsstreitmacht von mehreren tausend Soldaten gegenüber. Im Nachhinein war klar, dass eine Invasion bevorstand, aber aufgrund politischer Inkompetenz und überzogenen Nationalstolzes wurden die Anzeichen dafür ignoriert. Einige Stunden vor der eigentlichen Landung wurden die Royal Marines schliesslich gewarnt, so dass sie zumindest ihre Verteidigungsstellungen beziehen konnten. Kurz darauf eröffnete die argentinische Spezialeinheit «Buzo Tactico» das Feuer auf ihre Unterkünfte. Man hoffte, dadurch alle britischen Soldaten in ihren Betten töten zu können.

Die britischen Soldaten boten den Angreifern einen hinhaltenden Kampf, bis die Hauptstreitmacht der Argentinier die Residenz des britischen Gouverneurs eingenommen hatte. Daraufhin erhielten die Royal Marines vom Gouverneur den bis heute umstrittenen Befehl, sich zu ergeben, um weiteres Blutvergiessen zu vermeiden. So fielen die Falkland-Inseln in argentinische Hände.

Das bei der britischen Armee als L96A1 eingeführte Scharfschützengewehr Accuracy International (AI) PM in der Spezialausführung zur Terroristenabwehr. Die hier gezeigte Waffe ist mit einer Zieloptik Osprey OE 8050 ausgestattet. (AI)

Britische Marineinfanteristen der Einheit 40 Commando warten auf dem Flugdeck des Hubschrauberträgers «HMS Hermes» auf ihre Verladung in Hubschrauber vom Typ «Sea King».

Das hier gezeigte britische Scharfschützengewehr PM von Accuracy International in der Infanterieausführung ist mit einem Nachtsichtgerät Simrad Optronics KN250 ausgestattet, das auf das Zielfernrohr aufgesetzt wird. Mit Hilfe eines Zusatzgerätes kann man dabei durch das normale Zielfernrohr zielen. Das Zielfernrohr lässt sich von 20 m bis unendlich fokussieren. Die Waffe verschiesst die Patrone .308 NATO (7,62x51 mm), sie wiegt 6,5 kg, hat einen 655 mm langen Lauf und ein Magazin für 10 Patronen. (AI)

Die Antwort der britischen Regierung erfolgte sehr schnell. Innerhalb einer Woche war eine Kampfgruppe der britischen Streitkräfte auf dem Weg zu den Inseln. Während die Schiffe mit dieser Kampfgruppe noch in den Südatlantik fuhren, flogen britische Spezialeinheiten voraus und führten verdeckte Aufklärungseinsätze durch, mit denen eine Landung auf den Inseln vorbereitet werden sollte. In der Zwischenzeit wurden die argentinischen Truppen neu aufgestellt und weiter verstärkt. Man wartete auf die Ankunft der Briten.

Bis heute ist nicht genau geklärt, ob die Argentinier bei der Verteidigung der von ihnen besetzten Inseln auch Scharfschützen einsetzten. Ein Grund für diese Unklarheit in Bezug auf diesen Zeitraum ist die Tatsache, dass es bei den argentinischen Streitkräften keine Scharfschützenausbildung und keine standardisierte Scharfschützenausrüstung gab. Diese beiden Umstände hatten aber auf den eigentlichen Einsatz von Scharfschützen in den folgenden Kämpfen keinen Einfluss.

Es besteht kein Zweifel darüber, dass geübte Schützen bei den argentinischen Streitkräften FN-Gewehre vom Typ FAL mit Zielfernrohren verwendeten, mit denen sie die britischen Soldaten unter Feuer nahmen. Über diese Schützen und ihre Waffen gibt es eine Reihe von Berichten. Allerdings waren es andere Scharfschützen, auf welche die öffentliche Aufmerksamkeit sich dann richtete. Die britischen Soldaten berichteten oft über ihre Einsätze und dass sie dabei von sehr genau schiessenden Scharfschützen unter Feuer genommen wurden. Die gefangen genommenen Schützen waren aber weder Argentinier noch konnten sie überhaupt Spanisch sprechen. Diese Männer waren ohne jeden Zweifel Söldner, die von den Argentiniern angeworben worden waren, um den eigenen Scharfschützenmangel auszugleichen. In den meisten Fällen waren es Amerikaner spanischer Herkunft, und sie hatten ohne jeden Zweifel Kampferfahrung, entweder als Söldner oder als Soldaten in den Streitkräften ihres Heimatlandes. Diese Männer führten Scharfschützengewehre vom Typ Remington 700 mit auf dem zivilen Markt beschafften Zielfernrohren, die keinen militärischen Vorschriften entsprachen. Mindestens zwei dieser Söldner wurden von den britischen Fallschirmjägern nach den Kämpfen in Goose Bay gefangen genommen. Beide konnten kein Spanisch sprechen, dagegen sprachen sie Englisch mit amerikanischem Akzent.

Es gibt keine Berichte darüber, wer genau sie waren oder was mit ihnen geschehen ist. Man kann aber davon ausgehen, dass die Briten nicht sonderlich erfreut darüber waren, dass Männer aus alliierten Ländern, und in diesem Fall waren es sogar die USA, für den Tod von Kameraden verantwortlich waren.

In Bezug auf Nachtsichtgeräte waren die Argentinier besser ausgerüstet als ihre britischen Gegner. Sie verstanden es auch sehr gut, ihre Nachtsichtgeräte vom Typ AN-PVS-4 einzusetzen. Diese Geräte waren deutlich leistungsfähiger als die bei der britischen Infanterie verwendeten Geräte vom Typ «Starlight». Obwohl die britischen Spezialtruppen besser ausgerüstet waren als die normale Infanterie, mussten auch sie unter der Sparwut der britischen Regierung leiden.

In diesem Krieg stand das alte Gewehr Lee-Enfield L42 am Ende seiner Dienstzeit. Obwohl es noch vier Jahre lang weiterverwendet wurde, stand die Ablösung schon bereit. Schuld daran war auch der Falklandkrieg. Nach der Einstellung der Feindseligkeiten im Südatlantik wurde dann das neue Scharfschützengewehr L96A1 von Accuracy International bei den britischen Streitkräften eingeführt.

Scharfschützeneinsätze bei den Vereinten Nationen

Im Verlauf des letzten Jahrzehnts hat es sowohl bei der UNO als auch bei der NATO eine Reihe von Einsätzen zur Verteidigung der Menschlichkeit und der Demokratie gegeben. In allen diesen Fällen wurden auf beiden Seiten Scharfschützen eingesetzt. Nach dem plötzlichen Zusammenbruch des Warschauer Paktes und dem Ende des Kommunismus in Osteuropa schien es zunächst so, als würde es eine Wende geben und die Welt würde nun friedlicher. Die Realität sieht anders aus. Wenn irgendwo eine neue Regierung an die Macht kommt oder wenn sich die Machtverhältnisse im Land grundsätzlich ändern, dann entsteht meist zuerst ein Machtvakuum. Auch die Einführung von neuen Wirtschaftssystemen birgt Gefahren. Hier wittern viele zwielichtige Gestalten ihre Chance, sie wollen persönliche Macht erwerben oder sich durch kriminelle Handlungen bereichern. Und genau das geschah in einigen Ländern in Europa und im Nahen Osten. Mit Sicherheit hatte die Sowjetunion nicht jedermann gefallen, aber sie hielt ihre Vasallen wenigstens zusammen und unterdrückte kriminelle Elemente. Das geschah wohl meist auf brutale Weise, aber es half.

Das frühere Jugoslawien lag zwar am Rand des Warschauer Paktes, aber es wurde durch ein kommunistisches Regime unter der Führung des noch aus dem Krieg stammenden Diktators Josip Bros «Tito» beherrscht. Tito gelang es sehr gut, die verschiedenen ethnischen Gruppierungen in seinem Land im Zaum zu halten. Nachdem er aber gestorben war und auch der Einfluss der Sowjetunion dahin war, dauerte es nicht lange, bis die alten Streitigkeiten wieder offen ausbrachen. Der danach folgende Zerfall Jugoslawiens in die früheren Einzelstaaten endete schliesslich im Krieg. Zwischen 1992 und 1995 kam es dann zu hefti-

Bei Einsätzen der Vereinten Nationen so wie hier im Kosovo gab es für die Angehörigen der beteiligten Streitkräfte gute Gelegenheiten, ihre Erfahrungen auszutauschen und voneinander zu lernen. Hier weist ein britischer Scharfschützenausbilder (rechts) Angehörige der belgischen Kommandotruppen an seinem Scharfschützengewehr AI ein. (Mark Spicer)

gen Kämpfen zwischen den einzelnen ethnischen Gruppierungen in Bosnien und Kroatien. Später kamen dann auch noch Serbien und der Kosovo dazu. Die einzelnen Bevölkerungsgruppen trachteten nach Unabhängigkeit und Macht über die jeweils anderen, manchmal wollten sie sich auch einfach nur rächen. Bei diesen regionalen Konflikten kämpften Christen gegen Muslims, und Serben kämpften gegen Albaner. Schliesslich griff die NATO ein, um wieder Frieden in den jeweiligen Ländern zu schaffen. Das aber war ein sehr mühseliger Prozess. Wie bei allen regional begrenzten Guerillaaktionen spielte auch in diesem Konflikt der Scharfschütze eine immer wichtiger werdende Rolle. Aufgrund dieser Einsätze wurden bei den Armeen der NATO-Staaten zunehmend Scharfschützengewehre im Kaliber .50 beschafft. In dieser Region gibt es eine Waffenindustrie mit einer langen Tradition, und das Auftauchen der hier gebauten und sehr wirksamen Gewehre im Kaliber .50 bereitete den Stäben bei vielen NATO-Streitkräften heftige Kopfschmerzen. Die NATO hatte nämlich mittlerweile von den Vereinten Nationen ein Mandat zur Wiederherstellung des Friedens in dieser Region und zum Schutz von Unschuldigen erhalten.

Ein Portepee-Unteroffizier der französischen Fremdenlegion weist seine Scharfschützen ein. Diese Soldaten haben zusammen mit britischen Scharfschützen vom «Princess of Wales's Royal Regiment» an einer gemeinsamen Ausbildung im Rahmen der Einsätze der vier einzelnen Nationen im Kosovo teilgenommen. (Mark Spicer)

Zwei französische Scharfschützen auf dem Schiessstand mit einem Scharfschützengewehr PGM Hecate im Kaliber .50. Das Hecate ist das bei der französischen Armee eingeführte schwere Scharfschützengewehr, es ist das grösste Gewehr aus dieser Waffenfamilie. Es ist ein Repetierer mit Zylinderverschluss, der die Patrone .50 BMG (12,7 x 99 mm) verschiesst, die vom schweren Browning-MG M2 stammt. (Mark Spicer)

Während der Einsätze in Bosnien wurden die Streitkräfte der Vereinten Nationen immer wieder von bosnischen Scharfschützen angegriffen, vorher hatten sich diese Schützen meistens Zivilisten als Ziel ausgesucht. Besondere Schwerpunkte dieser Angriffe waren die Gebiete auf und um die grossen Alleen herum, welche die Industriegebiete mit der Altstadt von Sarajevo verbanden. Dieser Bereich wurde schon bald die «Scharfschützengasse» genannt. Hier war aber auch der einzige Stadtteil, in dem es noch sauberes Wasser gab, und so waren die Zivilisten gezwungen, sich täglich dem Feuer der Scharfschützen auszusetzen, wenn sie nicht verdursten wollten. Laut Statistik wurden 1'030 Zivilisten durch Scharfschützenfeuer verwundet, 225 Menschen wurden getötet, darunter waren 60 Kinder.
Die hier eingesetzten französischen Soldaten führten nun zusammen mit ihren britischen Kameraden eine Reihe von Aktionen zur Scharfschützenabwehr durch. Dabei fanden sie heraus, dass die Gebäude der bosnischen Regierung von den Scharfschützen verwendet wurden, um von dort aus auf unschuldige Zivilisten zu schiessen. Die Schuld an den Opfern gaben sie aber jeweils den Moslems, gegen die sie eigentlich kämpften. Trotz bosnischer Dementis wurde der französische

Die folgenden zwei Aufnahmen stammen vom Autor, er hat sie während seines Einsatzes im Kosovo auf dem Balkan aufgenommen. Der Scharfschütze muss alle sich ihm bietenden Möglichkeiten zur Beobachtung und Aufklärung nutzen, ehe er seine Stellung bezieht. Hier überfliegt der Autor das auf dem unteren Bild gezeigte beschädigte Hochhaus, in dem er später seine Stellung einrichten wird.

Die Luftangriffe der NATO im Kosovo ab 1999 haben viele sichtbare Schäden hinterlassen. So schlimm das auch für die Zivilbevölkerung ist, für den Scharfschützen bringt es Vorteile, denn nach jedem solchen Angriff findet er hier mehr verdeckte Feuerstellungen und Beobachtungsstellungen.

Bericht an die Vereinten Nationen weitergegeben. Für die Terroraktionen gegen die Zivilbevölkerung wurden eine ganze Reihe von Scharfschützengewehren verwendet. Das ging von der relativ modernen, in Jugoslawien hergestellten Kopie des russischen SVD Dragunov bis zum alten (ebenfalls in Jugoslawien gefertigten) Mauser-Gewehr M48, es kamen sogar Versionen des SKS zum Einsatz. Da es in der Innenstadt eine Vielzahl von hohen Gebäuden gibt, fanden die Scharfschützen dort auch ausreichend geeignete Stellungen. Ein solches Gebiet ist für die mit der Abwehr der Scharfschützenangriffe betrauten Truppen ein Albtraum.

Zum Glück war die Mehrzahl der an den Angriffen in der Gegend von Sarajevo beteiligten Schützen schlecht ausgebildet oder sogar faul. Sie kämpften nämlich immer nach den gleichen Mustern, und das fiel den hervorragend ausgebildeten britischen und französischen Scharfschützen natürlich sehr bald auf. Deswegen konnte man sie relativ leicht durch Kampfpatrouillen oder gezielte Scharfschützeneinsätze bekämpfen. Ein grosses Problem war dagegen die Vielzahl von Scharfschützengewehren im Kaliber .50 bei den bosnischen Serben. Diese Gewehre schossen ganz erheblich weiter als die bei den UNO-Truppen üblichen Gewehre im Kaliber 7,62 mm. Speziell die Briten hatten zu dieser Zeit noch keine Gewehre im Kaliber .50 zur Verfügung, eine Ausnahme bildeten lediglich ihre Spezialtruppen. Deswegen beschaffte die britische Armee sehr schnell eine Reihe von Scharfschützengewehren Barrett im Kaliber .50 von der amerikanischen Armee, um diesem Mangel abzuhelfen. Die französischen Soldaten dagegen verfügten über das Scharfschützengewehr mit Zylinderverschluss McMillan im Kaliber .50, und diese Waffen wurden sehr wirkungsvoll eingesetzt. Als die Kosovo-Albaner damit begannen, sich von Serbien unabhängig zu machen, stiessen sie sofort auf heftigen Widerstand von den Serben. Die Serben versuchten sogar durch einen regelrechten Völkermord, den Widerstand zu beseitigen. Statistisch gesehen waren die Albaner die Mehrheit in dieser Region, aber die serbische Regierung und vorher die jugoslawische Regierung waren keineswegs gewillt, einen unabhängigen Kosovo hinzunehmen. So hatte es zwischen 1996 und dem Eingreifen der Nationen im Jahre 1999 in dieser Gegend einen Abnutzungskrieg gegeben, in dem serbische beziehungsweise jugoslawische Streitkräfte und die Befreiungsarmee des Kosovo (K. L. A.) sich heftige Gefechte lieferten.

Auch bei diesem Feldzug wurden von beiden Seiten Scharfschützen mit grossem Erfolg eingesetzt, und zwar sowohl bei militärischen Aktionen als auch zur

Das M85 hat eine integrierte Schwalbenschwanzführung, so dass eine ganze Reihe von passiven Nachtsichtgeräten aufgesetzt werden können.

Hier überwacht der Autor aus seiner Scharfschützenposition in Pristina im Kosovo den Bereich vor seiner Stellung. In den dortigen zerstörten Gebäuden war es oftmals schwierig, eine geeignete Stellung zu finden. Dieses Problem gab es später ebenfalls im Irak, und es führte dazu, dass Aufständische und Terroristen manchmal einen taktischen Vorteil hatten. (Mark Spicer)

Terrorisierung der Zivilbevölkerung. Die versteckten Scharfschützen ermordeten viele Zivilisten bei der Verrichtung ihrer täglichen Arbeit. Es wurde sogar regelmässig versucht, diese Angriffe den NATO-Streitkräften in die Schuhe zu schieben. In einem Fall erhielt ein französischer Soldat bei seinem Einsatz im serbischen Teil von Mitrovica einen Schuss in den Magen, geschossen hatten in diesem Falle Albaner, die sich in serbischen Gebäuden versteckt hatten und versuchten, den Serben für diesen Angriff die Schuld zu geben.
Der Autor hat während seines Einsatzes im Kosovo eine ganze Reihe von Operationen im Rahmen der UN durchgeführt, mit denen der Frieden in der Region gesichert werden sollte. Ausserdem waren dort mehrere hundert von der UNO eingesetzte Polizisten bei der Ausübung ihres Dienstes zu schützen. Diese Polizisten waren sich manchmal nämlich nicht der Gefahr bewusst, die ihnen durch gegnerische Scharfschützen drohte.

Scharfschützen in Tschetschenien

Die Russen bzw. die Sowjets sind sowohl für ihre erfolgreichen Scharfschützeneinsätze als auch für die Aus-

Auf den Falkland-Inseln hatte der Autor die Gelegenheit, das Scharfschützengewehr Parker-Hale M85 Probe zu schiessen. Seiner Meinung nach ist es eine überaus präzise Scharfschützenwaffe. Die Waffe wurde in Grossbritannien entwickelt, die Herstellungsrechte aber ins Ausland verkauft. Eigentlich sollte das Gewehr das alte Scharfschützengewehr No. 4T bei der britischen Armee ersetzen, das während des Falkland-Krieges 1982 keine besonders guten Leistungen vollbracht hatte. Man entschied sich aber dann für eine andere Konstruktion. Die technischen Daten: Kaliber: 7,62 x 51 mm, Gesamtlänge: 1'206 mm, Lauflänge: 698 mm, Magazinkapazität: 10 Patronen, Gewicht mit Zielfernrohr und leerem Magazin: 5,7 kg

Ein weiteres schweres Scharfschützengewehr ist das M3 aus Ungarn aus der Gepard-Waffenfamilie. Es verschiesst die sowjetische Patrone 14,5 x 115 mm und ist für den Einsatz gegen leichte Deckungen und Gebäude, gepanzerte Mannschaftstransportfahrzeuge, in niedriger Höhe fliegende Hubschrauber und andere gleichartige Ziele vorgesehen. Nach Herstellerangaben beträgt die nutzbare Reichweite gut 1'000 m. Die Gesamtlänge beträgt 1'880 mm, der Lauf ist 1'480 mm lang, und das Gewicht mit geladenem Magazin und Zielfernrohr beträgt 19,9 kg. Es gibt Magazine mit fünf oder 10 Patronen, eine weitere Patrone befindet sich im Lauf. Die Waffe ist ein Selbstlader, und die Kadenz beträgt 20 Schuss pro Minute.

Ein ukrainischer Scharfschütze übt zusammen mit einem britischen Scharfschützen. Sie nutzen die Gelegenheit, um die Waffe ihres Kameraden kennen zu lernen. Der britische Soldat hinten schiesst mit dem Dragunov PSV, während der ukrainischer Soldat im Vordergrund das AI PM seines britischen Kameraden verwendet. (Mark Spicer)

Hier erprobt ein britischer Soldat ein Scharfschützengewehr Dragunov SVD. Zwar stammt die Waffe aus den 60er Jahren und wurde vor mehr als 40 Jahren bei den Ostblockstreitkräften eingeführt, aber sie ist auch heute noch gut brauchbar und wird auf der ganzen Welt bei regulären Streitkräften und bei Terroristen eingesetzt. (Mark Spicer)

Während einer gemeinsamen Ausbildung schiesst ein französischer Hauptmann mit einem Scharfschützengewehr «Light Fifty» des amerikanischen Marinekorps. Die genaue Bezeichnung der Waffe im Kaliber .50 BMG (12,7 x 99 mm) lautet Barrett M82A1. Sie wird gegen Truppen und Material eingesetzt und hat ein abnehmbares Kastenmagazin für 10 Patronen. Die Gesamtlänge beträgt 1'220 mm, der Lauf ist 508 mm lang. Der Halbautomat arbeitet nach dem Prinzip des kurzen Rücklaufs von Lauf und Verschluss. Die grösste nutzbare Reichweite liegt bei 1'780 Meter. (Mark Spicer)

schlachtung dieser Einsätze durch ihre Propaganda bekannt. Deswegen war es etwas merkwürdig, als nach dem 2. Weltkrieg das Scharfschützenwesen bei ihren Streitkräften allmählich einschlief. Stattdessen wurde in jedem Infanteriezug ein Schütze mit dem neuen Scharfschützengewehr Dragunov SVD ausgerüstet. Dieses System wurde in der Folge auch von einer Reihe von NATO-Staaten übernommen. Dabei fehlt aber die offensive Komponente des Scharfschützeneinsatzes, indem er sich frei auf dem Schlachtfeld bewegt und eine grosse Zahl gegnerischer Truppen bindet. Im ersten Krieg der Russen gegen die aufständischen Tschetschenen zwischen 1994 und 1996 zeigte sich dann, dass diese Entscheidung ein Fehler gewesen war.

Die russischen Scharfschützen merkten bald, dass sie ins Hintertreffen geraten waren. Während ihrer Ausbildung hatten sie gelernt, dass sie im Rahmen ihres Zuges oder einer konventionellen Infanterieeinheit kämpfen sollten. Ihre Einsätze hatten jetzt nichts mehr mit den unabhängigen Scharfschützeneinsätzen zu tun, die es viele Jahre zuvor in Stalingrad gegeben hatte. Die Tschetschenen hingegen hatten eine Vielzahl von Scharfschützen zur Verfügung, und diese Kämpfer kannten das Gelände sehr gut. Sie verstanden es sehr gut, ihre taktischen Vorteile zu nutzen und fügten den russischen Streitkräften viele Verluste zu. Die Tschetschenen wussten auch sehr genau, dass sie mit gezieltem Scharfschützenfeuer den zahlenmässig weit überlegenen Russen heftig zusetzen konnten. Deswegen bildeten sie vier Mann starke Scharfschützengruppen, mit denen sie die Scharfschützeneinsätze optimal durchführen konnten und die gleichzeitig genügend Kräfte zum Eigenschutz besassen. Jede dieser Mannschaften bestand aus zwei Scharfschützen, die mit einem Dragunov und mit einem AK-47 bewaffnet waren, die beiden anderen Soldaten hatten einen Raketenwerfer RPG und ein leichtes Maschinengewehr RPK zur Verfügung. Die so bewaffneten Gruppen fügten den russischen Patrouillen heftige Verluste zu, ausserdem boten sie danach ihren Scharfschützen genügend Feuerschutz beim Rückzug, so dass sie kaum Verluste erleiden mussten. Die Streitkräfte der Koalition in Afghanistan und im Irak kennen diese Taktik nur zu genau, denn erfahrene Muslims aus Tschetschenien kämpfen hier auf der Seite der Aufständischen.

Nachdem sich die Kämpfe in die Vororte und in das gebirgige Gelände verschoben, erhöhten die Tschetschenen die Zahl der zum Schutz der Scharfschützen eingesetzten Soldaten auf vier. Auch hier zeigte sich wieder, wie wichtig ihnen der Einsatz ihrer Scharfschützen und deren Schutz war. Das Oberkommando der Russen erkannte sehr deutlich, welche Auswirkungen die starken Verluste ihrer Truppen auf die Moral hatten. Nach dem Ausbruch des zweiten tschetschenischen Krieges im Jahre 1999, den die Russen offiziell als Kampagne gegen den Terrorismus deklarierten, war man wieder zur klassischen Scharfschützenausbildung zurückgekehrt. Ausserdem hatte man jetzt sehr gut ausgebildete Kampfgruppen zur Abwehr gegnerischer Scharfschützen gebildet. Die Russen bildeten innerhalb ihrer Spezialeinheiten eine Reihe von Scharfschützeneinheiten, und diese Scharfschützen machten eine sehr umfangreiche Ausbildung durch, die mit der normalen Infanterieausbildung begann. Ausserdem hatten die Russen mittlerweile gelernt, wie wichtig es war, die eigenen Scharfschützen zu schützen. Deswegen setzen sie heute spezielle Kampfgruppen mit einer Stärke von fünf bis 20 Mann ein, welche den Auftrag haben, die beiden Scharfschützen im Einsatz zu decken. Ausserdem werden die Scharfschützen turnusmässig aus dem Kampfeinsatz herausgezogen, damit ihre Psyche keinen Schaden nimmt. Die russischen Scharfschützen verfügen über geeignete Scharfschützengewehre, die bei Bedarf mit Schalldämpfer ausgerüstet werden können. Sie haben ausreichend Tarnmaterial zur Verfügung, ausserdem besitzen sie eine Seitenwaffe oder eine Maschinenpistole und Handgranaten zur Verteidigung im Nahkampf. Ebenfalls mitgeführt werden ein Funkgerät und Nachtsichtgeräte. Die beiden Scharfschützen bauen sich geeignete Stellungen, dabei achten sie sehr genau auf Deckung und auf gute Sicht auf ihren Einsatzbereich. Dabei wissen sie, dass sie von der ihnen zugeteilten Kampfgruppe gedeckt werden und Feuerschutz erhalten, wenn sie ihn brauchen. Neben den bewährten Scharfschützengewehren SVD Dragunov in einer verbesserten Version verfügen die russischen Spezialkräfte ausserdem über eine Reihe von Scharfschützengewehren des britischen Typs Accuracy International, die unter anderem in Tschetschenien eingesetzt wurden. Die Ausführung dieser Waffe entspricht derjenigen, die bei

Ein russischer Soldat zielt im Dezember 2000 auf tschetschenische Aufständische. Es war der zweite Krieg in Tschetschenien, der im Oktober 1999 begonnen hatte und bis ins neue Jahrtausend ging. Obwohl der Krieg Ende 2000 eigentlich vorüber war, flammten danach immer wieder Kämpfe auf. Es gab Bombenanschläge, Geiselnahmen – und Scharfschützenfeuer.

Afghanistan ist ein von Gebirgen umgebenes Land in Zentralasien. Es grenzt an Südostasien und den Mittleren Osten. Das Land wird oft auch als die Kreuzung zwischen dem Osten und dem Westen bezeichnet. Viele Jahrhunderte lang haben fremde Mächte versucht, in das Land einzudringen und es zu unterwerfen. Aber auch die Bewohner von Afghanistan sind immer wieder in benachbarte Staaten eingedrungen. In den letzten vier Jahrzehnten war Afghanistan der Schauplatz brutaler Bürgerkriege, und das hat zum Eingreifen der Sowjetunion und danach von einer Koalition unter der Führung der USA geführt. Man versucht mittlerweile, die Ordnung im Land wiederherzustellen. Inzwischen haben nur wenige Menschen so viel Erfahrung im Gebirgskampf und im Einsatz gegen zahlenmässig und technisch überlegene Gegner wie die afghanischen Freiheitskämpfer, die wild entschlossene Angriffe aus den Bergen heraus führen, so wie das hier gezeigt wird. (Cody)

der britischen Armee eingeführt wurden. Ausserdem gibt es bei den Spezialkräften eine neue Waffe, die auf dem sehr erfolgreichen zivilen Sportgewehr Record-1 basiert. Äusserlich ähnelt diese Waffe dem britischen Accuracy International, aber das Innere des Gewehres ist vollkommen anders konstruiert. Das Gewehr ist in den Kalibern 7,62x45R, 7,62 mm NATO oder .338 Lapua verfügbar. Der Lauf ist mit einem speziellen Hitzeschutzmantel versehen, der verhindert, dass von einem heissgeschossenen Lauf flimmernde Luft aufsteigt. Diese flimmernde Luft kann ausserdem dazu führen, dass die Sicht durch das Zielfernrohr beeinträchtigt wird, und dass dann deswegen der Schuss fehlgeht.

Ausserdem haben die Russen eine Reihe von Scharfschützengewehren für spezielle Einsatzzwecke entwickelt. Dazu gehören auch ein zerlegbares Gewehr und ein vollständig schallgedämpftes Gewehr zur Ausschaltung von Wachposten. Mittlerweile haben die russischen Scharfschützen durch ihre Einsätze in Grosny und in Tschetschenien viele ihrer Fertigkeiten wieder erlernt, die in den Jahren der Vorbereitung eines Panzerangriffes gegen die NATO verlorengegangen waren.

Scharfschützen in Afghanistan

Über das Scheitern der Kämpfe der Russen gegen die afghanischen Mudjahedin ist schon viel geschrieben worden. Man muss aber fairerweise sagen, dass der Grund dieses Scheiterns in erster Linie an den konzertierten Bemühungen der USA und ihrer Verbündeten lag, denn hier wurde ohne Rücksicht auf die Kosten der Kalte Krieg weitergeschürt. Das führte indirekt tatsächlich zum Ende des Kalten Krieges. Aber die Sow-

Afghanische Aufständische beschiessen hier am 11.1.1980 eine Stellung der sowjetischen Armee in der Nähe von Herat. Bei dem hier gezeigten, drei Tage dauernden Überfall kamen die Aufständischen auf Motorrädern und Pferden aus dem benachbarten Iran in das Doab-Tal in Afghanistan. (Ishmael Ansary/Bettmann/Corbis)

jets hatten in Afghanistan noch weitere Probleme, unter anderem waren es die Waffenhilfe und die Ausbildung durch amerikanische und britische Spezialeinheiten. Das Angstwort des Kalten Krieges war ganz ohne Zweifel das russische Wort «spetsnaz». Das war der Sammelbegriff für sowjetische Spezialeinheiten, die im Falle eines Krieges hinter den Linien der NATO-Einheiten operiert und dort für Verwirrung und Zerstörung gesorgt hätten. Die Angehörigen dieser Einheiten wurden in Afghanistan erfolgreich eingesetzt, allerdings gibt es darüber sehr wenige Berichte.

Vor ihren Einsätzen wurden die Angehörigen der regulären «spetsnaz»-Einheiten sehr intensiv ausgebildet. Dazu gehörte eine Ausbildung im Gebirgskampf, das Minenlegen und Minenräumen und für einige Soldaten in der Einheit auch eine Scharfschützenausbildung. In den 22 Mann starken Einheiten hatten die Sowjets typischerweise zwei als Scharfschützen ausgebildete Soldaten, die mit dem Selbstladegewehr Dragunov SVD ausgerüstet waren. Zur Waffe gehörten fünf Magazine und 150 spezielle Scharfschützenpatronen Kaliber 7,62x54R sowie ein Nachtsichtgerät.

Diese Einheiten versuchten nun in Afghanistan, den Krieg zu den Aufständischen in den Bergen zu tragen, sobald ihre Aufklärung ihnen Informationen über eine Stellung der Rebellen oder einen Durchmarsch einer Rebelleneinheit zur Verfügung stellte. Dabei wurden sie bei Bedarf von Artillerie oder Mörsern unterstützt. Die Einheit legte dann entweder einen Hinterhalt oder griff den Feind direkt an. Bei sowjetischen Scharfschützen war es nicht sonderlich wichtig, an welcher Körperstelle sie ihren Feind trafen. Auch ein Treffer im Oberkörper galt als guter Treffer, und das ist unter den dortigen Bedingungen sogar richtig. Deswegen war es auch nicht weiter schlimm, wenn die spezielle Scharfschützenmunition ausging und man mit normaler Infanteriemunition weiterschiessen musste, was manchmal vorkam. Die sowjetischen Scharfschützen lernten während ihrer Ausbildung, auch mit Mangelzuständen zurechtzukommen.

Während der Besetzung von Afghanistan durch die Sowjets waren die Einsätze der «spetsnaz»-Brigaden erfolgreich, und diese Sondereinheiten wurden von den aufständischen Mujahedin gefürchtet. In vielen Fällen schossen die russischen Scharfschützen auf gegnerische Stammesangehörige auf Entfernungen von mehr als 900 m.

Das Scharfschützengewehr SVD wurde mit einem Zielfernrohr geliefert, das ein beleuchtetes Absehen und eine Vorrichtung zur Entfernungsmessung hatte. In dieser Hinsicht war es vergleichbaren westlichen Scharfschützen-Zielfernrohren überlegen. In der westlichen Presse wurde über die Scharfschützeneinsätze der «spetsnaz» oft falsch berichtet, in Wirklichkeit waren diese Scharfschützen gut für den Gebirgskampf ausgerüstet, ihre Einsätze dauerten zwischen drei und fünf Tage, danach kehrten sie in ihren Stützpunkt zurück. Die Niederlage der sowjetischen Streitkräfte in Afghanistan war nicht technisch bedingt, sie war wirtschaftlich bedingt und wurde durch das Genfer Abkommen gefordert. Bis zu ihrem Abzug war ein grosser Teil der sowjetischen Truppen unbesiegt geblieben, sie waren für die Mujahedin einfach zu stark.

Amerikanische Scharfschützen in Afghanistan

Nach dem Schrecken des 11. Septembers und dem Angriff auf die beiden Hochhäuser in New York stellte sich heraus, dass die Terroristen auf der ganzen Welt mit diesem Angriff einen grossen Fehler gemacht hatten. Die Streitkräfte der USA sind ohne weiteres in der Lage, auf jedem Punkt der Erde innerhalb kürzester Zeit einzugreifen, und dazu stehen ihnen neueste Technologie und gut ausgebildete Berufssoldaten zur Verfügung. Besonders wichtig ist aber, dass die Politik

Das sowjetische Scharfschützengewehr Dragunov SVD ist ein auf der ganzen Welt eingesetzter Halbautomat. Er wird bei regulären Truppen, aber auch bei Aufständischen und Terroristen geführt. Das Vorhandensein dieses Waffentyps in den Händen von Terroristen bereitet den Sicherheitskräften auf der ganzen Welt zunehmend Kopfschmerzen. (Privatsammlung)

hinter den Soldaten steht. Nachdem sich Afghanistan geweigert hatte, Osama Bin Laden (den Führer der Al-Quaida) und andere in diesem Land tätige Terroristen auszuliefern, wurde in die Taliban-Hochburg Afghanistan einmarschiert.

Anfänglich hatten die amerikanischen Streitkräfte, die jetzt nach Afghanistan verlegt worden waren, wenig Bedarf an Scharfschützentaktik. Ihre Hauptaufgabe war die Einrichtung einer politisch stabilen Regierung und das Treffen von Abkommen mit den Kriegsherren der Nordallianz, die Gegner der Taliban waren. Allerdings bedurfte es sehr viel genauer Aufklärung, um die Stützpunkte der Taliban herauszufinden und sie dann mit gezielten Luftangriffen sowohl mit Flugzeugen als auch mit taktischen Lenkwaffen zu bekämpfen. Das anfänglich von den Medien aufgebaute Bild der in Afghanistan unterlegenen Supermacht Sowjetunion wurde schon sehr bald richtiggestellt. Die Koalitionsstreitkräfte konnten mit Hilfe der Nordallianz die Taliban zurückdrängen, wobei aber die Kampfkraft der amerikanischen Luftwaffe hier eine ganz entscheidende Rolle spielte. Allerdings sind in der Zwischenzeit die Kämpfe besonders in der Provinz Helmand und in anderen südlichen Provinzen wieder heftiger geworden, und das zeigt, dass es nicht ganz einfach ist, die Stabilität in diesem Land zu erhalten. Aufgrund der Beschaffenheit des Geländes und des speziellen Charakters der Feinde während dieses Feldzugs ist es überaus schwierig, die eigentlichen Feinde zu identifizieren und zu bekämpfen. Deswegen zeigte sich schon bald, dass das Scharfschützenwesen die wirksamere Lösung für viele Probleme ist. Das gilt besonders dann, wenn man mit grosskalibrigen Weitschussgewehren über tiefe Schluchten hinweg schiessen kann und den Feind dort trifft, wo er sich in Sicherheit wiegt und ganz offen herumläuft.

Im Vietnam-Krieg hatte der amerikanische Scharfschütze Carlos Hathcock einen Weltrekord aufgestellt, als er mit einem Einschiessgewehr M8 im Kaliber .50 auf einem rückstossfreien Geschütz im Kaliber 106 mm einen feindlichen Soldaten über eine Entfernung von 2'215 m erschoss. Carlos hätte sich bestimmt gefreut, wenn er gesehen hätte, dass sein Rekord in Afghanistan von einem seiner Nachfolger gebrochen wurde. Dieser Rekordschuss wurde von einem Scharfschützenteam der kanadischen Infanterieeinheit PPCLI (Princess Patricia's Canadian Light Infantry) im März 2002 im Rahmen einer Operation zusammen mit der amerikanischen 101. Luftlandedivision und der 10. Gebirgsdivision abgegeben. Man ging damals im Tal Shah-i-kot im Rahmen der Operation Anaconda gegen die Taliban und Al-Quaida vor. Die kanadischen Scharfschützen führten das Scharfschützengewehr McMillan Tac-50, aus dem spezielle Scharfschützenmunition AMAX im

Dieser kanadische Soldat ist Angehöriger der ISAF (International Security Assistance Force) in Afghanistan. Er bewacht das kanadische Feldlager Camp Julien in der Nähe des Darlulaman-Palastes in Kabul. (Manca Juvan/Corbis)

Hier führt der Autor ein Probeschiessen mit dem schallgedämpften Scharfschützengewehr AW von Accuracy International durch. Der Lauf der Waffe kann im Feld mit einfachen Mitteln gegen Läufe in anderen Kalibern ausgewechselt werden. Der Laufwechsel dauert dabei ungefähr 15 Minuten. Auf diese Weise kann das Gewehr den jeweiligen Einsatzbedingungen angepasst werden. Die schallgedämpfte Waffe verschiesst eine spezielle Munition im Unterschallbereich, die eine wirksame Reichweite von ungefähr 300 m hat.

Angehörige der afghanischen Freiheitskämpfer «Mujahedin» liegen hier 1990 mit einem leichten Maschinengewehr im Farkhar-Tal in Afghanistan in Stellung. (Reza/Webistan/Corbis)

Kaliber .50 verschossen wurde. Im Rahmen dieser Operation bezog die kanadische Einheit eine Stellung auf einem 3'000 m hohen Bergrücken, um den Vormarsch ihrer amerikanischen Kameraden zu decken. Plötzlich gerieten die amerikanischen Streitkräfte unter MG-Feuer und Mörserbeschuss, so dass sie in Deckung gehen mussten. Die Scharfschützenteams begannen sofort damit, die Bedienungsmannschaften der feindlichen Waffen auf Entfernungen zwischen 680 m und 1'480 m zu bekämpfen, so dass die Amerikaner weiter vorrücken konnten. Ein kanadischer Korporal nahm einen gegnerischen Maschinengewehrschützen als Ziel auf und bekämpfte ihn über eine Entfernung von 1'680 m, danach beschoss und traf er einen weiteren feindlichen Soldaten über die unglaubliche Entfernung von 2'392 m hinweg. Das war ein neuer Weltrekord und der Beweis dafür, wie hochwertig das Scharfschützengewehr Tac-50 ist und wie professionell die kanadischen Scharfschützen kämpfen. Bei der kanadischen Armee gibt es zurzeit acht Scharfschützen in jedem Infanteriebataillon. Allerdings bestehen Pläne, diese Anzahl aufgrund der in Afghanistan gemachten Erfahrungen deutlich zu erhöhen. Ein kanadischer Scharfschütze muss einen neun Wochen dauernden Grundlehrgang besuchen, im Vergleich dazu beträgt die Länge des Scharfschützenlehrgangs bei der amerikanischen Armee nur fünf Wochen. Ehe sich ein kanadischer Infanterist zum Scharfschützenlehrgang melden kann, muss er ein ausgebildeter Fernspäher sein, er muss dazu an der Fernspäherschule den entsprechenden Lehrgang abgeschlossen haben. Dort lernt er alle die Fähigkeiten, die er später beim Einsatz als Scharfschütze braucht. Beim kanadischen Scharfschützenlehrgang lernen die Teilnehmer nicht nur die Grundlagen des Präzisionsschiessens, sondern sie lernen auch das genaue Schätzen von Entfernungen. Ausserdem müssen sie lernen, wie man sich erfolgreich verbirgt, wie man sich an den Feind heranpirscht, ihn beobachtet und ihn verfolgt. Der Scharfschützenlehrgang ist so strukturiert, dass die Teilnehmer zum Lehrgangsende umfassend ausgebildete Jäger und Pfadfinder sind. Die Erfolge der kanadischen Scharfschützen in Afghanistan haben gezeigt, dass dieser Scharfschützenlehrgang sehr erfolgreich ist. Die Kanadier haben für ihre Scharfschützen auch

Diese beiden britischen Scharfschützen tragen spezielle Tarnanzüge, mit denen ihre thermische Signatur reduziert wird. Diese aus speziellem Material gefertigten Anzüge werden an alle britischen Scharfschützen ausgegeben. Auf diese Weise ist es schwierig, die Stellung der Schützen mit Wärmebildgeräten zu orten. Diese Geräte messen Temperaturunterschiede zwischen dem umgebenden Gelände und Körpern oder Gegenständen, die wärmer als die Umgebung sind. Theoretisch ist es für einen Scharfschützen relativ schwierig, der Ortung durch ein solches Gerät zu entgehen. Er kann aber zum Beispiel hinter einer Deckung bleiben, und dann kann ihn das Wärmebildgerät nicht «sehen». (Mark Spicer)

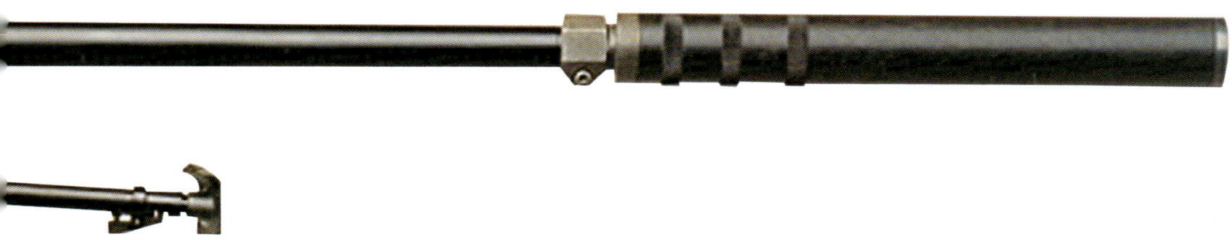

Das Scharfschützengewehr Accuracy International AW mit einem aufgesetzten taktischen Schalldämpfer. Die technischen Daten dieser Waffe lauten: Kaliber: 7,62 x 51 mm NATO, Gesamtlänge: 1'155 mm, Lauflänge: 660 mm, Gewicht: 6,49 kg, wirksame Reichweite: 790 m, Magazinkapazität: 10 Patronen. Die Waffe wurde 1988 bei der britischen Armee eingeführt. (Mark Spicer)

eine Art von Beförderungsschema festgelegt. Wenn ein Scharfschütze sich bewährt und genügend Erfahrungen gesammelt hat, dann kann er auf den Lehrgang für Scharfschützenausbilder gehen. Dort lernt er, wie er Scharfschützenanwärter erkennen und auswählen muss und wie er Fähigkeiten im Rahmen der Ausbildung weitergeben kann. Ausserdem wird ihm vermittelt, wie er Scharfschützen einsetzen und befehligen muss, und er wird darin unterwiesen, wie er als Berater für den Scharfschützeneinsatz für Stabsoffiziere fungieren muss.

Genau wie ihre amerikanischen Kameraden lernen auch die kanadischen Scharfschützen, wie sie direkte Feuerunterstützung durch Artillerie und Mörser anfordern können und wie Luftunterstützung durch eigene Flugzeuge angefordert werden muss. Es hat sich nämlich sowohl im Irak als auch in Afghanistan erwiesen, dass die Scharfschützen aufgrund ihrer überdurchschnittlichen Aufklärungsfähigkeiten im Einsatz oftmals grössere feindliche Stellungen erspähen, für deren Bekämpfung schwere Waffen nötig sind.

Die Kanadier haben ausserdem die Mannschaftsstärke der Scharfschützenteams von zwei Mann auf vier Mann vergrössert. Im Grunde genommen handelt es sich dann aber um zwei Mannschaften von je zwei Mann, die als feste Gruppe zusammenarbeiten. Die Gründe dafür waren der erhöhte Sicherheitbedarf in Einsatzgebieten mit besonders hoher Gefährdung, in denen ausserdem nicht sofort Feuerunterstützung durch eigene Truppen angefordert werden kann. Bei dieser Einsatzform können zwei Scharfschützen den Feind bekämpfen, während die anderen beiden Soldaten für Schutz und Frühwarnung gegen feindliche Angriffe sorgen.

Mittlerweile ist die Führung der kanadischen Scharfschützen damit beschäftigt, eine Reihe von neuen Scharfschützenwaffen auszuwählen, die zusammen mit dem grosskalibrigen Scharfschützengewehr McMillan Tac-50 (bei den Kanadiern wird es C15 genannt) eingesetzt werden sollen. Das zurzeit noch verwendete Scharfschützengewehr Parker-Hale im Kaliber 7,62 mm ist am Ende seiner Lebensdauer angekommen. Das bei den Kanadiern C3A1 genannte Parker-Hale wurde im Jahr 1979 eingeführt. Damals hatte es noch eine Schäftung aus Holz und ein Zielfernrohr Kahles Helio, es wurde in dieser Konfiguration C3 genannt. Später wurde die Waffe mit einem Zielfernrohr von Unertl nachgerüstet und deswegen die Bezeichnung

Ein französischer Soldat einer Spezialeinheit zeigt hier eine spezielle Liegendstellung beim Schiessen mit seinem ausgezeichneten Scharfschützengewehr PGM, in diesem Fall hat die Waffe einen Schalldämpfer. (Mark Spicer)

Unten: Das schwere Scharfschützengewehr Barrett M82A1 wurde kurz vor dem ersten Golfkrieg 1990-1991 beim USMC eingeführt. Die Waffe im Kaliber .50 BMG ist in erster Linie für die Bekämpfung von Zielen wie Radargeräten, Flugzeugen, Panzerfahrzeugen und Raketensystemen vorgesehen, zur Bekämpfung von deren Bedienungsmannschaften soll es eigentlich nicht dienen.

Ganz unten: Das schwere Scharfschützengewehr AS50 von Accuracy International wurde speziell als Waffe zur Materialbekämpfung für bestimmte amerikanische Spezialeinheiten entwickelt, es wird unter anderem bei den SEAL der amerikanischen Marine eingesetzt. Das halbautomatische Gewehr ist ein Gasdrucklader, der eine relativ hohe Schlussfolge aufweist. Die Waffe kann in weniger als 3 Minuten zerlegt und ohne weiteres Werkzeug gewartet werden. (Accuracy International)

auf C3A1 geändert. In den späten neunziger Jahren erhielten die Gewehre eine Kunststoffschäftung McMillan A2 mit Tarnmuster. Leider hat sich in den Bergen von Afghanistan gezeigt, dass die von Grüntönen beherrschten Tarnfarben hier fehl am Platze sind. Deswegen mussten die Kanadier die Farbgebung ihrer Gewehre ändern, sie wurden mit einem matten Braunton lackiert, zusätzliches Tarnmaterial kann bei Bedarf angebracht werden. Ausserdem haben die Kanadier erkannt, dass für einen optimalen Einsatz eine grosse Kaliberauswahl der Waffen erforderlich ist, sie geht vom Kaliber .223 (5,56 mm) bis zum schweren Kaliber .50, so dass die Scharfschützen für jede Einsatzart die Waffe im richtigen Kaliber zur Verfügung haben. Nach einer Reihe von Erprobungen entschieden sich die kanadischen Streitkräfte für das C14 «Timberwolf», dieses Gewehr wird nun die betagten C3A1 ablösen. Bei vielen Spezialeinheiten auf der ganzen Welt werden mittlerweile Scharfschützengewehre der Typen Mk 11 und Mk 12 zusätzlich miteingesetzt. Hierbei handelt es sich um Waffen auf der Basis des bewährten Sturmgewehrs M16A4. Auch bei den Kanadiern wird die Beschaffung dieser Waffe erwogen. Viele der heutigen Scharfschützengewehre sind am Lauf im Bereich der Mündung mit einem Gewinde versehen, damit man einen Schalldämpfer aufschrauben kann. Dieses Zurüstungsteil ist seit den Kämpfen gegen die Taliban in Afghanistan sehr beliebt. Dort hatte sich nämlich gezeigt, dass es ziemlich einfach ist, einen Schützen zu orten, der ohne Schalldämpfer schiesst. Wenn der Gegner dagegen einen Schalldämpfer aufgesetzt hatte, dann war die Ortung viel schwieriger. Einer der Gründe dafür liegt darin, dass der Schalldämpfer auch einen Teil des Verschlussgeräusches der Waffe schluckt. Dieses Geräusch tritt eigentlich bei jeder Waffe nach dem Schuss auf. Üblicherweise kann ein Infanterist aufgrund des Zeitunterschieds zwischen dem Schussknall und dem Geschossknall recht genau feststellen, woher der Schuss kam. Nach dem Schussknall kommt üblicherweise das Verschlussgeräusch, das die Waffe beim Nachladen verursacht. Wenn nun ein Schalldämpfer verwendet wird, dann ist dieses Geräusch nicht mehr zu hören, und deswegen ist der Schütze viel schwieriger zu orten. Ausserdem dämpft der Schalldämpfer natürlich den Schussknall der Waffe, und auch diese Dämpfung führt dazu, dass der Schütze schwieriger zu orten ist. Die amerikanischen Streitkräfte in Afghanistan benutzen in grossem Umfang das Scharfschützengewehr Barrett im Kaliber .50, das gilt besonders für die Marineinfanterie. Das Barrett ist ein Selbstladegewehr, mit dem sehr schnell eine Reihe von Schüssen hintereinander abgegeben werden kann. Allerdings ist diese Waffe eigentlich für den Einsatz gegen Material und Geräte vorgesehen, es schiesst nicht ganz so genau wie ein ausgesprochenes Scharfschützengewehr wie das McMillan Tac-50. Das heisst natürlich aber nicht, dass ein geübter Schütze damit nicht auch auf grössere Entfernung ein mannsgrosses Ziel treffen kann.

Amerikanische Marineinfanteristen setzten ein grosskalibriges Scharfschützengewehr Barrett zur Bekämpfung einer gegnerischen Mörserstellung ein, die ein Beobachter in einer Entfernung von ungefähr 1500 m auf dem Dach eines Gebäudes in einem Dorf entdeckt hatte. Ausserdem wurden mit dieser Waffe feindliche Mannschaftstransportfahrzeuge und mobile Raketenstartgeräte bekämpft. Da in Afghanistan üblicherweise auf grosse Entfernung geschossen wird, sind Waffen im Kaliber .50 oftmals auch auf Fahrzeugen montiert. Das gilt aber weniger für Spezialeinheiten und leichte Infanterie, denn diese Soldaten müssen ihre gesamte Ausrüstung tragen, wenn sie manchmal tagelang durch schwieriges Gelände marschieren. Die Jagd nach dem Feind in solchen harschen Geländeverhältnissen hat bei einigen amerikanischen und britischen Spezialeinheiten mittlerweile dazu geführt, dass Waffen in kleineren Kalibern wieder zu Ehren kommen. Hier werden erfolgreich Gewehre im Kaliber 5,56 mm und halbautomatische Scharfschützengewehre im Kaliber 7,62 mm eingesetzt. Die Gewehre im Kaliber 5,56 mm basieren auf dem bewährten M16, sie sind zu 90% baugleich mit dem M16 und dem weit verbreiteten Karabiner M4, und auch die Ausbildung an diesen Waffen ist weitgehend gleich. Jetzt können sich in kleinen Einheiten operierende Scharfschützen bei einem plötzlichen Feindangriff viel besser wehren, denn sie haben jetzt eine Waffe zur Verfügung, bei der

es sich um eine Kombination von Scharfschützengewehr und Sturmgewehr handelt. Bisher wurde dieser Waffentyp sehr erfolgreich eingesetzt.
Der Autor konnte sich selbst davon überzeugen, dass die Waffenversionen in den Kalibern 5,56 mm und 7,62 mm in den Händen geübter Schützen auch bei Weitschüssen sehr präzise schiessen. Das bedeutet aber auch, dass die Aussage nicht mehr stimmt, derzufolge ein Repetiergewehr mit Zylinderverschluss in jedem Fall präziser schiesst als ein Halbautomat. Ein weiterer Vorteil bei diesen Gewehren ist ihr geringeres Gewicht, und das ist für einen Soldaten sehr wichtig, der tagelang bei der Jagd nach Terroristen durch gebirgiges Gelände klettern muss.

Scharfschützengewehr McMillan Tac-50

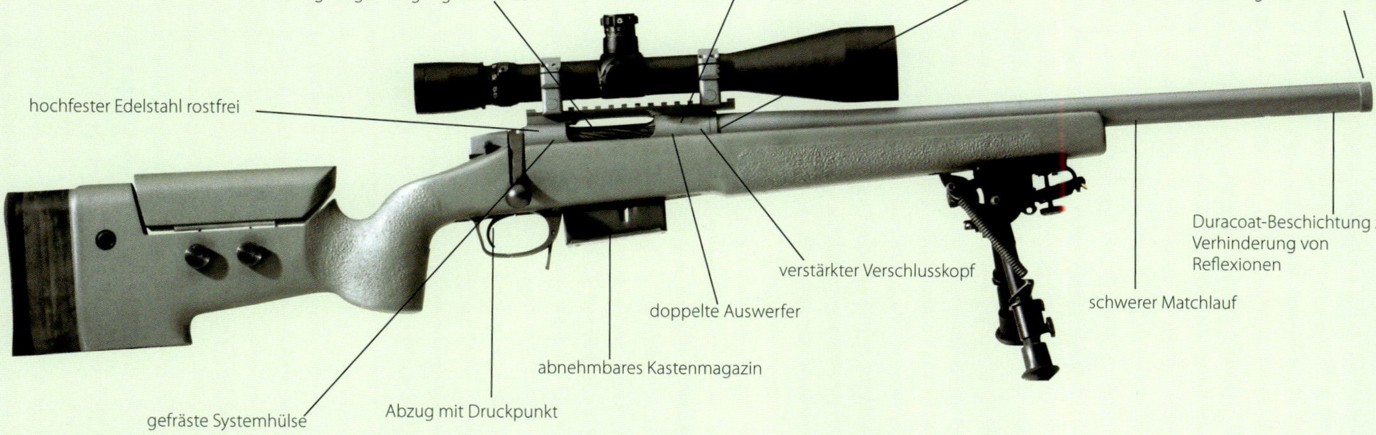

Im März 2002 ging der kanadische Korporal Rob Furlong vom Regiment PPCLI (Princess Patricia's Canadian Light Infantry) in das Buch der Rekorde mit dem weitesten Gewehrschuss während eines Kampfeinsatzes ein. Dabei schoss er mit seinem Scharfschützengewehr McMillan Tac-50 und einem Spezialgeschoss mit reduziertem Luftwiderstand auf eine Entfernung von 2'392 Metern und traf einen Gegner tödlich.
Das McMillan Tac-50 wird in den USA von der Firma McMillan Brothers Rifle Company gefertigt. Dieses spezielle Weitschussgewehr für den Einsatz gegen Material und Bodentruppen basiert auf einer Reihe von vorangegangenen Gewehrkonstruktionen dieses Herstellers, die alle in den späten 80er Jahren entstanden. McMillan baut dieses Gewehr im Kaliber .50 BMG in verschiedenen Ausführungen auf derselben Grundversion für das Militär, die Polizei und für Sportschützen. Bei den kanadischen Streitkräften wurde die Waffe unter der Bezeichnung C15 als LRSW (Long Range Sniper Weapon) eingeführt.
Das Tac-50 ist ein handbetätigter Repetierer mit Zylinderverschluss. Der überaus kräftige Verschluss hat vorn zwei Verriegelungswarzen und ist mit spiralförmigen Ausfräsungen zur Gewichtsverringerung versehen. Auch der schwere Matchlauf hat Einfräsungen, damit er leichter ist und schneller abkühlt. Es kann eine sehr wirksame Mündungsbremse aufgeschraubt werden. Die Munitionszufuhr geschieht aus einem abnehmbaren Kastenmagazin, das fünf Patronen fasst. Die Schäftung besteht aus Fiberglas, am Vorderschaft kann ein Zweibein angebracht werden. Die Länge des Kolbens kann mit Gummiplatten verändert werden, und es gibt eine Spezialausführung der Waffe mit einem platzsparenden Klappschaft. Die Waffe hat keine offene Visierung, aber sie kann mit einer Vielzahl von Zielfernrohren und Nachtsichtgeräten versehen werden. Bei den kanadischen Streitkräften ist das Gewehr mit einem Leupold-Zielfernrohr mit 16-facher Vergrösserung versehen.

Technische Daten Tac-50

System:	Zylinderverschluss, handbetätigt
Kaliber:	.50 BMG
Patrone:	.50 BMG (12,7 x 99 mm)
Gesamtlänge:	1'448 mm
Lauflänge:	737 mm
Gewicht:	11,8 kg
nutzbare Reichweite:	1'970 m
Magazinkapazität:	5 Patronen, abnehmbares Magazin
Visierung:	nach Kundenwunsch (bei der kanadischen Armee mit ZF 16-fach)

Tac-50 mit Klappschaft

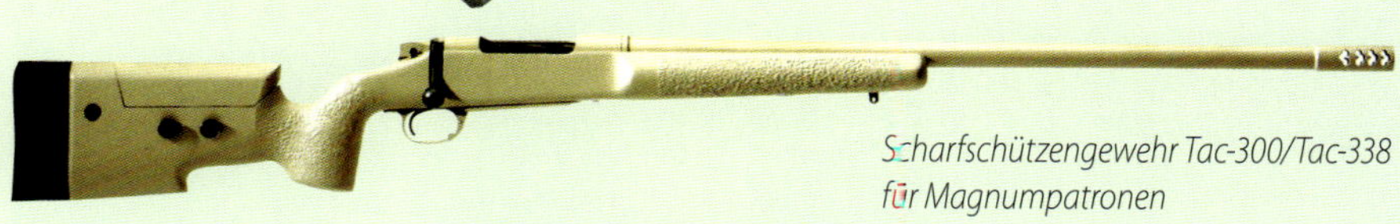

Scharfschützengewehr Tac-300/Tac-338 für Magnumpatronen

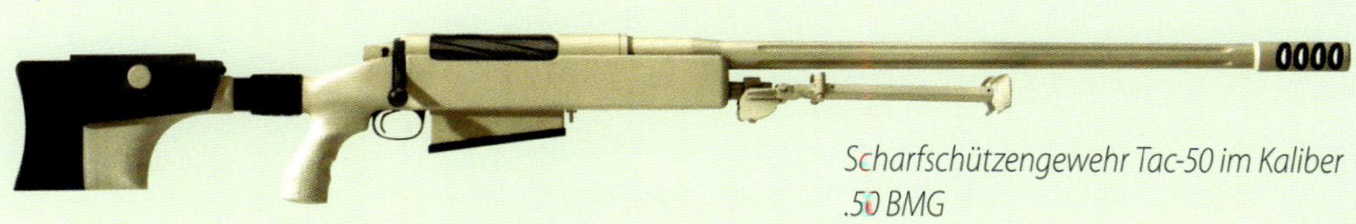

Scharfschützengewehr Tac-50 im Kaliber .50 BMG

Ein britischer Marineinfanterist erprobt hier ein Scharfschützengewehr MSG-90 des deutschen Herstellers Heckler & Koch. Das Gewehr im Kaliber 7,62 x 51 mm NATO hat eine Lauflänge von 600 mm, das Gewicht beträgt 6,4 kg, und es können fünfschüssige oder zehnschüssige Magazine verwendet werden. Diese Aufnahme wurde in Quantico in den USA aufgenommen, dort erprobte das amerikanische Marinekorps das Gewehr als mögliche Scharfschützenwaffe, das MSG-90 unterlag aber der verbesserten Version des M21. (Mark Spicer)

Operation «Iraqi Freedom» – Freiheit für den Irak

Dieser bis heute dauernde Konflikt hat viele Namen. Er wird der «Irakkrieg» genannt, manchmal auch der «Zweite Golfkrieg» oder der «Zweite Krieg am Persischen Golf». Er begann am 20. März 2003, als eine multinationale Streitmacht unter der Führung der USA in den Irak einmarschierte. Mitbeteiligt waren Grossbritannien und kleinere Truppenkontingente aus Australien, Dänemark, Polen und anderen Ländern. Die Operation wird in bestimmten Kreisen auch als Operation zur Befreiung des Irak oder meist als «Operation Iraqi Freedom» bezeichnet. Als Rechtfertigung für den Einmarsch dienten dem damaligen amerikanischen Präsidenten George W. Bush und dem damaligen britischen Premierminister Tony Blair die Behauptung, dass der Irak Massenvernichtungswaffen besässe. Diese Waffen stellten angeblich eine Bedrohung für die Sicherheit und Interessen der USA, von Europa und dem Nahen Osten dar. Unterstützt wurde diese Meinung unter anderem auch durch Aufklärungsergebnisse des

Unten: Dieser britische Scharfschütze hat eine Stellung in einer Häuserruine bezogen. Der Schütze ist hervorragend getarnt, zu diesem Zweck trägt er einen amerikanischen Wüstentarnanzug für den Nachteinsatz. (Mark Spicer)

britischen Geheimdienstes, und auch der russische Geheimdienst brachte den Irak mit dem Terrorismus in Verbindung.

Schon kurze Zeit nach dem Beginn der Invasion kapitulierte das irakische Militär, und der Diktator Saddam Hussein musste fliehen. Er wurde im Dezember 2003 gefangen genommen und im Dezember 2006 hingerichtet. Die von den Amerikanern geführte Koalition besetzte den Irak und hat seitdem versucht, ein demokratisches Regierungssystem einzuführen. Aber kurz nach dem Beginn der Invasion kam es zu Gewalttätigkeiten gegen die Streitkräfte der Koalition. Eine ganze Reihe von untereinander zerstrittenen Gruppen begann mit einem Guerillakrieg, unter ihnen waren viele Gruppierungen der religiösen Glaubensgemeinschaften der Sunniten und Schiiten, aber auch al-Qaida war beteiligt.

Aus diesem Grund war es eine logische Entscheidung, dass genauso wie im vorangegangenen Golfkrieg auch hier die Scharfschützen wieder eine entscheidende Rolle spielen würden. Über die Rolle der Scharfschützen im ersten Golfkrieg ist nicht viel bekannt, ein Teil davon fällt unter die Geheimhaltung, aber bestimmte Politiker sorgen aus Gründen der «politischen Korrektheit» dafür, dass über das Scharfschützenwesen nicht viel bekannt wird, weil sie es verabscheuen. Deswegen kann nicht sein, was nicht sein darf.

Ein bekannt gewordenes Ereignis ist einer der ersten Einsätze der amerikanischen Marineinfanterie mit dem neuen grosskalibrigen Scharfschützengewehr Barrett im Kaliber .50 BMG. Bei der Marineinfanterie hatte man eine Reihe von Erprobungen mit Gewehren im Kaliber .50 durchgeführt, mit diesen Waffen wollte man den Feind und dessen Ausrüstungen über grössere Entfernungen hinweg angreifen. Obwohl die Erprobungen eigentlich noch gar nicht abgeschlossen waren, wurden die neuen Scharfschützengewehre eilig in Dienst gestellt und an die bereits abgerückten Einheiten ausgegeben.

Eine der mit der neuen Waffe ausgerüsteten Einheiten war das 1. Marineinfanterieregiment (1st Marine Regiment), das auf einer schmalen Landzunge zwischen Saudi-Arabien und Kuwait in Stellung gegangen war. Während der ersten Tage des Konflikts sah ein mit einem Barrett-Scharfschützengewehr eingesetzter Scharfschütze der Marineinfanterie, dass sich eine Fahrzeugkolonne der eigenen Stellung näherte. Zuerst ging man davon aus, dass es sich um eigene Fahrzeuge handelte. Bei genauerer Beobachtung sah man dann allerdings, dass es sich bei den Fahrzeugen um feindliche Mannschaftstransportwagen vom Typ BMP handelte. Nachdem die Scharfschützen die Annäherung des Feindes gemeldet und Feuererlaubnis bekommen hatten, zielten sie alle mit ihren neuen Gewehren auf das erste Fahrzeug. Ihre Waffen waren mit panzerbrechender Brandmunition geladen. Die Geschosse dieser Munition sind so konstruiert, dass sie

Unten Mitte: Nahansicht des zehnschüssigen Magazins für das schwere Scharfschützengewehr Barrett «Light Fifty» im Kaliber .50 BMG. Die hier gezeigten Patronen haben panzerbrechende Geschosse SLAP, die Gesamtlänge der Patrone beträgt 127 mm.

Unten: Ein Scharfschütze mit einem in der Truppenerprobung befindlichen Tarnanzug kommt aus einem beschädigten Gebäude heraus. Aufgrund der besonderen Verhältnisse beim Häuserkampf ist dieser Anzug mit vielen geraden Linien und eckigen Mustern versehen, die den Schützen hervorragend vor dem Hintergrund tarnen. (Mark Spicer)

nicht nur die Panzerung des Fahrzeugs durchschlagen, sondern sie setzen auch das Innere des Panzers in Brand. Der erste Schuss war bereits ein Treffer und setzte das Fahrzeug in Brand. Es konnten keine Besatzungsmitglieder des Panzers beim Aussteigen beobachtet werden. Dann wurde das nächste Fahrzeug mit zwei Schuss bekämpft, es blieb liegen und konnte nicht weiterkämpfen.
Auch während des zweiten Golfkriegs leisteten die Barrett-Gewehre beim USMC ausgezeichnete Dienste. Darüber gibt es eine Vielzahl von Berichten. Einer dieser Einsätze fand im Gebiet von Haifa in Bagdad statt. Eine kurdische Sicherheitspatrouille wurde von Aufständischen in einen Hinterhalt gelockt. Nachdem die Kämpfe aufgeflammt waren, wurde eine Scharfschützenmannschaft der Marineinfanterie in eine Stellung verlegt, die ungefähr 540 m vom Kampfgeschehen entfernt war. Von dort aus konnte man die Kämpfe gut überblicken. Nachdem sich die Soldaten ein Bild von den Kampfhandlungen gemacht hatten, sahen sie eine Gruppe von Aufständischen, die hinter einer Mauer in Deckung lagen und die Kurden unter direkten Beschuss nahmen. Einer der Marineinfanteristen zielte ruhig und entschlossen auf den ersten Terroristen und tötete ihn mit einem Kopfschuss. Noch ehe die Terroristen jetzt auf den Tod ihres Kameraden reagieren konnten, wurde ein zweiter Schuss abgefeuert, und auch dieses Geschoss traf das Ziel, der Terrorist fiel mit einem Treffer in der Brust zu Boden. Danach beobachteten die Marineinfanteristen das Gelände sehr genau, um festzustellen, ob irgendwelche Terroristen zu den Gefallenen vorgehen würden. So hoffte man auf zusätzliche Ziele. Tatsächlich kehrten die Terroristen nach einiger Zeit zurück und wurden erneut von den Scharfschützen beschossen, aber es konnten jetzt keine weiteren Treffer erzielt werden.
Nach ungefähr einem Jahr wurden die anfänglichen Erfolge der Scharfschützen der Koalitionsstreitkräfte merklich geringer. Der Grund dafür bestand darin, dass die Aufständischen sich jetzt der Gefahr durch die Scharfschützen bewusst waren und alles versuchten, um ihnen zu entgehen. Dieselbe Erscheinung musste die britische Armee auch in Nordirland bei ihrem Kampf gegen die IRA feststellen. Ausserdem hatten die Aufständischen jetzt eine Reihe von Gegenmassnahmen gegen die Scharfschützen entwickelt. So mussten zum Beispiel Schäfer und Kinder bestimmte Geländeformationen von Vegetation und Geröll befreien, um sicherzustellen, dass sich hier keine Scharfschützen verstecken konnten. In Nordirland hatte die IRA am frühen Morgen Patrouillen durch Bauern und Sympathisanten durchführen lassen, die Hunde (meist waren es Jack Russell-Terrier) mit sich führten. Da diese Hunde sehr aufmerksam sind, entdeckten sie natürlich sofort in Deckung liegende Soldaten und Scharfschützen. Im Irak haben die Aufständischen mittlerweile gelernt, in welchen Bereichen sie verwundbar sind, und deswegen haben sie ihre Einsätze angesichts der Bedrohung durch Scharfschützen überdacht und teilweise anders strukturiert.
Ein weiterer Faktor, der hier eine Rolle spielt, ist die Dauer des Krieges. Eine ganze Reihe von gut für den Scharfschützeneinsatz geeignete Stellungen sind mittlerweile «verbrannt», weil sie schon einmal verwendet wurden, und andere Stellungen sind den Aufständischen bekannt. So werden die Einsätze langsam schwieriger, denn es dürfen keine Kompromisse ein-

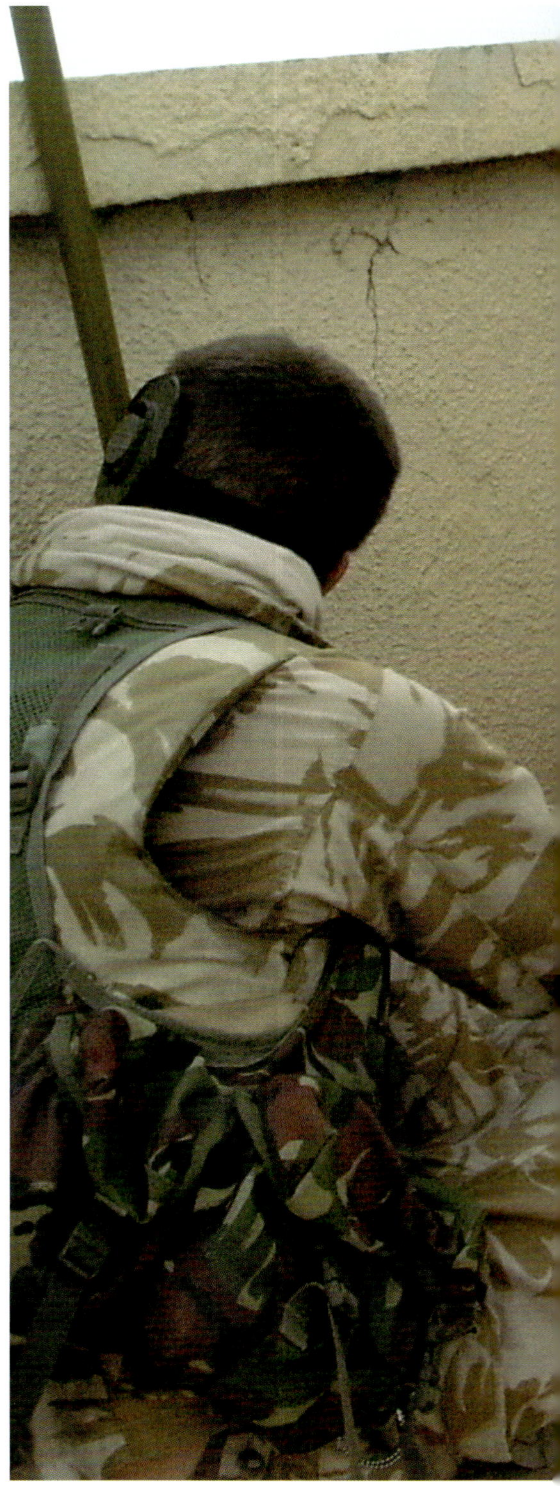

gegangen werden. Kompromisse bedeuten nämlich auf diesem Kriegsschauplatz, dass man sein Leben gefährdet.
Wenn es den Aufständischen hin und wieder gelingt, einen Scharfschützen der Koalition zu töten, dann wird das jedes Mal von der Propaganda der Terroristen sehr umfangreich ausgeschlachtet, denn sie haben grossen Respekt vor gegnerischen Scharfschützen. Aufgrund der Mordlust der Terroristen in Verbindung mit der Angst der Kommandeure der Koalitionsstreitkräfte vor unnötigen Verlusten sind mittlerweile die Scharfschützeneinsätze im Irak etwas begrenzt worden. So sind zum Beispiel die Scharfschützen der amerikanischen Marineinfanterie traditionell zu zweit in den Kampf gezogen. Nachdem aber zu Beginn des Krieges zwei Scharfschützenteams gefallen waren und man ihnen obendrein ihre Gewehre und ihrer Ausrüstung abgenommen hatte, werden die Scharfschützen des USMC jetzt in grösseren Gruppen eingesetzt. Damit sind viele Scharfschützen aber nicht einverstanden, denn Ihrer Meinung nach können sie sich in grösseren Gruppen nicht mehr verdeckt bewegen, und sie müssen in vielen

Eine aus zwei Mann bestehende Scharfschützengruppe liegt auf dem Dach eines irakischen Hauses in Stellung. Die Männer haben eine kleine Schiessscharte in die Mauer gebohrt, durch welche der Schütze seine Waffe einsetzen kann. Sein Partner beobachtet das Geschehen vor dem Gebäude mit einem russischen Periskop aus dem Zweiten Weltkrieg. (Mark Spicer)

anderen Bereichen ebenfalls Kompromisse eingehen. Im Jahre 2004 wurde eine Mannschaft von vier Marineinfanteristen in Ramadi (einer Stadt im Zentralirak, die ungefähr 100 km westlich von Bagdad liegt) in ihrer von ihnen selbst gebauten Beobachtungsstellung am Stadtrand überrascht und überwältigt, ohne dass ein einziger Schuss fiel. Wahrscheinlich wurden die Männer gefangen genommen und hingerichtet. Einen weiteren Zwischenfall gab es im Jahre 2005. Dort war eine 6 Mann starke Scharfschützengruppe, die zu einer Reserveeinheit der Marineinfanterie gehörte, im Einsatz in der Gegend von Haditha (ungefähr 210 km nordwestlich von Bagdad) gefallen. Die Aufständischen nutzten diesen Zwischenfall für ihre Propaganda und zeigten ein Video, in dem die Erkennungsmarken und die Ausrüstung der Marineinfanteristen gezeigt wurden. Dieses Video ging über das Internet durch die ganze Welt. Das nur zwei Mann starke Scharfschützenteam mag zwar über eine geringere Feuerkraft verfügen, aber aufgrund ihrer geringen Personalstärke kann sie sich viel besser verstecken und muss im Einsatz keine Kompromisse eingehen. Die Statistiken zeigen ganz eindeutig, dass sich die Kommandeure hier viel zu viele Sorgen über das Risiko machen: in vier Jahren gingen nur zwei aus jeweils zwei Scharfschützen bestehende Gruppen verloren. Allerdings herrscht im Irak Krieg, und leider ist natürlich im Krieg immer mit dem Verlust von Soldaten zu rechnen. Die Scharfschützen fühlen sich durch die neuen Vorschriften etwas unfair behandelt, und sie haben das Gefühl, dass man ihren Fähigkeiten nicht ganz traut. Aufgrund allzu grosser Vorsicht können sie ihr volles Potenzial überhaupt nicht ausnutzen. Sie sind durchaus bereit, Risiken einzugehen, aber sie vertrauen auf ihre Fähigkeiten im Kampf gegen den Feind. Und so sind sie der Meinung, dass sie so eingesetzt werden sollten, wie sie das gelernt haben.

Aber es gibt noch weitere Beschränkungen für die Scharfschützen im Einsatz. Diese Beschränkungen haben mit der Sorge um Verletzungen und Tod zu tun und beziehen sich auf Schutzwesten und Helme. Bei ihrer Ausbildung tragen die Scharfschützen aber weder Schutzwesten noch Helme, denn damit werden sie in ihrer Bewegungsfreiheit behindert. Im wirklichen Einsatz müssen sie aber auf Befehl hin diese Ausrüstungsteile tragen. Wenn man von den Scharfschützen die volle Leistung bekommen will, dann sollte man sie so in den Einsatz ziehen lassen, wie sie das gelernt haben. Ausserdem sollten sie diejenige Ausrüstung verwenden, die sie selbst für diesen Einsatz für geeignet halten.

Dieser im Häuserkampf eingesetzte Scharfschütze trägt einen Tarnanzug mit grauem und schwarzem Muster, Grundlage dafür war ein Schneetarnanzug. Der Scharfschütze sitzt weit hinten im Raum in der Ecke eines beschädigten Gebäudes und nimmt von hier aus sein Ziel auf. Beachten Sie das improvisierte Dreibein, mit dem der Schütze seine Waffe stabilisiert. (Mark Spicer)

Bei der Operation «Iraqi Freedom» musste die Infanterie wieder einmal gegen die Fusskämpfer auf der irakischen Seite im direkten Einsatz kämpfen. Allerdings hatten es viele irakische Soldaten schon vorgezogen, «nach Hause zu gehen», sie waren schlicht und einfach desertiert. Andere dagegen versteckten ihre Waffen. Nachdem nun Saddam Hussein aus seinem Amt verjagt worden war, holten sie diese Waffen wieder hervor und begannen mit einem Guerillakrieg, der bis heute andauert. Mehr noch als während der ersten Zeit nach dem Einmarsch in Afghanistan setzten die Kommandeure hier ihre Scharfschützen ein, und so kam es täglich zu neuen Einsätzen.

Hier durfte auch nicht viel Zeit für das Erlernen neuer Taktiken verschwendet werden, denn das geschah auf Kosten der Leben der eigenen Kameraden. Die Scharfschützen der Einheiten waren von Anfang an voll gefordert und mussten sowohl im offensiven als auch im defensiven Rahmen Unterstützung leisten.

Jetzt war die Stunde der Scharfschützen endlich gekommen. Aber gleichzeitig drängten sich auch die Medien nach vorn, sie verlangten nach Geschichten über die Verdienste von Scharfschützen, wobei es ihnen egal war, wenn sie aus dem ersten Golfkrieg stammten. Noch nie zuvor war der Scharfschütze von seinen Kommandeuren auf eine solche Weise den Medien präsentiert worden. Es gab zahllose Fernsehsendungen und Zeitungsartikel, die sich mit den Scharfschützen der amerikanischen und britischen Streitkräfte beschäftigten. Die normalerweise eifersüchtig behütete Anonymität der eingesetzten Scharfschützen wurde hemmungslos aufgegeben, jetzt mussten die Scharfschützen für Fotos posieren und Interviews geben. Das mag auf den ersten Blick albern erscheinen, aber die Kommandeure hatten jetzt die Möglichkeit, den Einsatz ihrer Scharfschützen für Propagandazwecke zu verwenden. Man achtete natürlich sorgfältig darauf, dass niemand zu Schaden kam und dass keine in der Nähe stehende Person verletzt wurde. Deswegen ging man nicht zu dicht an den Feind heran und gefährdete somit auch nicht das Leben der anderen eigenen Soldaten. Man hatte jetzt endlich erkannt, welche weitreichenden Möglichkeiten der Scharfschütze in Wirklichkeit hat.

Aber auch die Aufständischen wussten sehr gut, dass sich der Scharfschützeneinsatz hervorragend für Propagandazwecke eignet und welche Möglichkeiten er hat. Das sollten die Streitkräfte der Koalition in den folgenden Jahren zu spüren bekommen. Die Scharfschützen der Koalition hatten sich in der Zwischenzeit

Hier haben britische Scharfschützen mit dem ihnen eigenen Humor einen Zeitungsartikel kommentiert, in dem der irakische Rebellenführer Muqtada al-Sadr die irakische Armee und die Polizei vor einer weiteren Zusammenarbeit mit den Vereinigten Staaten warnt. Gleichzeitig fordert er seine Guerillakämpfer auf, verstärkt gegen die Amerikaner vorzugehen (2007). Angeblich ist al-Sadr bereit, als Märtyrer zu sterben. Die britischen Scharfschützen würden ihm gern dabei helfen. (Mark Spicer)

6 IRAQ IN CRISIS THE INDEPENDEN[T] Saturday 17 April 20[04]

Rebel leaders warns US: I am ready to face martyrdom

By Patrick Cockburn in Baghdad

MUQTADA SADR, the Shia cleric whom the US army is trying to arrest, … yesterday that negotiations to end the stand-off in Najaf were near collapse.

Sadr, wearing a white shroud to show he is willing to face death, appeared in the mosque of the nearby town of Kufa showing that the US encirclement of Najaf is less than complete. He said: "I am ready to face martyrdom."

His spokesman, Sheikh … said: "I believe … mediation will not … There are no results from these negotiations and [they] could collapse." The US has been demanding that Sadr be arrested and his Army of the Mehdi disbanded, something he will not do.

… the same time Grand Ayatollah Ali al-Sistani, the most influential … cleric, warned … that he regards US troops entering the holy cities of Najaf or Kerbala as a "red line" which must not be crossed. Quite what Ayatollah Sistani would do if the 2,500

US troops outside Najaf launched an attack is not clear, but there is no doubt that Iraq's Shia would … if asked.

Meanwhile, US military and civilian officials yesterday met with leaders from Fallujah, the first known direct negotiations between Americans and city representatives since the siege began … days ago.

Richard Jones, the civilian head of the US delegation said the United States agreed to move its soldiers so residents of Fallujah would have direct access to the city's main hospital and both sides agreed to continue dialogue.

Until now, US-allied Iraqi leaders have been involved in talks to find an end to the violence. The Americans are expected to push the Fallujah leaders to … insurgents abide by the ceasefire. US officials, however, were not certain what influence the leaders have with the gunmen. But fighting continued. A US F-16 warplane dropped a 2,000-pound (900kg) bomb in northern Fallujah yesterday, destroying a building where … had been seen, … F-16s … strikes on buildings believed to be housing rebels. Meanwhile, Lebanon's top Shia Muslim cleric yesterday warned that attempts by US forces to attack holy Shia cities in Iraq or kill Sadr would increase violence against Americans across the Islamic world.

Grand Ayatollah … Mohammed … Fadlallah also called on … to end their siege of … contradicted America's promise to establish democracy in Iraq after Saddam Hussein.

"We reject talk about killing or capturing Muqtada Sadr," Ayatollah Fadlallah told thousands of worshippers in his weekly sermon at a Beirut mosque. "We want the wounded Iraqi people who are facing killings and destruction, to solidify their stance in order to establish a new free Iraq administered by their will and not by the will of the occupation." The holiest Shia site – the Imam Ali shrine in Najaf – is only metres away from the office where Sadr, a fiery anti-American cleric, is holed up, surrounded by gunmen. The remarks by … Ayatollah … Sistani's representative … diplomatic … stand-off between US troops and Sadr in the holy city. Some 2,500 US troops are ringing Najaf as they prepare for a final showdown with Sadr's militia, the Mehdi Army. US commanders have vowed to "kill or capture" him after his militia launched a bloody uprising last week taking control of a number of cities.

US forces were also surrounding Fallujah … fierce fighting … left hundreds of Iraqis and … US soldiers …, the deadliest month so far for the Americans. Fallujah is a stronghold of anti-American militants in overwhelmingly Sunni Muslim central Iraq.

Ayatollah Fadlallah, 69, strongly opposed Saddam Hussein's regime and the US-led war against Iraq. A harsh critic of US policies in the region, he is respected among Shia in the Arab world and is the top religious authority for Lebanon's 1.2 million Shia. His rank of grand ayatollah is the highest Shia clerics can attain.

… optimistic sign was a call from the mosques for police and … the paramilitary Iraqi Civil Defence Corps to return to duty. A Canadian and three Czech hostages were released yesterday but a Danish businessman was reported kidnapped in Basra.

Muqtada Sadr: Told worshippers in Kufa he was ready to face martyrdom Reuters

an das Medieninteresse gewöhnt. Die Aussenstehenden wissen mittlerweile etwas besser, wie es im Einsatz zugeht und welche Härten der Scharfschütze durchmachen muss, und wie oft er dem Tod ins Auge sehen muss.

Der Hauptunterschied zwischen Scharfschützen und anderen Soldaten ist die Tatsache, dass der Scharfschütze die Wirkung seines Geschosses durch sein Zielfernrohr sofort sieht. Und da es mittlerweile Nachtsichtgeräte und Wärmebildgeräte mit hoher Bildhelligkeit gibt, ist das auch in der Dunkelheit nicht anders. Scharfschützen suchen sich ihre Ziele beim Gegner genau aus, sie setzen bei ihrer Zielauswahl Prioritäten und sehen zu, wie ihr Opfer stirbt. Abhängig von der Entfernung und der Präzision des Schusses oder vom Körperbereich, den das Geschoss trifft, kann der Scharfschütze bei einem modernen Hochgeschwindigkeitsgeschoss ziemlich genau sehen, welchen Schaden der getroffene Mensch dadurch nimmt. Viele Scharfschützen müssen heutzutage zuschauen, wie der Kopf eines Menschen bei einem Treffer durch ein solches Hochgeschwindigkeitsgeschoss zerplatzt, oder sie müssen mitansehen, welche furchtbare verstümmelnde Wirkung Treffer im Kaliber .50 haben. Die meisten von ihnen erkennen allerdings den Treffer nur daran, dass Staub von der Kleidung des Getroffenen aufsteigt.

Scharfschützen sind von Natur aus ruhig und gehen methodisch vor. Sie konzentrieren sich vollständig auf ihre Aufgabe und vermeiden es, an den Gegner oder dessen Familie zu denken, denn dann würden sie durch Skrupel behindert. Die Regeln für seinen Einsatz kann der Scharfschütze in seinen Dienstvorschriften nachlesen, und wenn der Scharfschütze seine Waffe auf den Feind richtet und durch das Zielfernrohr schaut, dann haben andere bereits für ihn entschieden, dass dieser Gegner sein Feind und daher ein legitimes Ziel ist. Es ist nicht die Aufgabe des Scharfschützen, wahllos das Leben seiner Gegner zu nehmen. Er muss wichtige Personen beim Feind identifizieren und sie ausschalten, und damit schützt er das Leben seiner eigenen Kameraden im Kampf. Wenn ein Mann beim Gegner seine Waffe in den Anschlag bringt und auf die eigenen Truppen zielt, hat er sich in diesem Moment zu einem legitimen Ziel für das Geschoss des Scharfschützen gemacht.

Wenn man gegen einen Feind kämpft, der gewohnheitsmässig Zivilisten und Schulkinder als lebende Schutzschilde verwendet, dann wird das präzise Feuer des Scharfschützen noch wichtiger als zuvor. Vor kurzem hat es einen solchen Vorfall unter der Beteiligung der «Stryker Brigade» der U.S. Army gegeben. Sergeant Davis und Beobachter Specialist Wilson waren an einem Einsatz in den Strassen der alten Stadt Samarra ungefähr 13 km nördlich von Bagdad beteiligt. Plötzlich wurden die Soldaten der B-Kompanie von Aufständischen auf Motorrädern angegriffen, die sich hinter einer Gruppe von Schulkindern versteckten. In den nächsten 45 Minuten setzte Davis sein ganzes Können als Scharfschütze ein, um sieben der 11 an dem Angriff beteiligten Aufständischen zu töten. Drei Tage später konnte er einen weiteren Erfolg verzeichnen, als er einen Schützen der Aufständischen ausmachte, der im Schutz der Nacht eine Stellung im Hinterhalt bezog, um eine Fusspatrouille der Koalition anzugreifen. Als der Aufständische aus dem Schatten heraustrat, benutzte Davis sein Scharfschützengewehr M14, um den mit einem Dragunov bewaffneten feindlichen Scharfschützen zu töten.

Nachtsichtgeräte

Die ersten Einsätze von Nachtsichtgeräten fanden während des Ersten Weltkriegs statt, im Vietnamkrieg fanden sie dann grössere Verbreitung. Seitdem hat diese Technologie ganz gewaltige Fortschritte gemacht, es gibt mittlerweile eine ganze Reihe von Generationen von Nachtsichtgeräten, die jeweils bessere Leistung aufweisen. Für den Betrieb von Nachtsichtgeräten gibt es zwei verschiedene Methoden, nämlich die aktive und die passive Methode. Bei passiven Nachtsichtgeräten wird das noch vorhandene Licht verstärkt, während aktive Geräte eine Infrarotlichtquelle nutzen, um genügend Beleuchtung für das Ziel zu erreichen. Für den Einsatz bei Scharfschützen und deren Beobachtern werden zwei verschiedene Gerätetypen verwendet. Das eine Gerät wird direkt vor das Zielfernrohr auf der Waffe gesetzt, wobei die heutzutage übliche Picatinny-Schiene benutzt wird. Beim anderen System wird das Gerät auf das Zielfernrohr aufgesetzt. Beide Gerätetypen werden hier gezeigt.

Scharfschützen müssen oft in kurzer Zeit sehr schwierige Entscheidungen fällen, und solche Entscheidungen können sie später noch viele Jahre lang in ihren Gedanken verfolgen. Im von Kriegen zerrütteten Afrika und jetzt auch im Irak werden Kindersoldaten mit Sturmgewehren in den Kampf gegen Erwachsene geschickt, nachdem sie von erwachsenen Soldaten ausgebildet wurden. Einige Scharfschützen sagen klipp und klar, dass sie nie ein Kind töten könnten. Im Krieg kann die Situationen aber durchaus so eskalieren, dass man plötzlich vor der Entscheidung steht, zu töten oder selber getötet zu werden. Hier muss der Scharfschütze sehr schnell zu Gunsten seiner Kameraden entscheiden und darf keine Rücksicht darauf nehmen, wer der Feind ist.

Ein weiterer berühmter Scharfschütze des amerikanischen Heeres, die hier stellvertretend für viele andere steht, war Staff Sgt. Jim Gilliland. Er führte im September 2006 in der Stadt Ramadi eine zehn Mann starke Gruppe namens «Shadow Team» in den Einsatz. Aufgrund der heftigen Kämpfe und der Vielzahl der Feindkontakte in dieser Zone ist es für Scharfschützen hier nicht ungewöhnlich, dass sie hohe Abschusszahlen verzeichnen. Einige kommen damit sogar in die

Links: Ein vor das Zielfernrohr auf der Picatinny-Schiene des deutschen Scharfschützengewehrs G22 der Bundeswehr montiertes Nachtsichtgerät. (Mark Spicer)

Mitte: Scharfschützengewehr M40A1 des amerikanischen Marinekorps mit Nachtsichtgerät Simrad, das oben auf das Zielfernrohr aufgesetzt wird. (Mark Spicer)

Unten: Die deutsche Version G22 des britischen Scharfschützengewehrs Accuracy International AW mit aufgesetztem Nachtsichtgerät. (Mark Spicer)

Linke Seite oben: Der Feind schläft nie, und auch Scharfschützen dürfen nicht schlafen, so wie das hier auf der Einsatzszene im Irak sichtbar ist. Unter bestimmten Umständen kann man das Geschehen im Bereich vor der Scharfschützenstellung mit einer Infrarot-Lichtquelle ausleuchten, von welcher der Feind üblicherweise nichts bemerkt. Er denkt weiterhin, dass er sich im Schutz der Dunkelheit befindet. (Mark Spicer)

Linke Seite unten: Bei der britischen Armee ist der Restlichtverstärker Pilkington Kite im Einsatz. (Mark Spicer)

Rechte Seite: Wenn Scharfschützen eine belebte Strasse im Irak befahren (hier werden Truppen des britischen Royal Irish Regiment in Al Amarah gezeigt), dann wissen sie nie genau, wer hier Freund oder Feind ist. Sie müssen auch jederzeit damit rechnen, dass aus dem Schatten heraus ein feindlicher Scharfschützenangriff durchgeführt wird. (Mark Spicer)

Nähe des berühmten Carlos Hathcock, der im Vietnam-Krieg 93 bestätigte Abschüsse verzeichnen konnte. Hierbei ist aber noch zu vermerken, dass sich Hathcock üblicherweise an seine Gegner heranpirschte, während es in Afghanistan und im Irak üblich ist, dass man aus versteckten Stellungen heraus schiesst.

Nachdem er erfahren hatte, dass ein gegnerischer Schütze gerade einen amerikanischen Soldaten getötet hatte, begann Gilliland damit, das Gelände abzusuchen. Dabei sah er einen sehr entspannt in seiner Stellung stehenden feindlichen Scharfschützen, er befand sich an einem Fenster im vierten Stockwerk des durch Kämpfe beschädigten Krankenhauses in Ramadi. Der Aufständische war ungefähr 1'250 m von Gillilands Stellung entfernt. Nachdem er den Wind und die Luftverhältnisse gemessen hatte, gab Gilliland einen einzelnen Schuss ab und traf den Terroristen damit im Oberkörper. Der Getroffene war sofort tot. Man geht davon aus, dass dieser Schuss der weiteste erfolgreiche Schuss war, der im Irak mit einer Scharfschützenwaffe im Kaliber 7,62 mm abgegeben wurde. Gilliland hat zu diesem Treffer eine durchaus pragmatische Meinung, denn er sagt, dass er Zweifel hätte, ob er diesen Erfolg noch einmal wiederholen könnte. Das ist typisch für die Bescheidenheit, die Scharfschützen während ihrer Ausbildung lernen. Die Scharfschützen des amerikanischen Marinecorps haben im Irak genauso viel zu tun wie ihre Kameraden beim Heer. Ihre Scharfschützen sind während des gesamten Einsatzes im Irak sehr aktiv gewesen. Als die Marineinfanterie am ersten Jahrestag der Invasion die Kontrolle über das Gebiet von Fallujah von der 82. Luftlandedivision übernahm, verloren sie in den ersten zwei Wochen 12 Mann durch gegnerisches Feuer. Viele der Opfer fielen gegnerischen Scharfschützen zum Opfer. Bei den Marines hat das Scharfschützenwesen eine lange Tradition, und in Fallujah bekamen die Scharfschützen des USMC reichlich zu tun, denn hier ist eine der Hochburgen der Aufständischen. Die Scharfschützen des USMC verbreiteten beim Gegner aber schon sehr bald Angst und Schrecken, denn sie trafen die Terroristen nun buchstäblich überall, sogar bei Nacht, denn die modernen Nachtsichtgeräte bieten ein überaus klares Bild.

Während des zweiten Einsatzes der Marineinfanterie im Gebiet von Fallujah nach dem Einmarsch in den Irak deckten die amerikanischen Scharfschützen die Einsätze ihrer britischen Verbündeten. Sie stellten dabei sicher, dass die britischen Pioniere ungestört Gebäude räumen und Sprengfallen beseitigen konnten, ohne dabei von feindlichem Feuer belästigt zu werden. Am zweiten Tag ihres Einsatzes sahen sich die Marineinfanteristen mit zwei Fahrzeugen konfrontiert, die voll mit irakischen Soldaten besetzt waren und die auf ihre Position zurasten. Der Führer des Scharfschützenteams gab drei Schüsse aus seinem Scharfschützengewehr M40A3 ab, dann griff er zu seinem Sturmgewehr M16 und feuerte ein volles Magazin mit 30 Schuss in das erste Fahrzeug hinein. In der Zwischenzeit beschossen seine Beobachter die Fahrzeuge mit einem leichten Maschinengewehr. Bei dem folgenden Feuergefecht verloren die Marineinfanteristen ihren Kompaniechef, der einen tödlichen Bauchschuss genau unterhalb seiner Schutzweste erhielt. Allerdings verloren 24 irakische Soldaten bei diesem Gefecht ihr Leben, 10 weitere wurden verwundet. Während der folgenden Beschiessung durch die Artillerie und Einsätze der Luftwaffe wurden viele weitere feindliche Soldaten getötet.

Bei ihrem Vormarsch auf Bagdad schossen Scharfschützen der Marineinfanterie von einem Turm herab auf eine Entfernung von ungefähr 800 m auf einen irakischen Artilleriebeobachter, der dabei tödlich getroffen wurde. Bald danach kam es zu heftigen Kämpfen in der Umgebung des grossen Palastes von Saddam Hussein. Diese Kämpfe wurden immer heftiger, und als ein Scharfschützenteam auf dem Dach in Stellung gehen wollte, musste es feststellen, dass so etwas nicht möglich war, ohne unter heftigen feindlichen Beschuss zu kommen. Deswegen wurde die taktische Entscheidung gefällt, sich in ein niedriger gelegenes Stockwerk zurückzuziehen und dort eine Stellung auf diejenige Art einzurichten, wie sie das auf der Scharfschützenschule gelernt hatten. Dann wollten sie aus dieser verdeckten Stellung heraus den Feind unter Feuer nehmen.

Nachdem sie einige Zeit gewartet und das Geschehen beobachtet hatten, sahen die Scharfschützen einen irakischen Soldaten, der eine Stellung bezog, von der aus er amerikanische Soldaten mit seinem Sturmgewehr AK-47 angreifen wollte. Er wurde von einem Kameraden begleitet, der einen Raketenwerfer RPG-7 führte. Der Aufständische mit dem Sturmgewehr wurde sofort ausser Gefecht gesetzt, aber sein Kamerad mit dem Raketenwerfer zog sich nach dem Tod seines Kameraden sofort in eine Deckung zurück. Nach mehreren Stunden kam er aus der Deckung heraus und wurde sofort von einer Kugel der Scharfschützen des USMC getroffen.

Die amerikanischen Scharfschützen nutzten ihre gesammelten Erfahrungen in diesem Konflikt, um den Feind bei jeder sich bietenden Möglichkeit zu treffen und die Stadt Fallujah einzunehmen. Dieser Ort liegt ungefähr 60 km westlich von Bagdad. Nach der Einnahme der Stadt konnten die Scharfschützen eine grosse Anzahl von bestätigten Treffern erzielen, denn sie schossen normalerweise aus befestigten Stellungen heraus, von denen aus sie die Kameraden des Heeres und der Marineinfanterie schützen konnten, die ständig dabei waren, die Strassen und die Gebäude vom Feind zu säubern.

Von ihrer in erhöhter Position angebrachten Stellung können diese Scharfschützen der Alliierten ihren eigenen Truppen Feuerschutz bieten. Ausserdem können sie von hier aus alle Ziele bekämpfen, die für ihre eigenen Scharfschützen beim Einsatz eine Gefahr bilden könnten. (Mark Spicer)

Terroristen als Scharfschützen

Viele Jahre lang wurde das Scharfschützenwesen mit Stirnrunzeln betrachtet. Es galt als ein etwas unfeiner und unfairer Aspekt der Kriegführung. Dabei wurde vollkommen übersehen, welche Auswirkungen und psychologischen Effekte der Einsatz von Scharfschützen auf den Feind hat. In der Zwischenzeit hat sich das geändert, denn mittlerweile werden Scharfschützen nicht nur von vielen Kommandeuren als das Mittel der ersten Wahl angesehen, auch in den Medien haben sie ein Interesse hervorgerufen, wie es das noch nie vorher gegeben hat. Die Medien quellen über von Berichten über Scharfschützen in Afghanistan und im Irak, die Erfolge der Scharfschützen werden teilweise heftig übertrieben, und sie werden als Speerspitze im Kampf gegen den Terror auf der ganzen Welt bezeichnet. Diese zunehmende Popularität in der westlichen Gesellschaft basiert sehr wahrscheinlich auf dem Bemühen der Medien, positive Berichte über einen Konflikt zu bringen, der von Tod und Zerstörung überschattet wird, die sowohl über das Militär als auch über die Zivilgesellschaft hereingebrochen sind. Es häufen sich Berichte über die Opfer von Sprengfallen, und es wird oftmals über deutlich überzogene Reaktionen der Streitkräfte der Koalition bei ihrem Bemühen im Kampf gegen die Aufständischen berichtet. Eine lasergesteuerte Bombe oder eine aus einem Mörser verschossene Granate könne nicht zwischen einer feindlichen Stellung und dem Haus eines friedlichen Zivilisten daneben unterscheiden. Die sogenannten Kollateralschäden führen allerdings dazu, dass die örtliche Bevölkerung das Vertrauen in die westlichen Truppen verliert und ihnen keine Unterstützung mehr bietet. Der Scharfschütze hingegen kann Freund und Feind sehr sorgfältig unterscheiden und sich mit hundertprozentiger Sicherheit auf den Feind konzentrieren. Er benötigt bei seinem Einsatz keinen Sprengstoff, er tötet keine Unschuldigen, und auf diese Weise kann der Kampf weitergeführt werden, ohne die Zivilbevölkerung gegen sich aufzubringen.
Diese Erkenntnisse sind relativ neu, aber viele sind der Meinung, dass sie schon lange überfällig waren. Allerdings hat diese neu gewonnene Auffassung für die Scharfschützen nicht nur gute Seiten. Der Scharfschüt-

ze ist ein Soldat, der hervorragend ausgebildet worden ist. Er kann sich im Gelände zurechtfinden, er weiss, wie er sich erfolgreich verbergen kann, und er ist in der Beobachtung so gut ausgebildet worden, dass er den Kampf tief ins Feindesland hineintragen kann, so dass der Feind sich vor seinen Angriffen nirgendwo sicher fühlen kann.

Besonders die zwei Mann starken Scharfschützengruppen sind im Einsatz sehr wirksam, sie erhalten in aller Regel Unterstützung durch andere Scharfschützenteams oder durch geeignete andere Truppenteile, sofern sie das brauchen. Das Problem dabei ist aber, dass die Kommandeure in die Fähigkeiten ihrer Scharfschützen volles Vertrauen haben müssen, und sie müssen auch in Kauf nehmen, dass einige Scharfschützen im Einsatz ihr Leben verlieren werden. In Wirklichkeit passiert das aber nicht oft. Da sich die Medien auf jeden Totalverlust eines Soldaten stürzen und damit in der Heimat die Unterstützung für die eingesetzten Truppen immer weiter schwindet, zögern viele Kommandeure, ihre Scharfschützen beim Kampf gegen den Feind richtig einzusetzen. Die Scharfschützen werden oftmals bei ihren Einsätzen eingeschränkt, bestimmte Taktiken dürfen sie gar nicht anwenden. So werden Scharfschützen manchmal zu Wachsoldaten, oder sie werden gezwungen, in so grossen Gruppen in den Einsatz zu ziehen, dass sie überhaupt keine Chance haben, ihren Einsatz verdeckt auszuführen. Da ist es überhaupt keine Überraschung, dass die Scharfschützen der Koalition im Einsatz gegen die Aufständischen nicht so erfolgreich sind, wie sie es eigentlich sein könnten. Trotzdem gibt es unter ihnen immer noch Opfer.

Die Terroristen dagegen haben solche Skrupel nicht. Für sie zählt ein Menschenleben nichts, und deswegen haben sie im Scharfschützenkrieg im Irak in der Zwischenzeit die Oberhand gewonnen. Das soll nicht bedeuten, dass die Scharfschützen der Koalition dort nicht erfolgreich sind oder dass sie keine gute Arbeit leisten, aber sie liegen bei ihrem Kampf gegen einen skrupellosen Feind sozusagen an der kurzen Leine.

Bei ihrem Kampf gegen einen stärkeren Gegner verwenden Terroristen üblicherweise Bomben als Waffe ihrer Wahl. Im Irak dagegen werden die Scharfschüt-

Aus mehreren Soldaten bestehende britische Scharfschützenstellung in vorgeschobener Position im südlichen Irak. (Mark Spicer)

zen bei den Aufständischen immer geübter, und diese Scharfschützen werden mit tödlicher Präzision gegen die Streitkräfte der Koalition eingesetzt.
Nachdem die irakische Armee sich aufgelöst hatte und sozusagen verschwunden war, war auch ein grosser Teil ihrer Waffen verschwunden. Zu diesen verschwundenen Waffen gehörten Tausende von im Irak nachgebauten Kopien des russischen Scharfschützengewehres SVD Dragunov, das im Irak «Tabuk» genannt wird. Schon kurz nach dem Einmarsch der von den USA geführten Koalition in den Irak bekam man die Scharfschützen der irakischen Aufständischen zu spüren. Die Kommandeure der Terroristen und deren Aufklärungsfachleute sind sich sehr genau der Tatsache bewusst, dass das Scharfschützenwesen einen grossen psychologischen Vorteil bietet, ausserdem wissen sie genau, welchen Wert der Kampf der Scharfschützen gegen die übermächtigen Streitkräfte der Koalition in der Propaganda hat.
An dieser Stelle tritt der sogenannte «Scharfschütze von Bagdad» auf die Bühne der Geschichte. Im Irak wird er «Juba» genannt. Es ist nicht einmal klar, ob es sich hierbei um eine oder um mehrere Personen handelt, aber auf jeden Fall hat dieser Scharfschütze der Aufständischen eine ganze Reihe von Gefallenen auf Seiten der Koalition auf seinem Konto. Allerdings hat das Auftauchen des «Juba» auch viel mit unverantwortlichem Journalismus zu tun, denn in vielen Fällen

Im Irak und in Afghanistan mussten die Streitkräfte der Koalition mehr Opfer durch Scharfschützen erleiden als durch jede andere feindliche Aktivität, ausgenommen sind hier nur Sprengfallen. Scharfschützen des amerikanischen Marinekorps USMC und der amerikanischen Armee U.S. Army und ihre Gegner in Form der Taliban und irregulärer irakischer Scharfschützen nutzen hier ihre gesammelten Erfahrungen für den Kampfeinsatz und die Ausbildung. Damit können sie ihren Kameraden Feuerschutz bei gut geplanten Angriffen auf den jeweiligen Gegner bieten. Hier suchen Marineinfanteristen der F-Kompanie, 2nd Batallion, 7th Marines bei einem Angriff auf die Taliban in Now Zad, Afghanistan, am 15.6.2008 Deckung, nachdem sie unter feindliches Feuer geraten sind. (USMC)

gibt es gar keinen Beweis dafür, dass ein gefallener Soldat von einem bestimmten Scharfschützen getroffen wurde, das wird dann später in den Medien nur so dargestellt. Die Aufständischen im Irak haben nämlich sehr schnell erkannt, und das haben sie von der IRA in Irland gelernt, dass man die gegnerische Presse als Werkzeug für die eigenen Zwecke verwenden kann. Auf diese Weise haben sie eine ziemlich grosse Propagandamaschine in Bezug auf das Scharfschützenwesen in Bewegung gesetzt. Man kann davon ausgehen, dass der Name «Juba» eigentlich nur ein Deckname für eine ganze Reihe von Einsätzen der gegnerischen Scharfschützen ist. Allerdings gibt es keinen Zweifel daran, dass diese Einsätze bei den Streitkräften der Koalition mehr Opfer gefordert haben als alle Sprengfallen zusammen.

Es gibt aber einen Punkt, über den sich die hier mitlesenden Politiker ernste Sorgen machen sollten. Die terroristischen Scharfschützen haben nämlich mittlerweile gemerkt, dass sie mit minimalem Aufwand ein hohes Mass an öffentlicher Aufmerksamkeit auf sich ziehen können. Die Scharfschützen der Koalitionsstreitkräfte müssen Lehrgänge besuchen, die mindestens acht bis zehn Wochen dauern und auf denen sie intensiv ausgebildet werden. Erst dann machen sie eine Abschlussprüfung und sind dann sehr nützliche Kämpfer, auf die man nicht verzichten kann. Bei den Terroristen ist das anders. Jeder, der gut schiessen

Ein Wadi in der Wüste. Wenn in der Stellung der Kamera ein Scharfschütze läge, dann könnten aufgrund der fehlenden Deckung die eingesetzten Soldaten ausgeschaltet und die Fahrzeuge zerstört werden. Andererseits wäre die Position der Kamera hier eine hervorragende Stellung für einen eigenen Scharfschützen, der seinen Kameraden Feuerschutz geben und anrückende Feinde schon über grosse Entfernung hinweg ausmachen könnte. (Mark Spicer)

kann und bereit ist, für die Sache zu sterben, kann hier als Scharfschütze fungieren. Deswegen spielen bei den Terroristen Verluste an Menschenleben auch keine so grosse Rolle. Allerdings gibt es Hinweise darauf, dass auch die Terroristen mittlerweile Scharfschützenschulen unterhalten, in denen sie gute Schützen weiterausbilden. Man geht jetzt sogar davon aus, dass die Aufständischen eigene Scharfschützenbrigaden aufgestellt haben. Als Beweis dafür gibt es eine Reihe von Propagandavideos, in einigen davon wird gezeigt, wie amerikanische Soldaten den aufständischen Scharfschützen zum Opfer fallen. Es gibt auch Gerüchte darüber, dass «Juba» während eines missglückten Angriffs auf amerikanische Truppen am 2.6.2005 gefangen genommen wurde. Er hatte damals auf einen amerikanischen Soldaten geschossen und diesen Soldaten auch getroffen, aber der Mann trug eine Schutzweste, was ihm das Leben rettete. Der terroristische Scharfschütze wurde bei der anschliessenden amerikanischen Operation gefangen genommen.

Allerdings waren die Verwirrungen über «Juba» damit noch nicht zu Ende. Am 29.11.2006 wurde ein Mann namens Ali Nazar Al-Jubori durch das irakische Innenministerium gefangen genommen, danach wurde behauptet, dass es sich hier um den «Scharfschützen von Bagdad» handelte. Ein weiterer Irrtum ist die Annahme, dass terroristische Scharfschützen nur aus grosser Entfernung schiessen. Das zeigte sich nach der Gefangennahme der beiden Scharfschützen von Washington, die im September und Oktober 2002 ihre Mitmenschen drei Wochen lang terrorisiert hatten. Bei den zu ihrer Abwehr beziehungsweise Unschädlichmachung entwickelten Plänen ging man fälschlicherweise immer davon aus, dass sie aus grosser Entfernung schiessen würden. Diese Annahme erwies sich als sehr problematisch, da alle Abwehrpläne auf dieser Annahme basierten. Man muss inzwischen davon ausgehen, dass Scharfschützen auch auf sehr kurze Entfernungen schiessen. Im Irak hat es mittlerweile mehrere Vorfälle mit aufständischen Scharfschützenmannschaften gegeben, die genau so wie die Scharfschützen der Koalitionsstreitkräfte ausgerüstet waren. Sie verwendeten für ihre Terrorangriffe sehr umfangreich umgebaute PKw oder Lieferwagen, aus denen heraus sie ihre Angriffe durchführten. Ausserdem filmten sie ihre Taten.

Die beiden Mörder von Washington hatten in den Kofferraum ihres Chevy ein Loch geschnitten, aus dem heraus einer von ihnen schoss. Der andere schob in dieser Zeit Wache, er stand also regelrecht Schmiere und warnte seinen Kumpan vor dem Anrücken der Po-

lizei. Ausserdem suchte er für den Schützen im Kofferraum die Ziele aus, denn dieser hatte nur ein begrenztes Sichtfeld.

Die Aufständischen im Irak haben mittlerweile sehr ähnliche Taktiken verwendet. Da die amerikanischen Scharfschützen aber nicht genau wissen, welche Taktiken die beiden Mörder von Washington genau anwendeten, haben sie auch im Irak Probleme bei der Identifizierung der Scharfschützenstellungen der Aufständischen. Da die Terroristen mit ihren Scharfschützen möglichst viele Propagandaerfolge erzielen wollen, sind ihre Fahrzeuge so umgerüstet, dass der Scharfschütze durch ein zerbrochenes Fenster schiessen kann. Fahrzeuge mit zerbrochenen Fenstern oder anderen Beschädigungen sind in Bagdad durchaus normal. Ausserdem wird meist eine Videokamera installiert, die sehr unauffällig im Fahrzeug versteckt ist, meistens befindet sie sich hinter einer Sonnenblende oder einem Vorhang. Auch solche Vorrichtungen sind in Fahrzeugen in den Strassen von Bagdad durchaus normal. Die Tonspur des Videos wird meist mit religiösen Versen über Märtyrerruhm untermalt. Dann folgt ein Dank an Mohammed, nachdem der Schuss gefallen ist. Damit will man bei der Bevölkerung um Sympathie werben und gleichzeitig die Moral der gegnerischen Soldaten unterminieren. Man darf nicht so naiv sein zu glauben, dass die Aufständischen im Irak nichts von den Vorfällen mit den beiden Scharfschützen in Washington wussten. Das tun sie sehr wohl, und sie wissen genau, welche Auswirkungen ihre Einsätze auf die Psyche der Amerikaner und auf die örtliche Bevölkerung haben. Darüber sollten die Politiker der zur Koalition gehörenden Nationen genauer nachdenken!

Diese immer wirksamer werdenden Taktiken der Aufständischen sollten überall auf der Welt die Alarmklingeln läuten lassen. Ein Sprecher der «Islamischen Armee des Irak», eine irreguläre Streitmacht, die ihre Mitglieder unter den 400'000 von den Koalitionsstreitkräften nach Hause geschickten irakischen Soldaten rekrutiert, gab vor kurzer Zeit bekannt, dass ihre Scharfschützen auf die Moral der amerikanischen Soldaten erheblichen Einfluss hätten. Ausserdem erklärte er, dass es wichtig ist, alle Scharfschützenangriffe auf Videos aufzuzeichnen. Ein Bild von einem gerade getroffenen Soldaten hat seiner Meinung nach einen viel grösseren Effekt als jede andere Waffe.

Die Streitkräfte der Koalitionsländer im Irak sind oft ein leichtes Ziel für die aufständischen Scharfschützen, denn das Durchführen von Patrouillen in den dicht bebauten Städten ist überaus gefährlich. Wenn ein Mili-

Scharfschützen bei westlichen Streitkräften legen eigentlich keinen Wert auf Öffentlichkeit. Trotzdem stürzen sich die Medien gern auf Einsätze von Scharfschützen und deren Erfolge, um ihren Lesern möglichst sensationelle Berichte liefern zu können. Hier werden Soldaten des «Royal Irish Regiment» während des Irakkrieges auf ihrem Marsch nach Al Amarah nördlich von Basra gezeigt. (Mark Spicer)

tärfahrzeug durch diese Strassen fahren muss und dabei keinen Angriff riskieren will, dann muss die Besatzung alle Waffen und Waffentürme des Fahrzeugs besetzt halten. Dann aber bieten sie einem Scharfschützen ein hervorragendes Ziel. Die Streitkräfte der Vereinigten Staaten und ihrer Alliierten haben mittlerweile viele Anstrengungen unternommen, um ihre Soldaten besser zu schützen. So tragen fast alle Soldaten mittlerweile Schutzwesten, und viele Fahrzeuge sind an ihren verwundbaren Stellen mit zusätzlicher Panzerung versehen worden. Allerdings werden auch die Scharfschützen der Aufständischen immer besser. Oftmals wurden die getroffenen Soldaten über oder unter ihrer Schutzweste getroffen, und auch unter den

Die Scharfschützenangriffe von Washington D.C.

Die im Stadtgebiet von Washington durch John Allen Muhammad (früher John Allen Williams) und John Lee Malvo (früher Lee Boyd Malvo) durchgeführten Scharfschützenangriffe im Jahre 2002 wurden von einem umgebauten Pkw vom Typ Chevy Caprice durchgeführt. Das Fahrzeug war so umgebaut, dass man daraus schiessen und unbeteiligte Zivilisten verwunden oder töten konnte, ohne Aufmerksamkeit zu erregen, da man den Schützen von aussen nicht sehen konnte. Nach diesen Verbrechen wurde von vielen Seiten gefordert, dass man die Täter nicht Scharfschützen nennen dürfte, denn das war eine Beleidigung für alle diejenigen, die bei Polizei oder Militär als Scharfschützen eingesetzt werden. Der Autor versteht zwar diese Einwände, hält sie aber nicht für gerechtfertigt.

Es wird nämlich oft übersehen, dass es sich beim Scharfschützenwesen um eine Taktik handelt. Im Verlauf der Jahre ist der Sinn des Wortes «Scharfschütze» etwas anders interpretiert worden. Man denkt jetzt eher an den individuellen Schützen und nicht an die Taktik seines Einsatzes. Bei dieser Taktik handelt es sich um das Schiessen auf Einzelpersonen oder Material mit einer Spezialwaffe aus einer verdeckten Stellung heraus. Dass so viele Scharfschützen über grosse Entfernungen hinweg schiessen, hat einen einfachen Grund: sie wollen so weit wie möglich vom Feind entfernt bleiben, damit sie eine grössere Überlebenschance haben. Das heisst aber nicht, dass der Scharfschütze immer über grosse Entfernungen hinweg schiessen muss, so etwas ist nur eine von mehreren Optionen im Einsatz. Bei ihrer Jagd auf die beiden Mörder von Washington hielt die Polizei immer nach Tätern in grosser Entfernung Ausschau, aber in Wirklichkeit schossen sie niemals weiter als 180 Meter, in den meisten Fällen waren es sogar weniger als 100 Meter. Genauso oft wird übersehen, dass diese Mörder ihre Taten wie einen Feldzug ausführten. Feldzug ist dafür genau das richtige Wort, denn sie kämpften mit fast genau demselben Ethos wie ein militärischer Scharfschütze gegen einen zahlenmässig überlegenen Feind. Der Feind war in diesem Fall die Polizei und die anderen Behörden im Gebiet von Washington D.C. Wenn eine aus zwei Mann bestehende Scharfschützengruppe effektiv gegen einen stärkeren Gegner eingesetzt werden soll, dann müssen sie vorher genau auskundschaften, wie der Feind aufgestellt ist und wo seine Schwächen liegen. Sie müssen sich also zunächst einmal genau mit dem Feind und seiner täglichen Routine sowie seiner Lebensart beschäftigen. Aufständische und Terroristen beobachten ihre Gegner in aller Regel jahrelang. Dabei achten sie genau auf unsere Ängste und Schwächen und analysieren sie sehr präzise. Die im englischen Sprachraum als «The DC Sniper Incident» bekannt gewordenen Mordtaten von Washington folgten genau demselben Muster. Williams und Malvo wussten genau, welche Dichte der Strassenverkehr zu bestimmten Tageszeiten hatte, sie wussten, wie lange die Polizei brauchte, um zum Einsatzort zu kommen, sie kannten die Grenzen der einzelnen Zuständigkeitsbereiche und viele andere feine Details, die sie zu ihrem Vorteil ausnutzen konnten, und das taten sie dann auch. Die beiden Mörder kehrten nach vollbrachter Tat sogar an den Ort ihrer Mordtaten zurück und hörten dort zu, wie die Polizisten über den Tatort diskutierten, und sie stellten sogar Fragen in diesem Zusammenhang, genau so, wie es ein unschuldiger Bürger aus Neugier auch tun würde. Auch auf diese Weise konnten sie zusätzliche Informationen sammeln. Dieses Handeln ist vergleichbar mit der Beobachtung, die ein Scharfschütze vor seinem eigentlichen Einsatz aus einer verdeckten Stellung heraus mit einem leistungsstarken Spektiv durchführen würde. Er würde nämlich beobachten, wie der Feind seinem Tagesgeschäft nachgeht, und besonders achten würde er auf bestimmte Gewohnheiten, die immer wieder zu erkennen sind und die man für den zukünftigen Angriff ausnutzen kann. Ausserdem wird ein Scharfschütze immer versuchen, über einen möglichst grossen Bereich hinweg Angst und Schrecken zu verbreiten. Er wird den Tagesablauf des Gegners so stark wie möglich behindern und somit dessen Moral untergraben und ihm nach Möglichkeit auch finanzielle Schäden zufügen. Die Mörder von Washington griffen ihre Opfer an Tankstellen an. Damit erreichten sie zwei Ziele: sie verbreiteten in der gesamten Gemeinde Unruhe, weil jeder befürchten musste, dass es ihn beim Tanken erwischte, und da die Leute Angst vor dem Tanken bekamen, gingen die Benzinverkäufe zurück.

Unter militärischen Einsatzbedingungen ist es so, dass man zuerst Bereiche hinter der eigentlichen Front angreift, die nicht so stark verteidigt werden, die aber trotzdem für den Einsatz der Kampftruppen überaus wichtig sind. Hier kann der Scharfschütze den Dienstablauf empfindlich stören und die Kampfkraft der betroffenen Streitkräfte dadurch schwächen, dass er die Geschwindigkeit des Nachschubs auf Schneckentempo reduziert. Die beiden Mörder von Washington erschossen wahllos Menschen aus allen Schichten der Bevölkerung jeden Alters, vom Schulkind bis zum Rentner. Sie machten auch bei Rasse und Hautfarbe keinen Unterschied. Hier unterschieden sie sich eigentlich nicht vom militärischen Scharfschützen, nur dass sie nicht unter einsatzmässigen Bedingungen schossen und keine Uniform trugen. Ihre Ziele waren auch keine legitimen Gegner, sondern unschuldige und schutz- bzw. wehrlose Zivilisten. Für alle diejenigen, die sich mit den Einsatzmöglichkeiten von Scharfschützen auskennen, waren diese Mordanschläge keine Überraschung. Es ist an der Zeit, dass man auch auf den höheren Ebenen der militärischen Führung und der Polizeieinsatzführung erkennt, wie wirksam der Einsatz von Scharfschützen sein kann und wie gefährlich es ist, wenn man sich selbst im Einsatz gegnerischen Scharfschützen gegenübersieht.

Armen gibt es oft Treffer, denn das ist eine Stelle, die von der Schutzweste nicht bedeckt wird.
Die meist chaotische und völlig ungeplante Anlage irakischer Vorstädte hilft den terroristischen Scharfschützen bei der Durchführung ihrer Angriffe. In den Städten gibt es häufig eine Vielzahl von verdeckten oder überdachten Wegen und Feuerstellungen, von denen aus man die oftmals gut sichtbaren Soldaten der Koalition treffen kann.
Die zu ihrer Abwehr eingesetzten Scharfschützen der Koalition, deren Aufgabe es ist, die eingesetzten Patrouillen zu schützen, haben meist mit grossen Problemen in Bezug auf die ihnen aufgezwungenen Einsatztaktiken (z.B. zu grosse Zahl der Gruppen und keine Möglichkeit zum verdeckten Einsatz) zu kämpfen. Die Aufständischen hingegen verfügen über sehr gute Nachrichtensysteme und Überwachungsnetzwerke, und so werden aus den Jägern sehr schnell Gejagte. Die zur Koalition gehörenden britischen Streitkräfte sind weiter südlich im Raum Basra stationiert. Auch die Briten leiden unter den Angriffen der aufständischen Scharfschützen. In mindestens acht bekannten Fällen haben die Aufständischen ein erbeutetes amerikanisches Scharfschützengewehr verwendet, um damit britische Soldaten zu töten.
Im weiteren Verlauf des Krieges wurden die Einsatzvorschriften für die Streitkräfte der Koalitionen weiter verschärft. Man wollte damit Fehler vermeiden und den Tod von unschuldigen Zivilisten verhindern. Allerdings hat man damit nur den Aufständischen weitere Vorteile verschafft. Bei den vorher durchgeführten Einsätzen durften amerikanische Soldaten auf jeden schiessen, der bei ihrer Annäherung mit einem Mobiltelefon ganz offensichtlich Informationen über die amerikanischen Truppenbewegungen an die Aufständischen weitergab. Natürlich hat es hier Fehler gegeben, es konnte passieren, dass ein Unschuldiger bei einem harmlosen Telefonat beschossen wurde. Jetzt dürfen Scharfschützen nur noch auf Männer schiessen, die eindeutig Waffen führen und damit feindselige Handlungen begehen oder begehen wollen. Das hat wiederum dazu geführt, dass die Aufständischen ihre Waffen jetzt verdeckt führen und sie erst unmittelbar vor dem Schiessen hervorholen. Sowie sie ge-

Ein Soldat der A-Kompanie des 1. Bataillons, 14th Infantry Regiment (Light), 25th Infantry Division nimmt mit seinem Scharfschützengewehr M25 ein Ziel auf (5. Oktober 2004, Samarra/Irak). (U.S. Army)

Ein amerikanischer Heeressoldat geht hier mit einem Scharfschützengewehr Dragunov in Sadr City im Irak in Stellung, um feindliche Scharfschützen abzuwehren. Die Waffe wurde während eines Einsatzes gegen ein von Aufständischen bewohntes Haus im August 2004 erbeutet. (U.S. Army)

Im Irak kommt es oft vor, dass feindliche Scharfschützen ihre Waffen in Fahrzeugen verstecken und sie damit zum Einsatzort transportieren. Deswegen gibt es dort überall Strassensperren. Hier durchsuchen amerikanische Soldaten im Rahmen der Operation «Iron Resolve» im Februar 2004 ein Fahrzeug und seine Insassen an einem fliegenden Kontrollpunkt südlich von Salhiya im Irak. Sie haben den Auftrag, illegale Waffen und Terroristen aufzuspüren und damit den Schwarzmarkt für Waffen auszutrocknen. (U.S. Army)

schossen haben, verstecken sie ihre Waffen wieder und mischen sich unter die Zivilbevölkerung. Damit kommen sie als Ziel für die wachsamen Scharfschützen nicht mehr in Frage.

An dieser Stelle möchte ich noch einmal darauf hinweisen, dass sich sowohl die Aufständischen als auch die Terroristen des Wertes von Scharfschützeneinsätzen gegen eine viel stärkere und besser ausgerüstete Armee durchaus bewusst sind. Scharfschützen werden sehr oft unterschätzt, wenn man ihre Kampfkraft bei Einsätzen gegen einen überlegenen Feind beurteilt. Die Geschichte hat jedoch gezeigt, dass sie in solchen Fällen Hervorragendes leisten können. Vom amerikanischen Unabhängigkeitskrieg über den Zweiten Weltkrieg bis in die heutige Zeit haben Scharfschützen jeweils die gegnerische Moral unterminiert und die Fähigkeit des Feindes zur Kriegführung ernsthaft eingeschränkt. Sie haben in jedem Fall gezeigt, dass es sehr schwer ist, gegen sie vorzugehen. Warum aber ist es so schwer, gegen einen Scharfschützen vorzugehen? Oftmals fehlt das Verständnis dafür, wie der Scharfschütze denkt und handelt, obwohl es in solchen Fällen die Verantwortlichen eigentlich besser wissen sollten. Scharfschützen werden nicht zu den Spezialeinheiten gezählt, aber genau das sind sie: es sind kleine und hoch motivierte Gruppen von Kämpfern, die im Einsatz Erfolge erzielen, die weit über dem liegen, was man eigentlich von ihrer Grösse und Stärke erwartet. Wenn sich die Einsatzführung diese Grundsätze vor Augen hält, dann haben die von ihr eingesetzten Scharfschützen im Einsatz den andauernden Erfolg.

Hier beobachten zwei Soldaten eines Scharfschützenteams der amerikanischen Marineinfanterie während einer Patrouille vom Flachdach eines Hauses in Ramadi, Irak, aus das Gelände vor ihnen und suchen es nach feindlichen Scharfschützen und Terroristen ab. (USMC)

Der Einsatz in chaotisch angelegten Städten wie zum Beispiel Bagdad mit seinen vielen engen Gassen und verwinkelten Vierteln ist für die Scharfschützen der Koalitionsstreitkräfte extrem gefährlich. Wenn sie entdeckt werden, besteht ausserdem die Gefahr, dass sie von einer aufgebrachten Menschenmenge verletzt oder sogar getötet werden. (Mark Spicer)

Rechte Seite: Ein Scharfschützengewehr Accuracy International im Kaliber .338 liegt hier auf dem Kotflügel eines Landrovers des Royal Irish Regiment während eines Einsatzes im Irak. (Mark Spicer)

Die typischen, beim Militär üblichen Splitterschutzwesten lassen viele Körperteile ungeschützt, so zum Beispiel den Brustkorbbereich unter den Armen und die Beine. Das ist problematisch, denn die feindlichen Scharfschützen schiessen immer präziser. Andererseits verzichten viele Scharfschützen im Einsatz auf Gefechtshelme und schussfeste Westen, weil sie dadurch in ihrer Beweglichkeit eingeschränkt werden. (Mark Spicer)

Die Terroristen haben sich diese Erkenntnisse zu eigen gemacht und setzen diese Taktiken erfolgreich gegen die Streitkräfte der westlichen Staaten in den zurzeit herrschenden Kriegen und Friedenseinsätzen ein. Es ist daher nur eine Frage der Zeit, bis diese terroristischen Aktivitäten auch auf unsere Heimatländer übergreifen. Deswegen wollen wir hoffen, dass die Pläne zur Abwehr solcher Terroranschläge schon bereitliegen. Wenn das nicht der Fall ist, dann könnten die Infrastruktur und die Wirtschaft in unseren Ländern durch wenige terroristische Scharfschützen gelähmt werden. Damit wäre dann auch die Verteidigungsfähigkeit unserer Länder ernsthaft in Gefahr.

Die Zukunft des Scharfschützenwesens

Wie schon vorher erwähnt, ist die weiterhin grosse Popularität der Scharfschützen ein sicheres Anzeichen dafür, dass diese Art des militärischen Einsatzes noch lange nicht überholt ist, obwohl uns das einige Hersteller von hochmodernem Wehrmaterial gern weismachen wollen. Mit dazu beigetragen hat auch die Tatsache, dass der Scharfschütze buchstäblich «aus dem Schatten herausgetreten ist», man weiss also heute mehr über ihn. Ein weiterer sicherer Indikator sind die vielen Millionen Dollar, die man für neue Systeme aufwendet, mit denen gegnerische Scharfschützen aufgespürt und vernichtet werden können, denn Scharfschützen sind weiterhin sowohl für die konventionelle als auch für die unkonventionelle Kriegführung eine Bedrohung.

Viele Hersteller von Wehrmaterial übersehen aber, dass ihre Produkte, auch wenn sie hochmodern sind, etwas ganz Bestimmtes nicht können – sie können nicht wie ein menschlicher Jäger denken. Deswegen kann man sie überlisten und bezwingen. Wenn man die heutigen modernen Abwehrgeräte gegen Scharfschützen überlisten will, muss man zuerst einmal wissen, wie diese Geräte funktionieren und aus welchen Teilen sie bestehen. Dann kann man sie bezwingen. Sie sind nämlich von Menschen entwickelt worden,

und deswegen haben sie ganz bestimmt irgendwo einen Schwachpunkt. Viele der heute eingesetzten Geräte arbeiten schnell und eindrucksvoll. Sie können mit der mit ihnen verbundenen Waffe einen gegnerischen Scharfschützen aufspüren und bekämpfen, ehe dieser die Möglichkeit hatte, einen Schuss abzugeben. Viele dieser Geräte können die Flugbahn des gegnerischen Geschosses zurückrechnen und blitzschnell feststellen, wo sich der Scharfschütze befindet. Wenn aber mehrere Schüsse gleichzeitig aus verschiedenen Stellungen abgegeben werden, dann sind sie überfordert und können «ausgetrickst» werden.

Solche Messgeräte sind keineswegs eine neue Erfindung. Schon um 1970 herum experimentierte die britische Armee mit einem fahrzeuggestützten System, das auf den Landrover-Geländewagen der Militärpatrouillen eingesetzt wurde. Es wurde auch auf den Wachtürmen in Nordirland installiert. Diese Systeme konnten anzeigen, aus welcher Richtung ein Schuss auf einen Militärstützpunkt oder eine Patrouille kam.

Nach dem damaligen Stand der Technik waren die Geräte durchaus wirksam, denn die Soldaten hatten bei der Ortung der Stellung des gegnerischen Schützen einen zeitlichen Vorsprung und konnten sofort mit Gegenmassnahmen beginnen.
Heute hat die Technik natürlich schon wieder bedeutende Fortschritte gemacht. Die Geräte sind kleiner geworden und arbeiten schneller. Ausserdem können sie die Flugbahn von einschlagenden Geschossen viel genauer berechnen und ausrechnen, woher der Schuss kam. Die heutigen Systeme können auch zur Steuerung von Waffensystemen zur Abwehr gekoppelt werden, so zu Beispiel mit einem Maschinengewehr, das dann vom Computer des Gerätes gesteuert wird. Für den gegnerischen Scharfschützen hat dieses System ernsthafte Konsequenzen. Er muss damit rechnen, dass seine Stellung schon geortet worden ist, noch ehe sein eigenes Geschoss trifft. Ausserdem muss er damit rechnen, dass die Geschosse des Abwehrsystems schon unterwegs sind, ehe sein eigenes

Sowohl das amerikanische Heer als auch das Marinekorps setzen unbemannte Drohnen (UAV) zur Gefechtsfeldbeobachtung im Irak ein. Ein Beispiel dafür ist die hier gezeigte RQ-7B «Shadow». Mittlerweile wissen das auch die Scharfschützen der Gegenseite, ihnen ist klar, dass diese Drohnen sie in ihrer Stellung erkennen können, was dann Artilleriefeuer oder einen Luftangriff nach sich zieht. Einige Drohnen wie z.B. die MQ-9 «Reaper» können sogar Waffen mit sich führen. (DoD)

Das verstärkt aufgetretene Interesse an Scharfschützen und deren Leistungen hat dazu geführt, dass das Scharfschützenwesen etwas verherrlicht wird. Am Scharfschützenwesen gibt es nichts, was herrlich, glamourös oder angenehm ist. Das kann man an diesem Foto eines britischen Scharfschützen während seiner Ausbildung in Kuwait sehen. Aber der Scharfschütze spielt eine wichtige Rolle, und das haben jetzt endlich auch die Verantwortlichen in der obersten militärischen Führungsebene erkannt. (Mark Spicer)

Geschoss einschlägt. Auf den ersten Blick ist das ziemlich besorgniserregend, aber wenn man die Funktionsweise des Gerätes und seine Grenzen kennt, kann man auch etwas dagegen unternehmen. In den vergangenen Jahren hatte der Scharfschütze eigentlich aus der Luft nicht viel zu befürchten. Flugzeuge sind sehr teuer, und normalerweise haben sie andere Aufgaben als das Aufspüren eines einzelnen Scharfschützen. Das hat sich aber jetzt geändert. Nachdem immer mehr unbemannte Drohnen zum Einsatz kommen wie zum Beispiel «Hunter», «Scan Eagle», «Raven» und «Reaper» und diese unbemannten Flugkörper problemlos von den Truppen an vorderster Front eingesetzt werden können, ist der Scharfschütze in grosser Gefahr. Er kann von diesen Geräten sehr schnell geortet werden und mit Mörserfeuer oder Artilleriefeuer bekämpft werden. Ganz übel ist es für ihn, wenn er von einem unbemannten Flugkörper des Typs «Reaper» aufgespürt wird, denn dieser ist mit Raketen bewaffnet. Ein weiteres Gerät zur Bekämpfung gegnerischer Scharfschützen nutzt die Reflexionen der Linsen des Zielfernrohrs zum Aufspüren der Stellung. Auch hier hat man anfänglich gemeint, dass dieses Gerät das Ende des heutigen Scharfschützenwesens bedeuten könnte. Hier gibt es aber Probleme, denn heutzutage sind sehr viele Soldaten mit einer optischen Zielhilfe auf ihrem Sturmgewehr ausgerüstet. Deswegen ist die Wahrscheinlichkeit, dass das Gerät einen wirklichen

Scharfschützen ortet, relativ gering. Das gilt besonders dann, wenn von vielen Seiten geschossen wird. Der Scharfschütze muss deswegen sehr vorsichtig sein, wenn er heutzutage auf sich allein gestellt operiert. Allerdings gibt es jedesmal, wenn ein neues Ortungsgerät erfunden wird, auch schon bald ein Gegenmittel, und so wendet sich das Blatt wieder.

Oftmals wird auch übersehen, dass Scharfschützen ihren Einsatz mit grosser Hingabe und grossem Können durchführen. Häufig wird auch gesagt, dass es der eigentliche Scharfschützeneinsatz ist, der die Spreu vom Weizen trennt. Hier entscheidet der Einsatz darüber, wer dafür geeignet ist, es ist nicht der einzelne Soldat, der sich für diese Laufbahn entscheidet. Ich habe die Erfahrung gemacht, dass diese Aussage richtig ist. Ich habe viele Kameraden erlebt, die gern diese Laufbahn eingeschlagen hätten. Nachdem sie aber feststellen mussten, dass der Scharfschützeneinsatz weder ruhmreich noch bequem ist, haben sie schnell wieder aufgegeben. Die Laufbahn eines Scharfschützen ist mühselig und langwierig, und man bekommt nur selten eine Bestätigung für sein Können und seine Professionalität.

Ich habe aber auch erlebt, dass Männer sogar eine Beförderung und bessere Dienstbedingungen abgelehnt haben, damit sie unter ihren Kameraden bleiben und weiterhin als Scharfschützen eingesetzt werden konnten. Das kann man ohne weiteres als Passion be-

Ein britischer Scharfschütze beobachtet das Geschehen in einer Stadt auf dem Balkan. Er sitzt im tiefen Schatten weit hinter den Fensterscheiben und kann mehrere Stunden lang unerkannt in dieser Stellung bleiben und sie auch über einen längeren Zeitraum hinweg mehrfach benutzen. (Mark Spicer)

Hier wird gerade eine unbemannte Bobachtungsdrohne RQ-11 «Raven» im Irak gestartet. Die Drohne kann entweder ferngesteuert werden oder mit Hilfe von GPS-Navigation einen vorher festgelegten Kurs abfliegen. (DoD)

zeichnen, diesen Soldaten liegt das Scharfschützenwesen im Blut, sie wollen erfolgreich sein und dabei am Leben bleiben. Es ist die Aufmerksamkeit, die man auch dem kleinsten Detail im Einsatz schenkt, und es ist das Bestreben, besser zu sein als der Gegner, was einen im Einsatz vorantreibt. Das kann aber auch im Kreis der Kameraden zu Konflikten führen, nämlich immer dann, wenn ein Scharfschütze behauptet, dass er die Antworten auf alle Fragen kennt, die seine Kameraden nicht wissen. Natürlich ist das dummes Zeug, denn niemand hat ein Monopol für gute Ideen, und den «besten Scharfschützen» gibt es ganz einfach nicht. Irgendwo da draussen ist immer jemand, der besser ist als man selbst. Jedermann hat seine eigenen Erfahrungen, und diese Erfahrungen sind einzigartig.

Es herrscht allgemein die Vorstellung, dass die Gefahr nicht weit ist, wenn man als Scharfschütze eingesetzt wird. Das stimmt zwar in gewissem Umfang, aber nicht so sehr, wie man das anfänglich denken könnte. Wenn ein Scharfschütze seinen Auftrag richtig ausführt, dann hat er sich vorher ausführlich über die Fähigkeiten und Ausrüstung seines Gegners informiert. Das bedeutet zum Beispiel auch, dass er sich auf den Einsatz von gegnerischen unbemannten Aufklärungsflugzeugen vorbereitet und deswegen auch seine Tarnung nach oben sorgfältig ausführt. Er muss dabei mit Sicherheit grössere Sorgfalt walten lassen als unter Einsatzverhältnissen, bei denen nicht mit feindlicher Luftaufklärung zu rechnen ist. Wenn man weiss, wie es funktioniert, dann kann man auch etwas dagegen tun. Man hört heute oft die Meinung, dass mit dem Erscheinen der Wärmebildgeräte das Ende der Scharfschützenära eingeläutet wurde. Man hatte aber schon bald erkannt, dass man mit Wärmebildgeräten nicht über die natürliche Vegetation hinweg messen kann, man kann keine unterhalb der Geräteebene liegenden Räume überwachen, und man kann auch nicht hinter eine gut gefertigte Abschirmung «sehen». Der Scharfschütze hat also durchaus noch seine Daseinsberechtigung.

Einige der heutzutage eingeführten Technologien machen das Leben für den Scharfschützen trotzdem schwerer. Wenn er sich nicht laufend mit den neuesten auf dem Markt erschienenen Geräten und Ausrüstungsteilen vertraut macht, dann ist sein Tod durchaus im Bereich des Denkbaren. Viele Scharfschützen nehmen die Herausforderung an, sich in ihre Gegner hineinzuversetzen und so wie sie zu denken und dann einfach besser zu sein als der Gegner. Schon aufgrund dieser Eigenschaften sind sie von Natur aus neugierig und intelligent, sie sind auf keinen Fall die mörderischen Rüpel, als die sie oft hingestellt werden. Das bedeutet für mich, und diese Meinung wird durch die Geschichte der Scharfschützen bis heute gestützt, dass das Scharfschützenwesen keineswegs überholt ist und im Gegenteil vielleicht in der Zukunft noch wichtiger wird als heute.